古代歷史文化 研究輯刊

四 編

王 明 蓀 主編

第23冊

浙江書院之研究

呂 仁 偉 著

國家圖書館出版品預行編目資料

浙江書院之研究／呂仁偉 著 — 初版 — 台北縣永和市：花木蘭文化出版社，2010〔民99〕

目 2+96 面；19×26 公分

（古代歷史文化研究輯刊 四編：第 23 冊）

ISBN：978-986-254-243-9（精裝）

1. 書院　2. 書院制度　3. 浙江省

525.99　　　　　　　　　　　　　　　99013198

ISBN - 978-986-254-243-9

9 789862 542439

古代歷史文化研究輯刊

四 編　第二三冊　　　　　ISBN：978-986-254-243-9

浙江書院之研究

作　　者	呂仁偉
主　　編	王明蓀
總 編 輯	杜潔祥
印　　刷	普羅文化出版廣告事業
出　　版	花木蘭文化出版社
發 行 所	花木蘭文化出版社
發 行 人	高小娟
聯絡地址	台北縣永和市中正路五九五號七樓之三
	電話：02-2923-1455／傳眞：02-2923-1452
電子信箱	sut81518@ms59.hinet.net
初　　版	2010 年 9 月
定　　價	四編 35 冊（精裝）新台幣 55,000 元

浙江書院之研究

呂仁偉　著

作者簡介

呂仁偉，台灣花蓮人，1982 年畢業於國立台灣師範大學歷史研究所。畢業後從事教職，任職於各技職院校，曾任通識中心主任。教授科目以「中國近代史」、「台灣史」、「台灣傳統民俗」等通識課程為主。

提　要

　　浙江自唐宋以來，逐漸成為中國經濟及文化之中心，其文風之盛與人才之多，和江蘇省並居全國之冠。尤其理學發達，大儒輩出，浙東史學派且為中國史學之重心。造成浙江人文薈萃的原因固有多端，然書院所扮演的角色應屬其中最重要的一環。

　　作者嘗試由卷帙浩繁的浙江方志（通志、府志、縣志）及歷代文集中去搜羅有關各書院的創建、修建及山長的基本史料，從而去探索浙江書院起源與發展的社會因素，同時考察書院實際運作的過程，而後再從政治、社會、文化的角度去尋繹書院興衰的因素及其影響。

　　本書的內容首先在探討浙江書院自宋代至清代的發展趨勢及性質變遷，包含質與量的演變過程。其次分析書院的內部結構特色，涵蓋其行政組織、師長、院生等層面，繼而闡述書院在教學、考課、訓導等方面的功能。最後則析論書院對浙江地區的學術、教育、社會發展所帶來的影響。

　　由本書的討論可發現，浙江書院在學術上成為傳播理學的重要媒介，理學大儒各依書院宣揚其學說，多樣性的內容，活潑化了浙江的學術文化。在教育上，書院刺激了官學內容，促使浙江高等教育趨於普遍化，實際掌握民間教育大權，負擔起實際的教育功能。在社會層面上，書院教育所提倡的道德教育，改善了社會風氣，替當時的社會注入了愛國、正義、守法的情操。

目次

第一章　緒　論

　　書院制度是中國傳統教育史上一個極為重要的課題。蓋唐宋以前，學制上雖有國學、鄉學之分，可是這些學校，大多徒有其名而無其實，學校教官，亦是課而不教。因此為補學校教育之不逮，書院制度遂應運而興。宋代以來，理學大儒大多就書院講學，故書院乃一躍而成教育和學術之重心，書院雖未列入正式教育體制之內，可是卻負擔起實際教育功能。清代以後，由於政府政策的影響，書院性質有了轉變，由昔日私營自由講學的風氣，變成官立督課的形態。書院目標不復為講明學問，而是為了科舉功名了。雖然書院已失卻往昔真實的講學精神，然還是有造就治術人才的作用存在。書院應社會的需要而產生，其功能性質之變遷和整個社會、經濟、文化之發展是息息相關的，而此種變遷同時也為社會帶來不同層次的影響，因此書院制度的價值值得加以探討。胡適即曾讚美書院是近一千年來最高等的學術機構和最有活力的思想中心。〔註 1〕

　　不過，由於各地社會、經濟、學術環境有異，書院在質與量上之發展以及產生之功能自不一致，因此透過區域性的研究，對地區性書院發展的特質加以探討，必有助於對整個書院制度更進一步的瞭解。而浙江自唐宋以來，即逐漸成為全國經濟及文化的中心，其文風之盛與人才之多，和江蘇省並居為全國之冠。例如學術上——理學發達，理學大儒輩出，浙東史學派為全國史學之重心；人才上——明代考取進士之多，為全國第一，清代時也僅次於江蘇，居全國第二。造成浙江人文薈萃的原因固然很多，然教育機構的力量應屬其中最重要的一環。書院乃中等以上程度之教育機構，在學風之形成與

〔註 1〕 胡適，〈書院制史略〉，《東方雜誌》卷二十一第三號（1924 年 3 月），頁 142。

人才之培育上，扮演最主要的角色。因此本文擇定浙江省爲研究之對象。

　　有關書院制度之研究，歷來學者從事不多。中文方面，以民國二、三十年代時期作品較多，例如盛朗西、劉伯驥、曹松葉、吳景賢等學者，或有專書，或有論文討論此課題〔註 2〕。近來學者除了張正藩、張勝彥等幾位先生外，鮮有從事書院研究者。國外方面，以日本學者研究成果最爲豐碩。如大久保英子撰有《明清時代書院の研究》；多賀秋五郎編著數本教育史的著作——《近世アジア教育史研究》、《近世東アジア教育史研究》、《近代アジア教育史研究》，都有討論書院的論述；林友春編著，《近世中國教育史》，書中亦曾論及書院〔註 3〕。西洋學者除了 Charles O. Hucker 少數幾位外，亦鮮有論及此專題者〔註 4〕。歷來中外學者對書院研究興味索然的原因是史料方面的問題。書院的原始資料散佈在各通志、府志、縣志之中，蒐求極爲不易；而史料本身有時語焉不詳，尚須考證求實。另外，有關書院山長的史料也需由各方志、文集中摸索尋求，資料蒐集極費工夫。因此，學者泰半不願從事此耗神、耗時的論題。而在研究書院的論著中，除劉伯驥等少數學者外，大都未曾仔細蒐尋原始資料，故書中的書院年代、統計數字多不正確，在可信度上也大打折扣。

　　有鑑於此種缺失，本論文使用的資料，乃以各種地方志爲主。其中包括浙江通志，各府志及縣志。而不同年代刊本常載有不同史料，故爲求完整，皆須加以利用。由於基本史料分佈頗爲零散，方志中爲本文徵引的部份包括學校志、古蹟志、人物志、藝文志等。有些書院年代因資料不足，已難考據，但大部份的書院則已盡量考證，求其原貌。另外，本文使用的資料尚包括官方文獻、私人文集及二手的專書、論文等。

　　在研究目標方面，我們知道：教育是順應社會之需要而產生、而發展，同時，教育功能亦促使社會發展與改變。秉於此認識，本文主要研究方向在於：（一）書院起源與發展的社會因素。（二）考察書院實際運作的過程，由其結構形態檢視其歷史發展之特徵。（三）從政治、社會、文化的角度尋繹書院興衰的因素及其影響。由上面的研究目的，本文分成六章來討論：第二章書院的起源與變遷，討論浙江書院發展與演變，各段落發展的特徵及其原因，

〔註 2〕諸位學者的論著，參見本書徵引書目欄。
〔註 3〕同註 2。
〔註 4〕Hucker 著作，見徵引書目。

同時解釋其地理分佈上的特徵。第三章就書院運作的動力——內部結構（包括人員、組織、經費）的構造、形態及演變，提出說明。第四章則論及本省書院幾項功能的內容，及展示的成效。第五章係探究書院在發展過程中，對浙江學術、教育、社會諸方面帶來何種影響。第六章是結論。

　　本論文之成，得蘇雲峰老師悉心指導，至為感激。而地方志的資料，承中央研究院歷史語言所傅斯年圖書館、國立中央圖書館及台灣分館、國立故宮博物院圖書館惠允利用，在此亦一併致謝。由於部份資料已不復得見（如有些重要的書院志），在內容上的討論自然不夠詳盡，誤謬之處亦必難免，期盼先進惠予指正。

第二章 書院之起源與變遷

第一節 書院之起源

　　書院之名，首見於唐玄宗開元六年改乾元院爲麗正修書院。《新唐書》〈百官志〉載：「（開元）六年，乾元院更號麗正修書院，置使及檢校官，改修書官爲麗正殿直學士。八年，加文學直，又加修撰、校理、刊正、校勘官。十一年，置麗正院修書學士；光順門外，亦置書院。十二年，東都明福門外，亦置麗正書院。十三年，改麗正修書院爲集賢殿書院。」〔註1〕此時的書院，僅設於唐朝廷中，其任務則以編錄國史、整理古籍爲主，亦即掌刊緝古今之經籍〔註2〕。有時尙需替皇帝撰寫御書，爲皇帝講解經史等，完全與聚徒無關〔註3〕。惟至安史亂後，唐中央宦官干政，政治腐敗，而地方則藩鎭割據，社會動蕩不安，遂有部份讀書人避居山林的佛寺道觀，以攻讀詩書爲業，乃取用書院之名以自稱其讀書的齋舍。此類書院，《全唐詩》中所載甚夥〔註4〕。故袁子才曰：「書院之名起唐玄宗時，麗正書院、集賢書院皆建於朝省，爲修書之地，非士子肄業之所也。」〔註5〕迨唐末天下大亂，教育制度崩潰，民間教育失去重心，士子流離失所。於是部份有心人士，乃將書院擴大爲講學之

〔註1〕楊家駱主編、中國學術類編，《新唐書》（台北：鼎文書局，民國65年），卷四十七〈百官志第十七〉，頁1213。
〔註2〕同註1，頁1212。
〔註3〕盛朗西撰，《中國書院制度》（華世出版社，民國66年台一版），頁7～8。
〔註4〕上書中引述《全唐詩》中所載書院甚多，見頁8～10。
〔註5〕袁枚，《隨園隨筆》，轉引自盛朗西，《中國書院制度》，頁1。

所，以收容士子〔註6〕。惟此類講學的書院，其時並未發達，洎乎五代，天下大亂，干戈頻仍，各國又國小祚短，書院未盛。

　　浙江在唐代已有書院的設立，惟屬私人讀書之場所。（一）九峰書院：太平縣東九峰山下，為唐侍郎徐安眞讀書之所〔註7〕。（二）青山書院：在壽昌縣西南十里，青山之陰，為唐僖宗間，聘君翁洮建〔註8〕。（三）蓬萊書院：在象山樓霞觀右，為令楊弘正於唐宣宗大中六年築〔註9〕。姜炳璋有賦蓬萊書院詩曰：「大中政治小貞觀，守令堪入循吏傳，吾鄉賢令推楊公，虸歌在野酒在頻。」〔註10〕不過，此時書院數量並不多。

　　唐末以後，南北經濟文化重心已經有了轉變。北方由於黃河為患，水利設施逐漸坍壞，加上藩鎮長期割據，五代兵爭，北方社會飽受摧殘。相反的，南方──尤其是長江下游江浙一帶，因為水利日興，財賦遂佔天下之什七，而浙東西又居江南十九〔註11〕。在此種社會經濟背景之下，浙江的書院發展，在數量與質量上，乃開始產生轉變。

第二節　發展趨勢及性質之變遷

一、宋代書院

　　講學書院之興盛，始於宋初，有關宋初書院何以盛行，前賢論述已多〔註12〕，今謹綜合其觀點，作一介紹：

（一）世亂失學的原因

　　五代五十三年之間，干戈擾攘，幾無寧歲。而宋初一統天下，由於新經

〔註6〕如皇寮書院、桂巖書院、東佳書院即是。見葉鴻灑，〈論宋代書院制度之產生及其影響〉，《國立編譯館館刊》二卷三期（1973年12月），頁196。

〔註7〕見《太平縣志》（嘉慶本），卷二〈建置志〉，頁25a。

〔註8〕《壽昌縣志》（乾隆本），卷十〈古蹟志〉，頁5a；《壽昌縣志》（民國本），卷二，頁47b同；又《嚴州府志》（乾隆本）卷六，頁12a同。

〔註9〕《象山縣志》（乾隆本），卷五〈學校志〉，頁18b。

〔註10〕《象山縣志》（民國本），卷二十一〈名宦傳上〉，頁3a。

〔註11〕酈世元，《中國經世史稿》第二章，里仁出版社，頁87～89。

〔註12〕見盛朗西前引書，頁21～24；陳東原，《中國教育史》，頁276～278；陳道生，〈書院制度之源流〉，《思與言》一卷四期（民國52年8月）。另張正藩氏，〈中國書院制度的興起及其對於學術的影響〉（《中華文化復興月刊》第四卷第九期，頁21），則引用陳東原的說法。

五代兵馬之亂，社會元氣未復，且北方尙有燕雲十六州淪於契丹之手，因此中央政府忙於安內與攘外，無暇顧及教育之事。而民間有心向學之士，頗爲求學無所而苦。社會上一些有心興學的宿儒乃紛紛起而創建書院，以爲講學之地，故朱熹重修石鼓書院記曰：「予惟前代庠序之教不修，士病無所於學，往往擇勝地立精舍，以爲群居講學之所。」〔註13〕

（二）禪林精舍之影響

自漢末佛教入中國，至魏晉而盛，而佛徒每依山林名勝之區，建立叢林，勤修禪道，這種清淨潛修的精舍，對書院的形成頗有影響。蓋宋初書院多建立於山林開曠之地，而宋儒思想之內容，著作之形式，亦受佛教禪宗之影響。〔註14〕不過「精舍」之名，並非起源於魏晉，而需上溯至兩漢。兩漢時上承春秋戰國私家聚徒講學之風，加上當時帝王的提倡儒學，因而私人講學風氣甚盛。當時很多名儒碩彥就建精舍以爲講學處所，如東漢大儒劉淑、包咸、李充、檀敷等皆然〔註15〕。惟精舍之性質，迄三國時已有所改變，漸漸成爲個人讀書進修之地，而失去講學的作用。迨南北朝以後，因佛學盛行于中國，漢儒讀講的精舍，亦漸淪爲釋者論佛經的處所。因此，我們可以說，書院講學的形態是源自兩漢的精舍制，然而書院的成立卻是受禪林精舍的直接影響爲大。

（三）印板書發明的結果

宋初各書院，雖皆淵源於唐或五代，但其以書院見稱，實在宋開國十餘年後，即西元 976～1009 年之三十餘年間。考書之印刷，雖起於唐，而官本九經之刊印，實於後唐長興三年（西元 931 年）直至周廣順三年（西元 953 年），歷四朝七主，首尾二十四年始成。前距宋之建國，不過六年。故宋初書院始興。〔註16〕

本省講學書院的出現，最早是在北宋眞宗年間，約在西元十一世紀初期。不過，北宋期間創設數目並不多，史料中得以考據者約有十一所（或十一所

〔註13〕轉引自盛朗西前引書，頁21。
〔註14〕有關禪林精舍制對書院產生的影響，學者有兩種不同的意見。第一種是力主書院制與禪林制有相當的關係，如盛朗西、陳東原等。而一般學者如張正藩等亦引用其說法。第二種則以爲書院係受兩漢名儒講學精舍的影響，並非後來的禪林制，如陳道生、黃建中等。其論辯見註1所引論文。
〔註15〕前節所引葉鴻灑文，頁197。
〔註16〕陳東原，《中國教育史》（臺灣商務印書館，民國55年），頁278。

以上，蓋有些年代無考）。這些書院在宋初取代官學，成爲教育士子的重要機構。惟至神宗熙寧以後，卻逐漸開始萎縮。因爲慶曆（仁宗）、熙寧（神宗）、崇寧（徽宗）年間，政府曾三度興學。如熙寧四年，王安石令諸路州縣各置學官；撥田畝以養士；崇寧間推行太學三舍法於各地方州學〔註17〕。地方既有官學，加上科舉考試的引誘，士子多趨官學就讀，民間對書院教育的需求因此減低。

　　浙江書院到了南宋時期，發展最爲蓬勃。數目上不僅遠超過北宋，甚至比元朝時期要來得多。

表 2-1：南宋書院數目表

年　代	高　宗	孝　宗	寧　宗	理　宗	度　宗	不　詳	合　計
數　目	3	6	6	21	11	30	77

說　　明：不明正確年代者，列入不詳一欄。
資料來源：由宋代書院表統計而來（見附錄一）。

　　南宋時期，浙江書院蓬勃發展的原因大致有下列幾點：

（一）由於官學的衰敗

　　南宋自高宗建國江南，形成偏安之局，對地方興學之事，並未予以重視。各地官學因經費不敷，大多廢圮失修，故有心教育的名師宿儒，乃仿宋初創建書院，收容學子。例如郭欽止在東陽建石洞書院，目的即在「……將使子孫勤而學於斯，學其可以專，蓋使鄉里之秀並焉，於是度爲書院，禮名士主其學，徙家之藏書以實之……」。〔註18〕

（二）理學之發展與政府之禁「僞學」

　　理學爲宋代發展起來的一種新儒學，在其發展之初，即與書院產生密切關係。如北宋大儒胡瑗、孫復等都在書院講學。迨至南宋，理學發展更盛，理學大師朱熹出，集理學之大成。而浙江在南宗時學術派別頗多，除了宗洛閩理學之外，尚有著名的「浙東學派」。呂祖謙（西元 1137～1181 年）、陳亮（西元 1143～1194 年）、陳傅良（西元 1141～1207 年）、葉適（西元 1150～

〔註17〕同註 15，頁 201。
〔註18〕《石洞書院記》，卷九〈水心先生文集〉，四部叢刊初編集部，上海商務印書館，頁 117。

1223 年）等學者，倡言事功，以經綸當世之務相號召。因其均爲浙東人，故名之曰浙東學派（有關浙東學派之學術，詳見本文「書院制度的影響」一章）。而這些講明理學的學者，如永嘉薛季宣（西元 1134～1173 年）、瑞安陳傅良、永嘉葉適、永康陳亮、金華唐仲友、慈谿楊簡（西元 1140～1225 年）、鄞縣袁燮（西元 1144～1224 年）、奉化舒璘、慈谿黃震、鄞縣史蒙卿……等，雖學術流派有所不同，然皆就書院講學，而書院因此興盛。另外，因爲理學的理論不容於當政者，導致所謂「僞學」的禁令〔註 19〕。尤其以寧宗慶元二年（西元 1196 年）至嘉泰二年（西元 1202 年）之間學禁最嚴，而學禁使理學不能發展於官學之中，理學家乃講授其學於書院，遂使書院之設日多。

（三）科舉之弊使學子轉向書院

南宋立國之後，典章制度沿襲北宋之舊，仍以科舉爲取士之途。因此無論中央太學或地方官學之生徒，均孳孳不息於科舉的經義詞賦，官學教學內容，亦僅爲科舉作準備，朱子即曾批評之曰：「郡縣之學，官置博士弟子員，皆未嘗考其德行道藝之素。其所授受又皆世俗之書，進取之業，使人見利而不見義。」〔註 20〕故有學問的大儒大多不滿，乃利用書院提倡義理之學，講明修身之要，以澄清士風。而有志之士，不以科舉爲專意，亦相繼入書院求師受教。例如胡子廉就學於金華麗澤書院：「胡子廉者，淳安人。博極群籍，不屑科舉之學，從東萊先生遊，終身不仕」〔註 21〕。又如錢時爲了「絕意科舉，究竟理學」，也讀書於慈谿慈湖書院。〔註 22〕

浙江書院教育發展至理宗（西元 1225～1264 年）時期達到了最高峰。由於書院教育自南宋初年以來日漸重要，至寧宗（西元 1195～1224 年）年間幾乎已與官學成對立之勢。此種形勢乃使寧宗於嘉泰二年（西元 1202 年）弛僞學之禁。理學的地位因而提高，而爲理學保存與傳播媒介的書院講學亦合法化，不再受政治力量之壓迫。於是各派理學弟子，乃相繼興建書院以宏揚師承〔註 23〕。淳祐年間，理宗更下詔，正式以理學爲天下學術之正宗，將自周敦頤以下至朱熹之間的理學名家均列入學官從祀之列，對理學的推崇，可謂

〔註 19〕同註 15，頁 203。
〔註 20〕同註 15，頁 205。
〔註 21〕楊家駱主編、中國學術名著，《宋元學案》，卷七十三〈麗澤諸儒學案〉，世界書局，頁 1382。
〔註 22〕同註 21，卷七十四〈慈湖學案〉，頁 1408。
〔註 23〕同註 15，頁 206。

備至〔註24〕。同時，爲表鼓勵之意，理宗還賜額予一些書院〔註25〕。地方官上承皇帝倡教化之意，也紛紛設立書院，以奉祀名儒，講明理學。因此本省書院之創建，如表 2-1 所示，是以理宗朝爲最多，度宗朝次之，再次爲孝宗、寧宗時期。而理宗朝中，本省書院更有五所曾獲皇帝賜額，即寧波甬東書院、翁洲書院、金華麗澤書院、衢州柯山書院、紹興稽山書院。本省書院在南宋時期發展的趨勢，和全國書院之發展大體類似。據曹松葉和孫彥民二人的研究均曾指出：理宗時期書院創設最多，次爲寧宗、孝宗時期，再次爲度宗、高宗時期。〔註26〕

　　宋代本省書院在全國書院發展中所佔地位如何呢？本省書院北宋時期約有十一所，南宋時期興建七十七所，另外不詳正確年代，僅確定爲宋代建立者約二十所，可知宋代創建之書院在一○八所以上。當時全國其他各地書院數目多少，由於目前學者所作的統計皆有疏漏，不易加以比較。唯據曹松葉的研究指出，宋代浙江的書院數僅次於江西省，爲全國第二。〔註27〕

　　宋代浙江書院以私人創建者居多。其中以學者創建講學爲多，其次爲私人讀書之所，私人藏書之所（參見附錄一）。

二、元代書院

　　元代全國最早設立書院始自元太宗八年（西元 1236 年），其時行中書省事楊惟中從皇子庫春伐宋，收集伊洛諸書，送燕京，立宋儒周敦頤祠，建太極書院，延儒士趙復、王粹等講授其間〔註28〕。可見元代建設書院相當的早，在未統一中國以前，已經開端。元統一江南之後，各省府州，亦紛紛設立書院。浙江在元初，由於宋末之大儒皆不願入仕元朝，而退居講學，設立書院。如金履祥創建仁山書院〔註29〕；蘭谿重樂、齋芳書院亦延請他講學；衛富益亦隱居石門白社書院教授〔註30〕。故書院的興設並未因朝鼎轉移而中

〔註24〕同上註。
〔註25〕同註15，頁 207。
〔註26〕曹松葉，〈宋元明清書院概況〉（一），《國立中山大學語言歷史學研究所週刊》，第十集，第一一一期，頁 4434。孫彥民，《宋代書院制度》。
〔註27〕同註26，頁 4429，表 2。
〔註28〕《續文獻通考》（一），卷五十〈學校考四〉，萬有文庫第二集（上海商務印書館，民國 25 年），頁 3243。
〔註29〕《蘭谿縣志》（光緒本），卷八〈古蹟〉，頁 17b。
〔註30〕《石門縣志》（光緒本），卷四〈書院〉，頁 45b。

較。而官方的提倡更使書院創建蔚然成風。如世祖至元二十八年下詔，令先儒過化之地，名賢經行之所，與好事之家出錢粟贍學者，並立為書院〔註31〕。此外，我們曉得蒙古統治下的教育政策是具有種族性及富賤性的〔註32〕。其學校制度雖沿舊制，然在學校教學，學生仕途及待遇上卻強烈的表現祖蒙抑漢的種族歧視色彩〔註33〕。就科舉考試上而言，漢蒙在考試試題上難易不同，得名之後漢蒙之待遇又有明顯的厚薄差異〔註34〕。在此種種族歧視教育政策的背景之下，學子乃寧願轉往書院，接受自由講學的書院教育。本省書院在此種背景之下，於元代九十餘年間，創建書院有四十一所。以元初的成宗和元末的順帝時期最多：

表 2-2：元代書院數目表

朝代別	世　祖	成　宗	仁　宗	武　宗	泰定帝	順　帝	元	合　計
數　目	2	6	1	1	1	8	22	41

資料來源：見附錄一。

除新創之書院外，元代時重建或重修前代的書院計有二十九所，故元代本省存在的書院，實在七十所以上。據曹松葉的估計，元代全國書院中，以江西省書院最多，浙江次之。〔註35〕

元代本省書院可分為官立、私立兩種：私立書院係大儒講學所設，如前述仁山、白社書院，或由邑紳興建，延請名儒教授。官立書院是指由官方各級職官所創，等於是州縣儒學之外學校組織。宋代書院多係私人創設，政府不過從旁協助，然元代的官立書院則不然，書院山長，與學正、學錄、教諭一樣，皆由官授，職同學官。書院中執事人員，既規定升遷等級，學生之出路，亦半由官方負責〔註36〕。如此一來，科舉與書院雜揉，已和官學無分，書院亦因此列入官方學制之中。不過，元代浙江創建之書院中，官方設立者

〔註31〕《元史》，卷八十一〈選舉志〉。
〔註32〕梁甌第，〈元代書院制度〉，載《現代史學》三卷二期（民國 26 年 4 月），頁 3。
〔註33〕同註32。
〔註34〕同註32，頁 3～4。
〔註35〕見曹松葉文，〈宋元明清書院概況——元代書院概況〉（續），刊於《國立中山大學語言歷史學研究所週刊》，第十集，第一一二期，頁 4481，表 2。
〔註36〕同註32。

僅占 24.5% 左右，私人創立者約達 63.4%（不詳者 12%）。可見元代雖以蒙古人入主中國，而教育之大權，仍操民間漢人之手。宋儒講學之風，亦得因此維持於不墜。

官立書院的人員與經費既由官授，故列入官方學制之中。亦即書院已成地方儒學的旁支，生員可就讀書院以與鄉試，舉人亦可就讀書院以應會試。書院在學制中的地位如下表所示：

表 2-3：

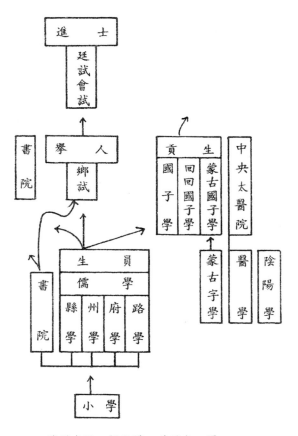

資料來源：劉伯驥，前引書，頁 382。

宋代書院未列入學制，這是宋元書院性質上相異之處。

三、明代書院

浙江書院在明代的發展，大致可以分成兩個段落：第一是沉寂期，自洪武立國以至憲宗成化初年（西元 1368～1468 年）約一百年左右。第二是興盛

期,自正德以後,尤其是嘉靖、萬曆年間為最盛。明太祖在洪武元年(西元 1368 年)因元代之舊,立洙泗、尼山二書院,各設山長一人,這是明代官立書院之始〔註37〕。惟太祖此舉,僅是一種尊崇學術的表示而已,並未倡導書院之創設。其後數十年,書院創建並不多。本省書院在此時期內所設可考者約十二所左右。分析此段時期書院沈寂的原因,殆有下列幾種:(一)當時朝廷網羅人才,士之散處書院者,皆聚之兩雍,雖有書院,其風不盛〔註38〕。(二)明初盛行科舉,以八股制藝取士,學子為求功名,多詣府縣官學就讀。(三)明初朝廷對地方教育之重心擺在社學。洪武八年(西元 1375 年),詔有司立社學,延師儒以教民間子弟,其教讀有經明行修者,許推擇署儒學教事。十六年(西元 1383 年),又詔民間立社學,有司不得干預。英宗正統元年(西元 1436 年)詔令各處社學,提學官及司府、州縣官,嚴督勸課,其有俊秀者,得補生員。孝宗弘治十七年(西元 1504 年),令府州縣各立社學,民間幼童十五歲以下者,遣入讀書〔註39〕。蓋社學係仿古時鄉學之遺規,朔望考課,次日習禮習射為地方教育之基礎,故有司乃大加提倡,對講明理學之書院,反不加重視。

世宗嘉靖以後,書院的創設卻大幅增加,本省在嘉靖年間至少有四十二所書院興設,萬曆年間亦創建二十九所左右,參見下列書院興設表:

表 2-4:明代書院創建數目表

朝　代	洪武	成化	弘治	正德	嘉靖	隆慶	萬曆	崇禎	不詳	合計
數　目	2	5	5	4	42	3	29	8	40	138
百分比	1.4	3.6	3.6	2.9	30.45	2.2	21	5.8	28.9	100

說　　明:未詳正確年代者,均列入不詳一欄。
資料來源:由附錄一統計而來。

此時期書院興盛的原因,主要係受王陽明及其弟子講學影響。王守仁(西元 1472～1528 年),字陽明,浙江餘姚人,生於成化八年。宏治十二年舉進士。三十四歲與湛若水定交,以倡明聖學為事。正德三年,謫至龍場,夷人為之構龍岡書院,四年,主貴陽書院。十三年,講學江西濂溪書院。嘉靖三

〔註37〕見盛朗西,《中國書院制度》。
〔註38〕同註 37。
〔註39〕見劉伯驥,《廣東書院制度》,頁 35。

年，陽明先生五十三歲，在會稽關稽山書院講學〔註 40〕。陽明講學所至，四方學者輻輳，譬如會稽稽山書院，學徒來自湖廣、直隸、贛南等地者達三百餘人〔註 41〕。風氣影響所至，使書院講學大盛。迨陽明歿，各地陽明弟子爲紀念其師，亦紛紛設立祭祀陽明之書院。本省在嘉靖年間就有七所專祀陽明的書院設立：

表 2-5：

年代	(嘉靖)九年	十三年	十六年	十九年	二十一年	三十二年
院名	(杭州)天眞	(衢州)衢麓	(秀水)文湖	(永康)壽岩	(青田)混元	(青田)心極

資料來源：王文成公年譜。

　　陽明之學爲何能使大批學子趨之若鶩，而造成書院講學之大盛呢？蓋明代自八股取士以來，學問內容僅僅講求文辭格式，學術風氣亦淪於呆板與固陋，士子所學更流於空疏與淺漏，而陽明之學，恰符合他們的需要。蓋陽明學說認爲，聖人之學即爲心學，心就是理，心性自足，不假外求。也就是要打破假之於外的學術以內求之於心，要放棄對訓詁記誦辭章的追求，而追求內在的心性。陽明於「致知格物」之意，訓作「致吾心之天理於事事物物」，認爲知識的「知」，是輕浮不實的，必須以力行爲功夫。「本心之明」即是知，不欺本心之明即是行，故主張「知行合一」〔註 42〕。由於陽明之學的吸力，及外在科舉之弊，使書院在嘉靖、萬曆年間大盛。此種講學風氣影響及他省，致興盛的趨勢不獨浙江爲然，全國各省的書院都以嘉靖朝爲最多。例如安徽設三十九所〔註 43〕，江蘇也以此時期最多〔註 44〕，據 John Meskill 指出，整個時代三分之一以上的書院是在嘉靖年間所創設的。〔註 45〕

　　明代書院講學，由於學者互相標榜，遭致政治上之妒忌，而造成書院的三次毀廢：第一次係嘉靖十六、十七兩年，大臣以「僞學與擾民」爲理由，

〔註 40〕同註 16。

〔註 41〕同註 37。

〔註 42〕同註 16。

〔註 43〕吳景賢，〈安徽書院沿革考〉，《學風月刊》二卷八期。

〔註 44〕柳詒徵，〈江蘇書院志初稿〉，《國學圖書館第四年刊》（西元 1931 年）。

〔註 45〕John Meskill, "Academies and Politics in the Ming Dynasty" 收入 Charles O. Hucker, Chinese Government in Ming Times -- Seven Studies. (Columbia University press, 1969 New York).

奏請毀書院；第二次是萬曆七年正月，張居正厭恨講學所致；第三次是天啓五年，魏忠賢與東林黨爭〔註 46〕。浙江在這三次的禁書院運動中受到的影響若何，由於史料難稽，很難加以評估。唯據研究明代書院與政治學者 John Meskill 指出，第二次萬曆年間毀書院的影響較大。〔註 47〕

明代浙江書院，按其性質來分有二種：官立與私立的書院。

（一）官立的書院

是宣講式的書院，其作用是，當官大夫公餘之暇，「講說六篇，講讀射法，聽陳弭盜，鼇奸釋冤，恤鰥寡，訪遺文」。〔註 48〕

（二）私立的書院

大多係名儒創建，以備生徒講讀的精舍，惟有些則係邑紳興設，延學者講學，有部份則爲私人讀書之場所（參見附錄書院創建表）。本省創建的書院中，官立者有六十三所（占 45.7%），私立者有六十九所（占 50%），不詳者占 4.3%。可見官立書院比重益趨增加，私人講學書院相形減少。不過，由於私立書院以講學爲主，傳播學術風氣，在社會學術上，佔領導地位。官立學院僅爲一般的宣講，輔學校教化之不逮，在質與量上，皆不如私立書院。

由於書院具有中等以上教育程度，不論公私立可逕自參加鄉試，不過，在學制上的地位，是獨立於學校與科舉之外，此和元代書院不同（參見表 2-6）。

明代私立的書院尚有一項特色，即是「講會」組織的出現。所謂講會，最初是書院內部的一種組織，與書院有密切關係，然自成系統，對於學風之傳播，助力甚大。故可以說是當時書院的靈魂，傳播學術思想最有效的媒介。書院中爲何有講會的產生呢？蓋當時很多書院注重科考，院內講習之科目，多屬制藝舉業，失去自由講學之原意。因此，學者爲了尋求自由講學的機會，乃自動組織成講會。講會實爲書院官學化後學者藉以自由傳嬗學術思想之團體，也是書院講學精神寄託之所在。所以若欲瞭解明代書院學風之流衍，書院本身反失其主要地位，而需求之於講會。黃宗羲曾云：「制科盛而人才絀，於是當世之君子，立講會以通其變。其興起人才，學校反有所不逮，

〔註 46〕有關這三次毀書院的詳情，可參見梁甌第，〈明代的書院制度——中國書院制度資料〉，《現代史學》第二卷第四期（西元 1935 年）。

〔註 47〕同註 45。

〔註 48〕同註 39，頁 35。

表 2-6：

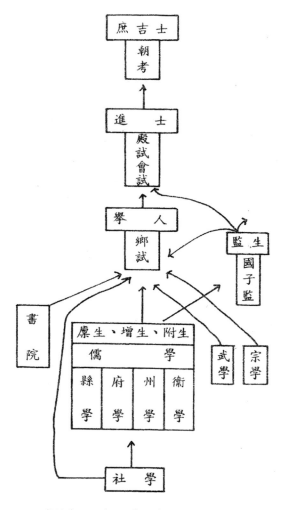

資料來源：劉伯驥，前引書，頁 383。

如朱子之竹林、陸子之象山、五峰之岳麓、東萊之明招、白雲之僊華，繼以
小坡、江門、西樵、龍瑞，逮陽明之徒，講會且遍天下。」〔註49〕講會之精
神，約有二端：一為研究學術之自由，二為講習方式之合理〔註50〕。蓋講會
制度採取質疑問難之辯證方式，以自動自發的研究精神來從事學問的探討。
例如金華府永康縣的五峰書院，就有應典、程梓、盧可久等學者會講〔註51〕；

〔註49〕 黃宗羲，〈陳夔獻墓誌銘〉，見氏著，《南雷文定》，後集卷三，頁 49。
〔註50〕 吳景賢，〈紫陽書院沿革考〉，《學風月刊》四卷七期，頁 26。
〔註51〕 《永康縣志》（光緒本），卷七，頁 21～25。

劉宗周在紹興府會稽所創的證人講會，亦有陶奭齡、張焜芳、史孝咸、何國輔等諸位大儒會講於此〔註52〕。而明季所謂的講會，在範圍上卻擴大了很多。講會雖仍在書院中舉行，卻是幾個書院合而會講，其舉行地點，亦不限定某一書院，惟其講論者，則多有一定之中心。講會有所謂的會約，凡講會之宗旨、組織、開會日期、儀式、講論材料等，均有所規定。

明代本省另有一種和講會性質相類的組織，即所謂的「文社」。文人結社，起源甚早，像晉代惠遠之蓮社，宋代胡瑗之經社，元代白蓮社、月泉詩社，皆是「以文會友，以友輔仁」的文社〔註53〕。明代時文社已甚多，據黃宗羲云：「士子之為經義者亦依仿之而立社，余自涉事至今，目之所覩，其最著者，雲間之幾社，武林之讀書社，婁東之復社」〔註54〕。天啓年間，因為書院之禁設，於是有些人提倡以古文來改革時文，同時以時文結社來代替書院。以本省為例，省城杭州最著名之文社為讀書社和登樓社。登樓社為陸圻（麗京）兄弟及汪楓（魏美）所組成；讀書社有江道闇、張秀初等人，亦黃宗羲、沈壽民等讀書講論之地〔註55〕。不過，這些原以改革時文為口號的文學團體，至崇禎年間，在性質上卻有了轉變。婁東人張溥於崇禎二年，將各地著名之文社，如江北匡社、中洲端社、松江幾社、萊陽邑杜、浙東超社、浙西莊社、黃州質社等合而為一，名之曰「復社」。〔註56〕

四、清代書院

滿清以異族入主中國，最忌民間之集會結社，而書院講學又有諷議朝政之風氣，如明代東林書院者然，故為壓抑明代民族思想之復活，阻止知識份子之結合，清初乃採禁設政策，抑制書院之創建。如順治九年諭敕曰：「各提學官督率教官生儒，務將平日所習經書義理，著實講求，躬行實踐，不許別創書院，群聚徒黨，及號召地方遊食無行之徒，空談廢業。」〔註57〕而朝代鼎革之際，兵馬倥傯，書院燬圮停廢者尤多。蓋清兵入關之後，各地抗清義軍紛起，江浙義軍抗舉尤為慘烈。順治二年，魯王監國被擁立於紹興，吏部

〔註52〕 《會稽縣志》（康熙本），卷二十五，頁2b～4a。
〔註53〕 胡秋原，〈明代之復社及人物〉（中），《中華雜誌》。
〔註54〕 同註49。
〔註55〕 同註53，頁18。
〔註56〕 同註53。
〔註57〕 《大清會典》，卷七十五〈禮部十九・學校一〉。

尚書徐石麟、總兵陳梧等,起兵於嘉興;主事王期昇,起於長興;鄭遵謙、于穎等,起事於會稽〔註 58〕。清軍和義軍的抗爭導致地方不靖,干戈擾攘,地方自無餘力顧及書院的創建。浙江在順治朝十八年間,創建之書院僅有六所,占清代創建總數之 2.6%,平均三年才創一書院。康熙年間,清廷雖對幾個較有歷史之書院,如衡陽石鼓書院、盧山白鹿洞書院、湖南嶽麓書院、山東濟南省城書院、蘇州紫陽書院等頒賜御書或飭修祀典,然仍未有興創書院的明令。〔註 59〕

但浙江在康熙年間,書院創建的數量卻頗多,這似乎和清廷的頒令有悖。事實上,由於清廷以科舉取士,書院講學宗旨已轉變為專意制藝帖詩,與明代書院之講明理學大異其趣。何況府州縣學大多課而不教,形同虛設。而書院創設,既可匡翼學校之不逮,又是振興文教之舉,政府也就不予禁制。

由於書院禁抑政策之顯然無效,雍正之後遂改變態度。雍正十一年上諭即明令封疆大吏督撫等於各省會建書院,並各賜帑金一千兩,以為士子群聚讀書之膏火,這是清政府正式提倡書院之始。上諭云:

> 各省學校之外,地方大吏每有設立書院,聚集生徒講誦肄業者。朕臨宇以來,時時以教育人才為念,但稔聞書院之設,實有裨益者少,浮慕虛名者多,是以未嘗敕令各省通行,蓋欲徐徐有待,而後頒降諭旨也。近見各省大吏,漸知崇尚實政,不事沽名釣譽之為;而讀書應舉者,亦頗能屏去浮囂奔競之習,則創立書院,擇取文行兼優之士,讀書其中,使之朝夕講誦,整躬勵行,有所成就,俾遠近士子,觀感奮發,亦興賢育才之一道也。督撫駐箚之所,為省會之地,著該督撫商酌奉行,各賜帑金一千兩,將來士子群聚讀書,須預為籌劃,資其膏火,以垂永久。其不足者,在於存公銀內支用。封疆大吏,並有化導士子之職,各宜殫心奉行,黜浮崇實,以廣國家菁莪棫樸之化,則書院之設,於士習文風有裨益而無流弊,乃朕之所厚望也!〔註60〕

〔註58〕 黎傑,《清史》(上),第一篇清代政治述略(九思出版有限公司,民國 67 年台一版),頁 133。

〔註59〕 張勝彥,〈清代台灣書院制度初探〉(上),載《食貨月刊復刊》第六卷四期(民國 67 年)。

〔註60〕 《清朝文獻通考》,卷七十〈學校八〉。

乾隆年間更數次降頒諭旨，提倡書院興建並採獎勵措施〔註61〕。本省書院在政府積極獎勵的背景之下，書院之創設及修建，迅速增加。書院在各代創建數之多寡及發展之態勢如何呢？首先見表2-7統計表及圖2-1發展曲線。

　　由下表圖可知，清代本省書院以乾隆（28.1%）及同治（18.6%）年間創設之書院最多，其餘年代次之。其原因為何呢？蓋高宗除數次詔諭書院之創設外，更率先提倡，凡巡幸所至，必獎勵其地書院。如乾隆十六年，高宗南巡，臨幸浙江省城杭州之敷文書院，命頒賜武英殿新刊十三經二十二史〔註62〕，又御題七言律詩一首〔註63〕；二十二年，御題敷文書院五言六韻；

表2-7：清代書院創建表

年　　代	康　熙 （61年）	雍　正 （13年）	乾　隆 （60年）	嘉　慶 （25年）	道　光 （30年）	咸　豐 （11年）	同　治 （13年）	光　緒 （27年）	不詳	總計
數　　目	37	4	65	12	22	7	43	28	7	231
百分比%	16	1.7	28.1	5.2	9.5	3	18.6	12.1	3	100
每年平均 創建數	0.59	0.31	1.08	0.48	0.73	0.64	3.31	1.04		

說明：(1) 光緒以二十七年斷限，蓋因是年上諭各省書院均改學堂，本省書院遂不再設。
　　　(2) 不詳正確創設年代共七所，列入不詳一欄。

〔註61〕　如乾隆元年諭：「書院之制，所以導進人材，廣學校所不及。我世宗憲皇帝命設之省會，發帑金以資膏火恩意至渥也。古者鄉學之秀，始升於國，然其時諸侯之國皆有學。今府、州、縣學並建，而無遞升之法，國子監雖設於京師，而道里邈遠，四方之士不能皆會，則書院古侯國之學也。居講席者，固宜老成宿望，而從遊之士，亦必立品勤學，爭自濯磨，俾相觀而善，庶人材成就，足備朝廷任使，不負教育之意。……學臣三年任滿，諮訪考覈，如果教術可見，人材興起，各加獎勵；六年之後，著有成效，奏請酌量議敘。諸生中材器尤異者，准令薦舉一二，以示鼓舞。」見《欽定大清會典事例》，卷三九五〈禮部・學校〉，台灣中文書局據光緒二十五年刻本影印，頁2b～3b。
　　　　乾隆三年議准曰：「嗣後學政舉薦書院優生到部，照彙題通省優生之例，廩生作為歲貢生，附生作為監生，俱筒監肄業。」見上書乾隆三年條，頁3b～4a。
　　　　乾隆四年再諭曰：「聞浙江敷文書院內生童眾多，每歲帑金租息僅四百餘兩，不敷廩餼，著加賜帑金一千兩，交該撫經理，歲取息銀，以資諸生膏火。」見同卷，乾隆四年條，頁4a。
〔註62〕　《清朝文獻通考》，卷七十一〈學校九〉，頁5515。
〔註63〕　乾隆十六年，御製題敷文書院詩：「松岡迴首望祇園，講舍層階喜得門，氣助湖山鍾遠秀，道傳孔孟有真源。清遊祇欲心無逸，名教何非樂所存，嘉爾青衿真濟濟，嗣音實行勉相敦。」見沈德潛輯，《西湖志纂》，卷六〈南山勝蹟〉（下），頁8b。

圖 2-1：

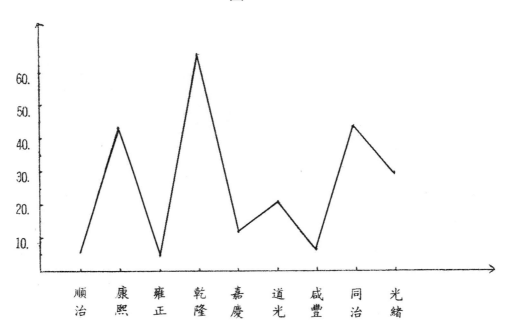

| 順治 | 康熙 | 雍正 | 乾隆 | 嘉慶 | 道光 | 咸豐 | 同治 | 光緒 |

資料來源：據表 2-7 編繪而成。

二十七年御製疊舊作六韻，并御題講堂屏聯；三十年，御題正誼堂屏聯再疊詩六首；四十五年、四十九年俱有御製疊韻詩〔註 64〕。朝廷的提倡使地方官更努力的興文教、創書院。嘉慶以後，因既有書院，只略為遷修，所增創的較少。咸豐年間因受太平天國之亂的影響，本省書院之創設更顯低落。蓋咸豐間，太平軍曾攻入浙江，攻佔遂安、壽昌、龍游、金華、遂昌、松陽、處州、永康、嚴州等地，尤其辛酉之際（十一年），李秀成攻佔杭州，李容發進取紹興，浙江全省幾盡為太平軍所佔〔註 65〕，書院燬於兵燹者甚多，所有書院乃告停廢。迄同治間亂事平復，官紳為謀宣揚教化，除暴安良，再度戮力書院之興創，同治朝創設之書院因而甚多。此一發展趨勢，我們若由書院修建的次數來作一番比較，可以發現二者是若合符節的。所謂「修建」包括書院的重修、重建、增建、移建等項。

由修建次數上看來，乾隆（占 23.6%）、同治（22%）時期仍居首位，其餘年代修建的趨勢與創建趨勢大致相符：

〔註64〕《杭州府志》（光緒本），卷十六〈學校志三〉，頁 3a。
〔註65〕同註 58，頁 536～537。

表 2-8：清代書院修建表

年　　代	順治	康熙	雍正	乾隆	嘉慶	道光	咸豐	同治	光緒	不詳	合計
次　　數	3	39	20	87	23	52	13	81	48	3	369
百分比	0.8	10.6	5.4	23.6	6.2	14.1	3.5	22	13	0.8	100

說　　明：百分比以四捨五入。
資料來源：由附錄中書院修建部份統計而得。

圖 2-2：清代浙江書院修建趨勢圖

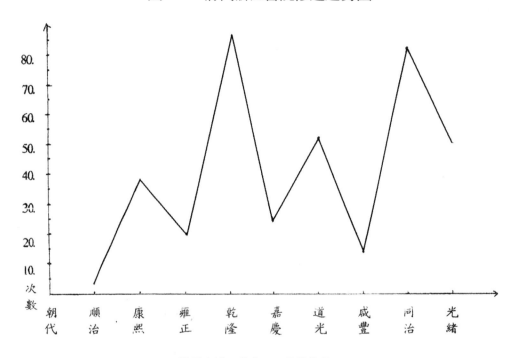

資料來源：依表 2-8 資料繪製。

　　浙江書院之發展和他省是否相同呢？我們試取粵、蘇、皖三省作一比較。蘇、皖二省書院之數目不盡精確，然其發展趨勢大體無誤。由圖 2-3 看來，蘇、皖二省書院創建趨勢，與本省大致類似。在書院數目上，此二省雖不及浙江，惟書院發展歷程，卻和浙江相類。廣東在光緒年間，因對外貿易的影響，私人捐設書院大增，故光緒時期書院特多，此點和其他三省稍異。底下是四省書院創建比較圖：

圖 2-3：

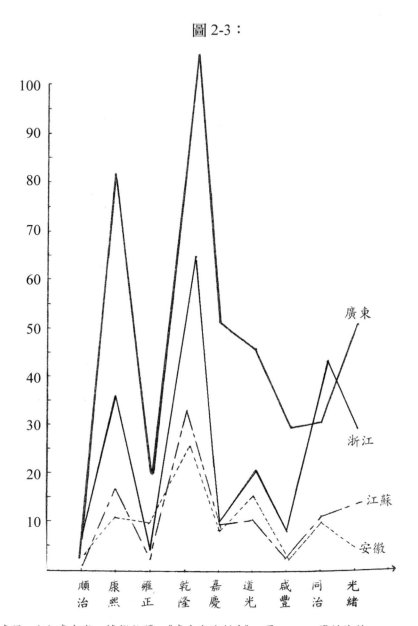

資料來源：（1）廣東省：據劉伯驥，《廣東書院制度》，頁 70～71 資料繪製。
　　　　　（2）江蘇省：據大久保英子，〈清代江浙地方の書院と社會〉，《近世東アジア教育
　　　　　　　　史研究》，頁 239。
　　　　　（3）安徽省：據吳景賢，〈安徽書院沿革考〉，載入《學風月刊》二卷八期，頁 55
　　　　　　　　附表繪製。〔註 66〕
　　　　　（4）浙江省：據表 2-7。

〔註 66〕大久保英子和吳景賢之統計均有疏漏，但其趨勢大致無誤，爲作比較，故引
　　　　用之。

　　書院發展興盛程度之高低，並不在其數目之多寡，而在其「年平均創建數」之大小。以此點而論，浙江書院興建最盛時期應是同治期，次為乾隆朝（參見本文頁 19 之表 2-7）。其他省分的書院雖然仍以乾隆、同治二期創建數最多，然而其興盛時代則因地而異，各有所不同。以河北、安徽為例，最盛時代為乾隆，次為康熙〔註67〕，福建最盛時代為乾隆，次為嘉慶〔註68〕；江蘇、浙江最盛時代為同治，次為乾隆，而廣東最盛時代為咸豐，次為同治。〔註69〕

　　本省書院之創設，大致有三種方式：第一係由官吏出資興設，供學子肄業。第二是應地方紳民之請，由官吏捐廉以倡，而地方邑紳募捐創建。第三則是地方紳民自行捐募建設。前二者屬官立性質，第三者屬私立書院。浙江書院官立、私立二者比重若何呢？我們由表 2-9 中可稍窺其端倪。清代浙江書院官立性質者居多，私立書院在比例上相去甚遠，可見書院性質已趨官化。由表中尚可發現另一特色即：官立書院興設之趨勢和整個浙江書院發展態勢大致相同。亦即清初之際，朝代鼎革，南明抗清，書院興建少。雍乾年間，清廷獎建書院，官吏秉上旨意，提倡文教，故大肆創建。太平天國亂後，官吏為重宣教化，故書院之興建達於極點。

〔註67〕見林友春，〈中國における書院の推移〉，載多賀秋五郎編，《近世東アジア教育史研究》（東京：學術書出版會，昭和45年），頁212。

〔註68〕見大久保英子，〈書院（二）──清代の書院と社會〉載前引，《近世東アジア教育史研究》，頁 660～679。另見張勝彥前引，〈清代台灣書院制度初探〉。

〔註69〕蘇浙粵三省書院年平均創建數：

	唐熙	雍正	乾隆	嘉慶	道光	咸豐	同治	光緒	資　料　來　源
江蘇	0.26 強	0.15 強	0.55	0.32	0.33 強	0.83 強	0.85 弱	0.48 強	據大久保英子，〈清代江浙地方の書院と社會〉（載前引《近世東アジア教育史研究》，頁239）統計而得。
浙江	0.59	0.31 弱	1.08 強	0.48	0.73 強	0.64 弱	3.31 弱	1.04 弱	見表2-7。
廣東	1.33	1.54	1.71	2.04	1.53	2.6	2.38	1.5	見劉伯驥，《廣東書院制度》，頁70～71。

　　按：光緒朝是以二十七年為年限計算，蓋其時上諭各省書院均改學堂，書院遂不再設，張勝彥先生宏文以二十三為年限，似未盡理想。

表 2-9：

朝　代　別	年數	私立書院		官立書院		總　　計	
		數目	每十年興建數	數目	每十年興建數	數目	每十年興建數
順治（1644～1661）	18	1	0.5	4	2.2	6	3.3
康熙（1662～1722）	61	12	20	23	3.8	36	5.9
雍正（1723～1735）	13	2	1.5	2	1.5	4	3.1
乾隆（1736～1795）	60	14	2.3	47	7.8	65	10.8
嘉慶（1796～1820）	25	7	2.8	4	1.6	12	4.8
道光（1821～1850）	30	12	4.0	9	3.0	22	7.3
咸豐（1851～1861）	11	3	2.7	2	1.8	7	6.4
同治（1862～1874）	13	15	11.5	25	19.2	43	3.3
光緒（1875～1901）	27a	12	4.4	13	4.8	28	10.4
合　　計	258	78	3.0	127	4.9	223	8.6

說　　明：正確年代不詳書院七所，未予列入。另有十六所不詳官私立，未予計入。
　　　　　a：理由同表 2-7。
資料來源：據附錄一創建表。

　　知縣在推動書院創建中，扮演最主要角色。在所有興建書院之官吏中，知縣所佔比例最高，達 58% 左右。知府次之。參見下表：

表 2-10：

創建者	縣令	知府	官紳合建	巡撫	教諭	署知縣	督學	其他	不詳	合計
數　目	76	21	8	2	2	2	2	12	6	131
百分比%	58	16	6.1			15.3			4.6	

說　　明：其他一欄，包含知州、僉事、將軍、運司郡丞、同知海防、同知海道副使、訓導、巡道奉直大夫。
資料來源：由附錄一中統計而得。

　　邑令之所以大力倡建書院，其目的不外乎振興地方文教，培養人才。左士吉在〈鶴鳴書院記〉中即云：「余謂一邑運脈，視乎人才，人才休隆，觀諸科第。令欲作士氣以振文風，使人才蔚起，旋轉之機，在乎積學。學如工之

居肆成事，其業專效，速道莫亟於書院」〔註70〕而人才養成，帶動地方文風，轉變社會風氣，更是書院對地方的貢獻：

> 夫書院者，或以擬於家之塾、黨之庠，而其益實不止此也。民之秀者能爲士，今將拔一郡中士之秀者，而聚而教之。則雖止此數十百人，荷得遜鼓篋於國學。書嫩行於師氏，將見一人規言矩行，而一里薰陶其德；一士學禮敦詩，而一邑趨步其風。其所及者，又豈止一家一黨而已耶！〔註71〕

故地方官往往在甫下車之際，即諮詢地方耆老或親訪書院遺址，創建或興修地方書院。修建書院的官員中，仍以知縣獨占鰲頭〔註72〕，顯見知縣是推動本省書院發展的主力。

　　清代的書院，若從講學內容上區分，可分爲三種類型：一爲講求理學之書院；二爲考試時文之書院；三爲博習經史詞章之書院〔註73〕。浙江在清初尚有數所講求理學的書院，其最著者即餘姚姚江書院。姚江書院係由明末半霖義學改名而來，祀王文成。崇禎間有沈國模、管宗聖、史孝咸等姚江學派學者在此講明王學〔註74〕，迄至清初，尚存明代會講之風。例如康熙年間，邵念魯主講姚江書院時，先一日戒眾，厥明，諸士子及地方官吏畢至，釋菜於先賢，如禮出，即講堂南向坐，童子歌詩，闋爲講易艮卦，聞者肅然。父

〔註70〕《太平縣志》，卷之五〈書院〉，頁 18b～19a。
〔註71〕徐綿，〈興復東山書院序〉，《永嘉縣志》，卷之七〈學校志〉，頁 24b。
〔註72〕修建書院的官吏及次數：

創建者	縣 令	知 府	官紳合修	巡 撫	布政使	署知縣	知 州	署知府	巡 道
次 數	130	45	24	10	8	6	3	3	3
創建者	教 諭	署廳事	鹽運使	鹽 道	督 學	護巡撫	總 督	署總兵	侯補通判
次 數	2	2	2	2	1	1	1	1	1
創建者	訓 導	鹽大使	署教諭	游 擊	提 督	總 兵	按察使	寧紹分司	總 計
次 數	1	1	1	1	1	1	1	1	254

資料來源：據附錄的修建表統計而來。
〔註73〕前引盛朗西書，第五章清之書院，頁 154。
〔註74〕見《餘姚縣志》，卷十〈學校志〉，頁 25b。

老皆喜曰：「數十年僅見此也。」〔註75〕另黃梨洲不應詔徵，創設甬上證人書
院於鄞縣（即證人講會），講明王學〔註76〕，皆屬於第一類型書院。事實上，
當時江浙學者，有一些不應科舉而寄身書院者，如惠棟、盧文弨、李兆洛等，
也有稍經仕宦，即脫身而去者，如錢竹汀，鄞縣全祖望等。這些學者既不願
以八股制藝教導後進，又不能牽涉政治大事，故只有趨於篤古博雅之途，寄
情於經籍之考釋上，所謂乾嘉經學即由此起。〔註77〕

　　清代以科舉取士，書院為謀科名，多重考課，所課者不外四書文、試帖
詩，和昔日講求學術之書院大異旨趣。雍乾以降，本省書院絕大部份皆隸此
類。考試時文的書院，依照課講程度上區別，約可分成四種：（一）專課童生
書院；（二）專課生監書院：生包括生員、貢生、廩生。監指監生；（三）兼
課生童書院：生員、貢生、廩生、童生皆得與課；（四）舉人書院〔註78〕。本
省書院因資料所囿，無法判別各類書院所佔比例，然據方志資料顯示，大多
數書院皆兼課生童。省城學海堂則是專課舉人，屬第四類書院。〔註79〕

　　若依書院程度分類，本省書院可分成四種：

1. 省立的書院，多設於省城，為全省最高書院。
2. 府立的書院，多設於府城，係全府最高書院。
3. 州立或縣立書院，多設於州、縣城，為全州縣最高書院。
4. 鄉鎮設立之書院，程度較低，規則不若前三者完備。

　　值得一提的是，清初的鄉邑書院，其性質和義學是差不多的。清初朝廷
曾下詔：「改生祠書院為義學，如係名宦去任之後，百姓追思建造者，准其存
留，餘俱著地方官查明改為義學。」〔註80〕其後政府雖開放書院創建，然地
方義學制度，卻仍然保留，其性質和書院差不多。而一些鄉邑書院，雖名為
書院，實質上是義學或義塾。例如嵊縣陽山書院、太平驪山書院皆是義塾性
質；雍正年間所建的義烏縣漱芳書院原為大陳義學。可見此時義學與書院乃

〔註75〕邵晉涵族祖〈邵先生廷采行狀〉，見《碑傳集》。
〔註76〕全祖望，〈甬上證人書院記〉，見氏著，《鮚埼亭集》下冊，外編卷十六，頁
　　　　807。
〔註77〕胡美琦，《中國教育史》，第八篇第三章，清代書院教育，頁504。
〔註78〕見班書閣，〈書院生徒考〉，轉引自大久保英子撰，《明清時代書院の研究》第
　　　　一章，頁21。
〔註79〕《杭州府志》（光緒本），卷十六，頁16a。
〔註80〕轉引自劉伯驥前引書。

異名同實的。

　　清代書院專重考課、專意科舉，講學之原意大失，其性質和學校已殆無二致。湯成烈曾剴切的指出此時書院產生的流弊：

　　　　不問品學，但以處京秩之居憂，及甲科之歸林者。每月一課，一文
　　　　一詩，批校竣事，即索修脯。未嘗進一士與之講貫，考其誦習何書，
　　　　討論何事，孰狂可以裁成，孰狷可以節取，儲材毓秀，以為朝廷他
　　　　日之用也。〔註81〕

　　有志之士有鑒於此種弊端，乃亟思改變。阮元之創建「詁經精舍」即是對書院專意科考風氣的一項反動。嘉慶初年，阮元督學浙江時，聚諸生於西湖孤山之麓，成經籍纂詁一百零八卷。及撫浙，遂以昔日修書之屋五十間，選兩浙諸生學古者讀書其中，題曰「詁經精舍」〔註82〕。顧名思義，即知其特重經古而排斥制舉的。其課士方式是「問以十三經三史疑義，旁及小學天部地理算法詞章，各聽搜討書傳，條對以觀其識，不用扃試糊名之法」〔註83〕和一般書院考課制藝帖詩，迥然有別。詁經教授方法採「暇日聚徒，講議服物典章，辨難同異，以附古人教學藏修游息之旨」〔註84〕此也與重科舉之書院有異。詁經精舍所重為漢學，而所崇仰者為漢儒。阮元云：「聖賢之道存於經，經非詁不明。漢人之詁，去聖賢為尤近，譬之越人之語言吳人能辨之，楚人則否；高曾之容體祖父及見之，雲仍則否。蓋遠者見聞終不若近者之實也。」〔註85〕故精舍奉許慎（叔重）、鄭玄（康成）木主於舍中而祀之。自朱子興復白鹿洞書院，奉祀周濂溪、程明道以來，元明清之書院，大多祀奉理學大儒，而奉祀鄭許，詁經精舍實開其端。詁經不但在課士方式或講學內容上是一大改革，同時影響本省及他省書院風氣之變遷，在清代浙江書院發展史上，實為一重要的里程碑。

　　阮元於巡撫廣東之時，又創立了「學海堂」（道光六年），以經史為課士之科目，不及制藝。故自本省詁經精舍及廣州學海堂創設之後，書院之風氣大變。道光十八年，江蘇總督陶澍立「惜陰書舍」於南京，課士經史詩賦，

〔註81〕見盛康輯，《清朝經世文編續編》，卷六十五〈禮政五‧學校下‧學校篇上〉，
　　　　文海出版社，頁4a。
〔註82〕阮元，〈詁經精舍記〉，見《杭州府志》，卷十六，頁13a。
〔註83〕孫星衍，〈詁經精舍題名碑記〉，見《杭州府志》，卷十六，頁14a。
〔註84〕同註83。
〔註85〕同註82。

不及制藝；同治十二年，沈仲復于上海設「詁經精舍」，延俞樾為主講；光緒十年，黃體芳建「南菁書院」於江陰；十四年，黃彭年建「學古堂」於蘇州；十五年，張之洞建「廣雅書院」於廣東。流風所及，甚至湖南、湖北、四川、陝西各省皆有倣詁經及學海堂而創建專攻經史之書院。〔註86〕

　　清代書院，自光緒以後，由於內外因素的影響，不但性質上有了轉變，最後且趨於沒落。就內在的因素來說，書院本身的流弊使其無法適應外在環境的變動。由於書院注重制藝，其課程及課試內容咸以此為準，內容之固陋使造就出的經生是腐化、不通世故的。誠如陳寶箴所云：「降及末流，考所為教，率不出經藝試帖，蓋利祿之錮蔽乎人心久矣！」〔註87〕此外，書院山長教館常有誤人子弟情事，肄業生徒亦僅貪圖膏火，不求學問〔註88〕，這些書院流弊，積習已非一日，迄清季遂引起時人之責難。就外在的因素來說，中國自鴉片戰後，門戶洞開，外來勢力之侵略，紛至沓來。其時雖有洋務運動的展開，然只是技藝層面的改革，對西方政治與文化並未加以學習。迨甲午一役，敗於日本後，有志之士力倡變法，而書院之效用卻無法應付國家之所需，乃成為大家指摘之焦點，在此種客觀環境與內在流弊激盪之下，書院制度於是動搖。

　　本省書院在上述背景的衝擊下，書院的因應措施首先是變通制度，改訂課程。例如光緒二十一年，浙江巡撫廖壽豐即奏請在省城設「求是書院」，兼課中西實學。書院中延西人為教習，教授各種西學。而且每月教習以朔日課西學，總辦以望日課中學〔註89〕。然迄光緒二十四年，德宗變法，為澈底改革教育，乃下令將書院一律改為兼習中西實學之學校〔註90〕。戊戌政變後，西太后雖主張保留原有之書院制度，然而此時廢書院、興學堂的風氣已開，書院沒落的趨勢已無法遏止。光緒二十七年八月二日，上諭著各省所有書院，省城均改設大學堂，各府合直隸州改設中學堂，各州縣均改設小學堂〔註91〕。浙江書院在此種趨勢下，乃逐漸停廢或改設學堂，至光緒三十一年九月上諭

〔註86〕陳東原，〈清代書院風氣之變遷〉，載《學風月刊》三卷五期（民國22年6月），頁17～18。
〔註87〕陳寶箴，〈河北精舍學規〉，收入《皇朝政典類纂》。
〔註88〕同註87，〈中江講院章程〉。
〔註89〕同註87，頁22a。當時其他各省官吏，也有奏請變通書院章程者，例如光緒二十二年，山西巡撫胡聘之也曾上奏。
〔註90〕同註80。
〔註91〕同註87，頁394。

廢科舉後，書院制度可說整個結束。本省書院自光緒二十七年改設的情形，我們由地方志中蒐集到如下的史料，可見書院沒落的大勢：

表 2-11：書院改設表

書　　院	（光緒）停辦期	改　　設	書　　院	（光緒）停辦期	改　　設
遂安台鼎書院	三十一年	官立高等小學堂	分水興賢書院	二十七年	縣學堂
平陽龍湖書院	清　季	女子高等小學校	平陽吾南書院	三十二年	吾南兩等小學
平陽逢源書院	三十一年	逢源兩等小學	臨海三台書院	二十八年	學堂
臨海南屏書院	二十八年	學堂	臨海椒江書院	二十八年	學堂
臨海金鼇書院	清　季	學堂	臨海印山書院	三十二年	印山高等小學堂
龍游鳳梧書院	二十九年	高等小學堂	龍游復英書院	三十二年	培坤女子高等小學
西安正誼書院	清　季	衢郡中學堂	西安鹿鳴書院	二十八年	學堂
嵊縣輔仁書院	三十二年	鄉立高等小學堂	嵊縣宗傳書院	三十二年	私立事斯高等小學堂
嵊縣陽山書院	三十年	陽山學堂	嵊縣北山書院	三十一年	北山高等小學堂
嵊縣剡山書院	三十二年	剡山私立高等小學堂	嵊縣二戴書院	二十九年	縣立高等小學堂
鄞縣鄮山書院	三十二年	縣立高等學堂	鄞縣辨志書院	二十八年	南城小學堂
鄞縣崇實書院	清　季	廢置	鄞縣義田書院	三十一年	師範學堂
奉化錦溪書院	二十七年	龍津學堂	奉化東山書院	三十年	忠義學堂
奉化松溪書院	三十二年	松溪學堂	杭州崇文書院	清　季	錢塘學堂
臨安錦城書院	二十八年	縣學堂	建德文淵書院	二十八年	嚴郡中學堂
湯谿新九峰書院	三十一年	官立高等小學堂	德清清溪書院	二十九年	官立高等小學堂
新昌南明書院	二十八年	縣立高等小學堂	新昌沃西書院	二十八年	縣立高等小學堂
景甯雅峰書院	二十八年	官立務本學堂	象山丹山書院	二十九年	縣立完全小學
象山纓溪書院	三十二年	私立始達高級小學			

資料來源：散見各地方志。

由上述之討論，我們可獲得如下的小結：

（一）書院的產生係由於社會的需要，蓋為補學校教育之不足，為求宣揚理學學說，而有書院之設。然而書院的發展至末期產生流弊，其效用已不符社會環境的需要，書院因而衰落。

（二）就書院的「量」上來說，浙江在宋代約有一○八所，元代四十一

所，明代一三八所，清代二三一所；若將重新建復的書院算上，則宋代約有一〇八所，元代七十所，明代一七三所，清代三一一所。可見書院的發展以明清時期最盛，宋元時期次之。由於書院的發展迄明清兩代時已趨完備，而且政府角色的參與，使書院創設數目激增。清代以前，書院以私立性質者居多，迄清代，地方官爲提倡文教，紛紛創設書院，此種有意的創建自較昔日無意的興設來得多。

（三）清代以前，本省書院以私立性質者居多，學術與文化因素是影響書院盛衰的主要原因。清代則不然，書院發展之關鍵是以朝廷和地方官之倡建爲主，而且書院多係官立性質。

（四）浙江書院在宋代時即達百餘所之多，可見其起源之早與發展之速。造成此現象的原因是：浙江學術的發達及經濟之繁榮。廣東書院在清代時雖極端發達，然於宋元時期仍未發展。可見浙江書院是全國書院發展之先驅。

第三節　地理分佈

書院在發展過程中，由於各地社會、文化、經濟背景不一，故其分佈形態也不相同。浙江書院在數百年的發展中，其地理分佈形態如何？影響布佈形態的原因爲何？分佈狀態有何變遷？這些都是值得探討的課題。

浙江書院之地理分佈，在清代以前，大致上是以「學術」爲其分佈標準。也就是書院的分佈，是以名儒的倡導爲基準，名儒之所在，即爲書院之所在。以宋代來說，書院分佈是以浙東地區的四明（今寧波）及婺州（今金華）爲最多。我們以南宋所創建的書院地理位置加以分類：

表 2-12：南宋書院分佈表

位置	寧波	金華	嚴州	處州	台州	衢州	溫州	湖州	紹興	嘉興	杭州	合計
數目	16	11	11	8	7	6	5	4	3	2	2	75

資料來源：據書院的地理位置統計而來。

南宋時期，寧波地區爲陸學根據地，明州四先生各闢書院講學于甬上，大涵焦先生自魯避地來浙，亦于甬上闢書院講明洛學。宋季黃東發、陳塤、王應麟亦于四明講學，世稱同谷三先生（第五章第一節中對此有詳細討論）。金華爲婺學之中心，呂東萊爲學兼取朱陸之長，輔之以中原文獻之傳，而自

成其至。陳同甫好言事功，唐仲友以經制之學孤行其教，並爲婺學三大師，皆詣書院講學（參見第五章第一節）。由於理學之發達，導致書院的創建增加，浙東書院分佈較爲稠密。不過，由於浙東學者的分佈有年代不同，浙東書院分佈也有前後不同的趨勢。南宋初期的書院大致分佈在甌江附近的永嘉和瑞安，錢塘江附近的永康、義烏、東陽；中期的分佈開始轉向甌江以北，靈江附近的黃巖，永康以西的金華，和甬江附近的慈谿、鄞縣、淳安和奉化；末期時分佈已至錢塘江流域的金華，和甬江附近的慈谿和鄞縣〔註92〕。也就是說，浙東書院地理分佈的趨勢是：由甌江、靈江和錢塘江流域逐漸轉向錢塘江和甬江流域。其中除錢塘江外，其他三江都在沿海區域。

元明兩代書院地理分佈亦以學者講學爲主。元代和明代創建書院之地理分佈如下：

表 2-13：元代書院地理分佈

位置	寧波	台州	金華	紹興	嘉興	杭州	溫州	嚴州	處州	湖州	合計
數目	11	9	8	5	2	2	1	1	1	1	41

資料來源：由元代書院創建表統計而來。

表 2-14：明代書院創建分佈

位置	嚴州	溫州	紹興	處州	台州	金華	湖州	杭州	嘉興	衢州	寧波	合計
數目	19	17	16	15	13	13	10	9	9	8	7	136

資料來源：由明代書院創建表統計而來。

元代大儒，如許衡、金履祥諸氏皆篤守程朱之說，而浙東學者，猶多兼承象山之教。書院講學，仍以寧波、金華爲多。明代王陽明先生誕生姚江，主良知之說，所在講學，門從甚廣，浙東之士，始聞性命之教。山陰劉蕺山（宗周）承陽明之緒，闡愼獨之旨，亦闢書院講學。陽明弟子爲祀陽明而建立書院，或爲傳陽明之學而闢書院，皆以浙東的嚴州、溫州、紹興地區爲多，可見書院數目之多寡，是和理學之升降成正比的。

清代書院在地理上的分佈和前代已有不同，書院創建數目之多寡並非以儒者爲中心了。清代浙江書院分佈狀態如下：

〔註92〕何祐森，〈兩宋學風的地理分析〉，見《新亞學報》第一卷一期，頁372。

表 2-15：清代書院創建分佈

府別	台州	寧波	紹興	杭州	金華	嘉興	處州	溫州	湖州	衢州	嚴州	合計
數目	53	32	22	20	19	18	18	17	11	11	10	231

資料來源：據清代書院創建表統計而來。

　　若再將清代時修建的書院計算在內，也就是清代存在過的書院予以統計，可作成下表：

表 2-16：清代存在書院地理分佈

府別	台州	寧波	紹興	杭州	處州	溫州	嘉興	金華	湖州	衢州	嚴州	合計
數目	66	42	30	29	27	26	24	22	16	15	14	311

資料來源：據上表以及書院修建表統計而來。

　　我們由書院創建資料中，根據地理位置，畫出書院的分佈圖：

圖 2-4：清代浙江書院分佈圖

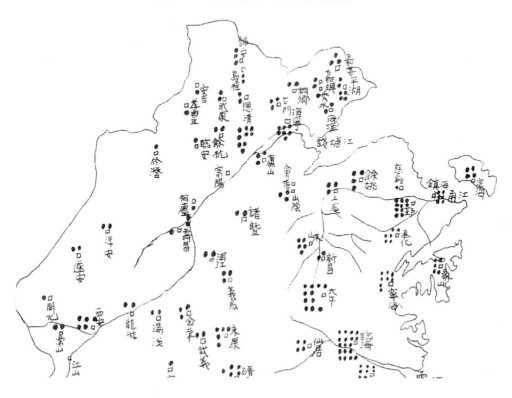

　　由上面之統計圖表，我們可作如下之分析：

　　（一）清代書院之分佈狀態，與區域之富庶，交通之便利，及人口之稠密有密切關係。如浙西三府——杭州、嘉興及湖州，在清代是浙江最富庶的精華區。由於自然環境的優越，本地區是全國稻米、茶、絲生產最進步的地區，加上經濟作物的栽培，使得本地財富大增。尤其杭州灣三角洲的經濟與人力資源更是豐富，自明季兩浙鹽場改革以後，人才與錢財不斷湧入，使杭州成爲舉國最大文化中心〔註93〕。就浙江省的人口與田賦上來比較，浙西三府亦居其中翹楚〔註94〕。由創建書院數目看來，浙西三府雖未名列前茅，然而與前代相比，已相距遠甚。宋元明三代浙西書院數目甚低，迄清代時成長則甚爲快速，此與其經濟環境當有關聯。

　　（二）清代書院數目，以浙東的寧、紹、台三府爲最多。寧波、紹興二府爲浙東學派的根據地，黃梨洲設證人講會於甬上，全謝山、章實齋、邵二雲等史學名家皆講學此地，故書院創設頗多。台州府書院創設之所以獨占鰲頭，有其特殊因素。台州地處浙東，固有其學術淵源與傳統，然而書院創設之激增卻是在太平天國亂後。太平軍亂後，地方官爲謀興復教化，乃紛紛設立書院以示其愛民之意。台州府知府劉璈，及黃巖、臨海縣令王耀斌、孫熹等三人，在同治年間興建的書院即達十五所之多（參見附錄書院創建表）。由於清代書院以官立性質者居多，地方官對文教的態度也影響到書院的興設。

　　（三）書院數目之多寡，並未能完全顯示各地文風之高下。例如浙西三府，書院數雖未及浙東諸府，然其文風之高與人才之盛，卻爲浙東地區所不及。我們由蕭一山所著清代通史一書中學者著述表所載籍貫來看，杭嘉湖地區的人才最盛〔註95〕；再由考中進士人數來分析，也以浙西爲多〔註96〕。浙西書院雖不多，然其程度甚高，如杭州省城，有著名之詁經精舍、敷文書院、崇文書院。浙東諸府，有些鄉邑書院僅屬教化性質，甚至有義塾形態，程度較低。可見書院數之多寡和文風之興衰與否，並非一定成正比的。浙江書院

〔註93〕Ho Ping-ti, The Ladder of Success in Imperial China: Aspects of Social Mobility, 1368~1911. (Columbia University Press, 1962), pp.252~253.

〔註94〕參見《嘉慶重修一統志》，卷二八三至三〇六。

〔註95〕見李師國祈，《中國現代化的區域研究——閩浙台地區 1860～1916》，中央研究院近代史研究所專刊四十四，民國71年，頁96。

〔註96〕清代浙江進士人數，杭州府一〇〇四人，嘉興府四七六人，湖州府四二一人。爲浙江之首。見註93書，頁247，表4-8。

在地理分佈上，此點和廣東書院有異。廣東書院數目以廣州府、肇慶府和韶州府爲多，而此和文風之高低適成正比。〔註97〕

　　由上述討論可知，書院分佈的形態在清代以前，是以名儒爲中心，故書院分佈地以寓賢到過之處及鄉儒講學之處爲多。清代書院多屬官立，地方官的態度影響及書院的創建。不過，社會經濟背景日益重要，富庶之區，書院興設增多。書院分佈尚須注意書院「質」的問題，蓋量多並非一定代表文風鼎盛。

〔註97〕前引劉伯驥書，頁82。

第三章　書院之內部結構

　　前章探究浙江書院在歷史上的發展與變遷，可說是外部的演變，而推動書院運作與經營的動力主要來自書院的內部——即人員、組織、經費等因素。書院之開展與延續有賴健全的組織、充裕的經費、整齊的師資與院生，上述因素可說是構成書院整體的主要基柱。因此若欲瞭解本省書院的內部結構，當由四個角度來加以觀察：（一）行政組織的型態與特色；（二）經費結構內容演變與社會經濟發展之間的相關性；（三）師資之由來及水準；（四）院生來源、學額及就學諸問題。

第一節　行政組織

　　自宋代以降，書院的組織形態即是校務、事務二元制，也就是訓育生徒，總務管理各有所司。山長負責院生之教導，堂長則協助管理財政事務。元代書院的行政人員，除山長外，設有「直學」一職專司書院會計出納事宜。「凡路府州書院設直學以掌錢穀，從郡守及縣府官試補直學」〔註1〕有關山長的資格、待遇、職掌等問題，第二節中將有詳細討論，本節主要重點在於探討書院總務部門人事組織及人員待遇、職掌，從而瞭解浙江書院行政組織的特色。

　　清代以前書院的行政組織較為簡易，人員編制也較少。清代以來，由於書院業務日趨繁冗，院長一人實無法勝任，故尚須其他行政人員負責處理有關事務。這些人員的職銜名稱與業務之分劃，並無一致，視書院而異。據劉

〔註1〕《元史》，卷八十一〈選舉志〉，藝文印書館據乾隆武英殿刊本影印，頁 19b。

伯驥的研究，一般書院行政上的組織系統，大致可分爲下列三種：〔註2〕

（一）鄉邑小型書院的行政系統

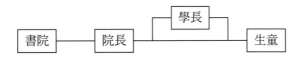

（二）府州大型書院的行政系統

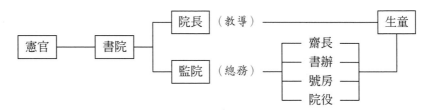

（三）省城新式大型書院的行政系統

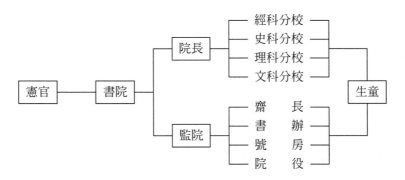

清代浙江書院人事編制形態與此相仿，然在職銜及主管業務上稍有不同。除了「監院」及「學長」名稱相同外，其他處理書院事務者的職稱顯然有異：有董事、首事、禮房等。院役還包括內廚、外廚、水夫、門役、院夫等名目。茲就行政編制內各級人員的職掌、員數及待遇作一說明。

（一）監　院

宋代的堂長、元代的直學，皆爲監院的前身。監院的職掌甚廣，如：生徒膏火的發給；住院肄業生徒生活的管理；遇課期會文、赴院試封卷、送值課衙門評閱；院內院役，歸其管理等等，即所有院中一切事宜，概歸其掌理。

〔註 2〕《廣東書院制度》，頁 134～135。

37
...

監院在書院內例行之職權，茲由龍游縣鳳梧書院章程中摘錄數條如下，以明
其一斑：

1. 派司監院管理書院事宜，以專責成也。所有院中一切事宜，概歸其管
   理。住院肄業諸生，亦歸管束。庶事有專責，不致此推彼諉。

2. 凡考取前列，應行住院各生，自到院之日起，每人每日均給膳金錢五
   十文，按旬由監院散給。

3. 諸生如有要事回家，須定日期，或五日、或十日。赴山長處告假，監
   院處通知，再赴縣署稟告。〔註3〕

監院任期，例止一年期滿即予更換，但往往有數年仍在任者，如杭州詁
經精舍沈粲（蘭舫）監院達十年之久〔註4〕，唯其例甚少。監院員數，通常書
院僅遴一人，但常因膏火之多寡而有所增減。例如詁經精舍，同治年間監院
則二人、三人以至四人，似無定額〔註5〕。監院的薪俸也因書院規模之大小及
膏火經費之有無而有所不同。省城的詁經精舍，光緒二十年時，監院月薪達
二十兩。〔註6〕

（二）學　長

或稱齋長，鄉邑小型書院若無置監院，則往往設學長來代掌職務。

（三）首　事

有些書院設有「首事」一職，責成管理收支錢文之事。像上虞縣經正書
院，由紳士議舉首事兩人，專司經費收支事宜。首事於年終將通年收支存賸
數目，彙冊稟縣查考，至次年正月初十以前，即將印簿及支銷四柱簿（按：
即收支出入簿）交與下班首事接管。為杜絕久踞侵蝕之弊，首事逐年更換接
辦〔註7〕。承管首事二人，每年各給賞錢二十千文。〔註8〕

（四）禮　房

禮房一職，乃襄助監院管理業務。如龍游鳳梧書院規定，甄別招考時，

〔註3〕鳳梧書院章程，參見《龍游縣志》（民國本），卷二十七〈掌故三〉，頁10b～
　　　11b。
〔註4〕張鼇前引文，頁34。
〔註5〕同註4，頁28。
〔註6〕同註4，頁41。
〔註7〕《上虞縣志》（光緒本），卷三十四〈書院〉，經正書院條規，頁7b～8a。
〔註8〕同註7，頁8a。

考生赴禮房報名造冊〔註9〕；上虞經正書院則要禮房「隨散膏火，年終造冊報銷，承催典息租錢」〔註10〕。同時，每月給工食錢一千文，紙筆錢五百文，每年共錢十八千文。〔註11〕

（五）董 事

鄉邑書院，若無監院，通常由好義邑紳經管院務，謂之「董事」。如富陽縣春江書院，在咸豐元年時有董事十餘人，分年輪值以司院務。〔註12〕

（六）院 役

負責打雜、炊食工作。鄞縣月湖書院內設有內廚夫一人，外廚夫一人，水夫一人，門役一人〔註13〕。上虞經正書院雇有管門院夫一名，灑掃堂室，每年給工食錢二十四千文〔註14〕。龍游鳳梧書院由監院雇用院夫一名，專司燒茶煮飯，每月給予辛工錢二千文及飯食錢一千五百文。〔註15〕

由上述討論可知，書院行政組織為二元制。山長負責生徒之教學、訓導與考課，事務部門則另有專人負責。處理院務者職稱不一，有監院、學長、首事、禮房、董事等銜稱，所負責業務並不一致，亦即書院中財產之管理、會計之核報及總務之處理，各有所司，可見職權已有分工形態。不過，行政人員的編制常因經費不敷而有所增減，各書院組織形態並不完全一致，有些書院甚至沒有行政人員之經費預算，書院內部組織因此不健全。

第二節 經 費

任何機構成立之後，若欲維持長期的運作經營，必得仰賴源源不斷的經費支持。具有教育文化功能的書院，本質上是一非營利、生產的機構，對於外來經費的需求，也就格外來得殷切。因為書院的一切開銷，包括師長束脩、生徒津貼、行政事務方面的費用支出，均有賴經費之充裕，故經濟因素往往是決定書院興衰的主要條件。本節擬就浙江書院經費籌措的方式及經費來源

〔註 9〕 同註3，頁 10a。
〔註10〕 同註7，頁 8b。
〔註11〕 同註7。
〔註12〕 《杭州府志》（光緒本），卷十六，頁 23a。
〔註13〕 引自大久保英子，〈清代江浙地方の書院と社會〉，頁336。
〔註14〕 同註7，頁 8b。
〔註15〕 同註3，頁 12b。

作一分析，從而探討書院經費結構的變遷和社會經濟發展之間的相關性。

　　清代以前，本省書院經費之來源，幾乎都來自田產。如同官學有學田一樣，書院亦有義田或學田作為經濟上的支柱。因為中國傳統視土地為所謂的「恒產」，此種不動產負擔的風險較小，投資保障較大〔註16〕，因此無論是官方的撥置，或是地方上私人的捐輸，率皆以田產為主（宋元明三代書院的經費田產見附錄三）。書院將田產租佃出去，而承租佃戶按年繳交田租（實物田租或現金田租），這些租息就作為書院日常開銷之費用。故田租可說是書院經費最主要的種類了。為了處理租息出入之事，書院尚設有專人負責作業，像元代時的「直學」，即書院中專掌錢穀者（詳見行政組織一節）。不過，由於田地是惟一經費之來源，書院常因為頑佃欠繳田租、劣紳或寺廟侵吞田產而告經費不繼，終至廢圮。地方志中即有此類的記載。〔註17〕

一、經費種類及結構的轉變

　　清代浙江書院的經費資料，較前三代來得詳備。在經費的來源和種類上，非但比以往多和廣，且在結構上也有很大的變遷。首先我們將書院經費種類作成表3-1統計。

　　由下表看來，清代浙江書院之經費來源種類達二十三項之多，而其中以田租（41%）、地租（10.5%）及典商生息（12%）三項所占比例最高，其他二十項僅占36.5%。田租和地租是傳統書院經費之主要來源，由於田地不動產之安全性高，利潤有所保障，在十九世紀以前仍是大部份書院的主要資產。不過，由土地回收之利潤若和投資於都市不動產及典商生息所獲報酬相比，則相形見絀了。據 Evelyn Sakakida Rawski 的研究，清代田畝放租所得之報酬率最低，投資商業的報酬率最高〔註18〕。由楊聯陞和張仲禮的研究也可證明此說法是可信的〔註19〕。由於清代以來，尤其十九世紀之後，浙江工商業的發

〔註16〕Chung-li Chang, The Income of Chinese Gentry. The University of Washington Press, 1962, P.127.

〔註17〕如西安明正書院田畝於宋咸淳之後，為浮屠老氏所奪者達十之七八。見《西安縣志》（嘉慶本），卷十〈學校志〉，頁43b。此種田畝為劣紳或劣僧所強佔之事例，清代時更多。例如：太平鶴鳴書院、龍山書院、遂安五獅書院等田畝俱曾遭侵沒。見《太平縣志》（嘉慶本），卷五，頁11a、14a；《遂安縣志》（民國本），卷五，頁6b。

〔註18〕Evelyn Sakakida Rawski, Education and Popular Literacy in Ching China, Ann Arbor, The University of Michigan Press, 1979, PP.75~76.

〔註19〕註16所引張仲禮《中國士紳》一書，頁127～129。另楊聯陞所著 Money and

達，以及對外貿易的影響，使得書院經費結構產生了轉變。書院經費不僅
限於田租，銀錢捐贈的比例也已日益增高。我們由經費表中作出一項統計：
清代捐贈書院「資金」（包括鋪屋不動產）的九十五次中，十九世紀以後捐輸
者計七十五次，佔 79%，十九世紀之前者僅佔 21%。若從書院所有基金總額
上來看，也以同光年間總數最高〔註20〕，可見時代愈往後，書院中資金經費
比例愈重。不過，書院若將所獲資金轉購土地，其贏利不如投資都市不動產
以及借貸他人，因此典商生息和鋪租二項之比重日益增加。

表 3-1：

種　　類	書院數	百分比	種　　類	書院數	百分比
田　租	136	41	充公款	2	
典商生息	40	12	絲　捐	2	
地　租	35	10.5	草　租	2	
寺　租	22		賓　興	2	
撥公款	18		池塘魚租	1	
官　捐	16		鹽　捐	1	
紳　捐	16		木頭釐	1	36.5
舖　租	11		梓樹岑租	1	
官紳合租	8		塘塗田稅	1	
塘　租	7		木　價	1	
商　捐	5		漁場稅	1	
園　租	3				

資料來源：由地方志中統計而得。

　　所謂「典商生息」可分成兩部份：即發典生息與發商生息。第一、發典
生息（又稱存典生息、交典生息、存當生息、質庫生息等）：即書院將各方捐
款或各種租源充為基金，存放典鋪（或當鋪）生息，以所得息金作為書院開
銷費用。中國典當業之起源甚早，發展至清代已最為蓬勃〔註21〕。在清初，

Credit in China: A Short History, Cambridge: Harvard University Press, 1952,
pp.98~99. pp.101～103。轉引自 Rawski 前引書。

〔註20〕據統計資金總額，以光緒朝最高，同治朝次之，道光、嘉慶、乾隆朝書院資
　　　　金總額又次之。

〔註21〕有關中國典當業的起源與發展，參見羅炳綿，〈中國典當業的起源和發展〉，《食
　　　　貨月刊復刊》第八卷第七期（1978 年 10 月），頁 14～27。

順治、康熙年間，典當業的發展大體相當平穩，雍正時期創設銀兩生息制度，對典當業發生助長促進之作用，迄乾嘉年間，典當業發展已至最高峰〔註 22〕。據安部健夫氏「清代典當業的發展」（清代における典當業の趨勢）一文中的統計，乾隆十八年全國各地當鋪戶數計有一萬八千零七十五間；嘉慶十七年時達二萬三千一百三十九間〔註 23〕。浙江典當業的起源也很早，至清代已相當發達，據安部健夫的統計，康熙二十四年，浙江當鋪有五百五十九家，迄嘉慶十七年時已達一千零七十二家，當稅達五千三百六十兩〔註 24〕。據羅炳綿的研究，典當業的發展與工商業的繁榮是息息相關的，凡工商業繁榮地區，其典當業往往也很發達〔註 25〕。因此，在典當業發達的背景之下，書院的資金乃得以投入當鋪，依賴子金作為日常經費。

　　書院為何願將資金存入典舖呢？主要原因乃是利息頗高，回收之利潤可觀。據資料顯示，書院將資金存典生息之利率約在八厘至二分四厘之間，其中以一分起息者為多〔註 26〕。換句話說，書院由存典生息中所獲得之利潤約在 8～14% 之間，這種投資報酬率比田地租都要來得高。下表是部份書院存典生息的資料：

表 3-2：書院發典生息表

院名	基金總額（兩）	利　率	年息	資　料　來　源
鴛湖	1680	1 分		14C, V8, P.31b
傳貽	600	1 分 4 厘		19C, V4, P.49a
愛山	4700	1 分		22B, V18, P.8a
月湖	4000			31C,〈輿地志〉，頁 823b
正誼	500			57A, V10, P.42b
詁經	1824	8 厘		《春在堂雜文》六編,〈徐學使捐加詁精舍費記〉
玉海	280	1 分		95, V7, P.51b~52a
經正		8 厘		44C, V34, P.9a

〔註 22〕見羅炳綿，〈近代中國典當業的分佈趨勢和同業組織〉（上），載《食貨月刊》八卷二期（1978 年 5 月），頁 2。

〔註 23〕轉引自前文，頁 2。

〔註 24〕轉引自前文，頁 2～4。

〔註 25〕同註 22 文，頁 4。

〔註 26〕山東書院存典生息之利率約在月八厘四毫至二分之間。見中村治兵衛,〈清代山東の書院と典當〉,《東方學》第十一輯，昭和 30 年 10 月（西元 1955 年）。

發商生息是書院將資金借貸予商人，以所得利息充作經費，例如浦江月泉書院在同治十年，以錢四百串，存入繼裕、同文二鹽店生息，即屬於此類〔註27〕。方志中所見書院將資金發商生息的利率約爲年息一分左右，且年代多在十九世紀以後。下表是幾個書院的發商生息：

表 3-3：書院發商生息表

院名	基金總額（兩）	利率	息錢	備　　註	年　　代	資料來源
錦城	100	1分			道光六年	9B, V8, P.31a
隆山		1分		發德和鹽店	光緒二年	2C, V16, P.25b
當湖	600				乾隆四二年	20A, V5, P.22b
金山					同治十三年	35B, V32, P.45b
月泉	400			存繼裕、同文二鹽店	同治十年	69B, V4, P.6a
興賢					光緒二十五年	77B, V4, P.20b

二、經費之來源

書院經費之主要來源可分三方面：第一是官吏之撥捐，第二是官紳合置，第三是私人捐輸。官吏撥捐之經費，有田畝也有款項。惟官吏通常以撥置田畝爲多，捐置者較少，其撥置之田畝多爲寺田、祠田、充公田等。例如同治十三年，麗水知縣撥寺田五百五十四畝餘給縣城蓮城書院；乾隆十八年，知縣尤錫章撥祠田六十畝予象山纓溪書院；同治十一年，縣令王耀斌將寶巖寺漏陞案及金家春案內之充公田畝撥置給寧海緱城書院〔註28〕等都是。官吏也常有撥公款予書院以增添學生膏火之舉，例如光緒十一年，知廳事黃樹藩撥公款錢四百千予定海景行書院以存典生息；同治五年，縣令孫熹以公款錢一百千文撥給寧海緱城書院〔註29〕等即是。

官紳合捐通常是由地方官吏捐廉以倡，而由地方士紳籌募經費。例如太平翼文書院，在同治九年，官紳合置田百畝，以給膏火；道光年間，壽昌屏山書院，知縣首撥田七十八畝，而邑人續有一百六十餘人捐助田畝，達五百

〔註27〕《浦江縣志》（光緒本），卷四〈學校〉，頁 6a。
〔註28〕見《麗水縣志》（民國本），卷二，頁 37a~b，《象山縣志》（民國本），卷三十二〈文徵外編・碑記〉，頁 45a；《寧海縣志》（光緒本），卷四，頁 20b。
〔註29〕見《定海廳志》（光緒本），卷十八〈學校志〉，頁 23b；《寧海縣志》（光緒本），卷四，頁 18b。

三十五畝八釐七毫五絲之多〔註30〕。有些官吏爲了勸捐經費，甚至提出獎勵辦法鼓勵紳民踴躍捐輸。永康從公書院即是一個好例子。光緒十五年，知縣孫明府勸捐，規定凡人輸洋百元者，設祠入主以嘉其功，不及百元者，亦立區登載。〔註31〕

　　私人捐助經費者，以邑紳及商人爲多。邑紳爲了地方文教及士子功名，除了興設書院供士子肄業外，還提供經費予書院。傳統士紳捐輸者以田產爲主。清代地方士紳則除了田地之外，尚有銀錢資金的捐贈（參看附錄經費表）。商人之參與書院經費的提供，在清代以前並不多見。自清代以來，尤其是十九世紀之後，商人對書院經費之支助，方扮演一積極的角色。

三、商人與經費

　　資助書院的商人，以絲商及鹽商爲主，其他當商、布商、紙商及米商則較少見。對於商人提供經費的方式、動機、內容及與地方經濟發展之間的關係，我們可以絲商及鹽商的發展爲例，來加以探討。

（一）絲　商

　　明清以來，江南地區由於人口密度不斷增高，土地利用日趨密集，造成人口壓力的日益沈重〔註32〕。另外，農民的稅負又過重〔註33〕，使得江南地區農業經濟的結構產生了轉變，亦即農業生產已經逐漸從一種維持生計的作物（Subsistence crops）轉變爲經濟作物（Cash crops）的種植〔註34〕。浙江蠶桑、絲織業的發達，就是此種商品經濟型態的典型表現。眾所周知，中國蠶桑業向以江浙兩省爲最盛，浙西的杭州府、嘉興府、湖州府及太湖流域的蘇州府都是主要的產地。浙西地區因地理條件的合適，復因蠶桑利潤甚高，因此，蠶桑、絲織業就成爲明清時代農民的主要生計。除了國內市場利潤的誘因之外，絲貨外銷的需求更是使浙西絲織業在清代日益發展及推廣的主

〔註30〕　見《太平縣志》（光緒本），卷二，頁61a；又由《壽昌縣志》（民國本），卷十〈拾遺志〉，頁28a計算而得。

〔註31〕　見《永康縣志》（光緒本），卷二〈書院〉。

〔註32〕　人口密度與土地單位產量之具體數字，見劉石吉，〈明清時代江南地區的專業市鎮〉（上），載於《食貨月刊復刊》八卷六期（1978年9月），頁28。

〔註33〕　有關農民稅負過高的研究，參見吳緝華，〈論明代稅糧重心之地域及其重稅之由來〉，收入氏著，《明代社會經濟史論叢》（上），學生書局，民國59年9月，頁33～73。

〔註34〕　同註32，劉石吉文，頁29。

因〔註35〕。由清代著名的湖絲出口數量之增多，即可見浙西地區絲業之繁盛。〔註36〕

浙西絲織業的發達地區，主要集中於新興的專業化市鎮。如湖州府歸安縣的雙林鎮、菱湖鎮；德清縣的新市鎮、唐棲鎮；烏程縣的南潯鎮；嘉興府內的濮院鎮、王江涇鎮；杭州府海寧州的硤石鎮等。這些專業化的絲市，以絲富庶，因絲繁榮〔註37〕，至清代已有高度分工與專業生產的趨勢。而經營絲業的商人，從事絲貨的運銷及轉售工作，其利潤之高，當可想見。以湖州府南潯鎮為例，不少絲商因絲致富，譬如龐雲鏳、周昌熾、周昌大、周昌福、劉鏞、金桐、談熊江、蔣堂、顧福昌、朱兆傳等均成大富豪，他們累積的財富少則數十萬兩，多則達千萬兩之鉅〔註38〕。這些因絲致富的商人除了將資金投資鹽業、典當業之外，大多還從事地方公益事業，如修橋鋪路、賑濟災民等。而攸關地方文教的書院，亦在其捐貲之列。絲商除了在書院修建時捐款相助外，尚不時提供經費以備書院開銷之用。絲商提供經費的方式通常有兩種：第一是每年認捐一定的款項。底下諸書院即採此方式：

表 3-4：

院　名	絲　商	資　料　來　源	院　名	絲　商	資　料　來　源
安　瀾	海寧州	6B, V4, P.12b	鴛　湖	嘉興秀水	14C, V8, P.32a
陶　甄	嘉興縣	14C, V8, P.41b	翔　雲	濮院鎮	14C, V9, P.53b
桐　溪	屠濮兩鎮	21C, V4, P.1b	白　社	屠旬鎮	21C, V4, P.11b
潯　溪	烏程縣	23B, V2, P.22b			

第二種方式是以絲業行用內抽捐經費，提供予書院。像桐鄉的立志書院，是以青鎮絲業行用內每洋抽捐四文所得款項作為經費；桐鄉的桐溪書院也以

〔註35〕全漢昇先生以為海外市場對中國絲需求增大，因而刺激江南地區蠶桑業發展。見氏撰，〈美洲的中國絲貨交易〉，收入氏著，《中國經濟史論叢》第二冊，頁 473。

〔註36〕有關清代湖絲對外貿易的經過及數值統計，見馮明珠，〈清代的湖絲〉，載於《思與言》十五卷六期（1978 年 3 月），頁 84～93。

〔註37〕有關這些絲市的繁盛景況，參劉石吉，〈明清時代江南地區的專業市鎮〉（中、下），載於《食貨月刊復刊》八卷七期（1978 年 10 月），及八卷八期（1978 年 11 月）。

〔註38〕同上文（中），頁 35。

同樣方式籌募經費〔註 39〕。除了捐貲佐膏火之外，絲商還捐助書院的創設，像烏程潯溪書院即是一例。〔註 40〕

由上討論可知，接受絲商經援的書院以杭州、嘉興、湖州三地區為主，因為此三府絲業最盛。而年代上以同治、光緒年間最多，乃由於絲貨外銷，絲商收入愈高所致也。

（二）鹽　商

鹽商也是資助書院建設，提供膏火的主要商人之一。清代全國設有十一個鹽區，浙江屬於其中的兩浙鹽區。據清史食貨志所載，此鹽區共有三十二鹽場，其他分隸浙江、江蘇，行銷浙江、江蘇、安徽、江西四省〔註 41〕。其規定產額年六六七一五三引餘，每引重二百斤〔註 42〕。清代鹽法制度規定，凡各省沿海及有池井之地，均聽民開關，置場製鹽，與商交易，定為民製商收商運。視其產量之多寡，與其運程之遠近以配引，而行於各岸〔註 43〕。其時運商領引繳納課款，專主行鹽，而場商則囤買場鹽，賣於運商，專主收鹽〔註 44〕。可見當時鹽業之利皆為鹽商所壟斷。浙江鹽商之獲利雖較兩淮鹽商為少（蓋兩淮鹽區為全國最大之鹽區），然由兩浙鹽法志中所載各府縣年銷票引的數目看來〔註 45〕，鹽商之利仍是相當可觀。兩浙鹽法志中尚載有一鹽商年銷售量超過九萬引以上〔註 46〕，則其歲入當達數十萬兩。〔註 47〕

鹽商致富之後，為提高其社會地位，大多資助文人雅士，附庸風雅，措意古玩藝術鑑賞，蒐購善本珍書〔註 48〕。此外，為了鼓勵子弟求取功名，邁

〔註 39〕見《桐鄉縣志》（光緒本），卷四，頁 1b、6a。
〔註 40〕《烏程縣志》（光緒本），卷二，頁 22b。
〔註 41〕見《清史》第二冊（國防研究院，民國 50 年台初版），卷一二四〈食貨志四鹽法〉，頁 1496。
〔註 42〕《浙江通志》（乾隆本）卷八十三，頁 17b。又據估計有四百五十萬擔，見田秋野、周維亮合編，《中華鹽業史》，第十章〈清代的鹽業〉（台灣商務印書館出版，民國 68 年），頁 286。
〔註 43〕曾仰豐，《中國鹽政史》，第一章〈鹽制〉，中國文化史叢書（上海商務印書館出版，民國 26 年四版），頁 22。
〔註 44〕同註 43。
〔註 45〕《兩浙鹽法志》，卷五，頁 9a～16b、21b～23b。
〔註 46〕轉引自 P. T. Ho, The Salt Merchants of Yang-Chou: A Study of Commercial Capitalism in Eighteenth -- Century China. P.150.
〔註 47〕若依何炳棣對揚州鹽商獲利的估計，在 1740～1800 年間，每引利潤約在三兩左右。則此鹽商年收入約在二十七萬兩以上。見前文，頁 149。
〔註 48〕見前文，頁 154～161。

入仕途，往往資助書院的興設，或提供書院的經費。杭州的崇文書院、紫陽書院及錫山紫陽書院就是專供鹽商子弟就讀的書院。第一、崇文書院：係明朝萬曆年間，巡鹽御史葉永盛所建。雍正十一年，鹽商捐銀重修〔註 49〕。第二、紫陽書院：係康熙四十二年，兩浙鹽運司高熊倡建，鹽商踴躍捐資，初名紫陽別墅〔註 50〕。康熙四十三年，鹽商吳琦等人每歲捐銀四百兩以佐膏火〔註 51〕。第三、錫山紫陽書院：係康熙十六年，創於城西五里，惠山鎮塘河之上。根據巡鹽都御史謝賜履云，書院之設「皆鹽商之力也」〔註 52〕。除了上述三書院之外，省城詁經精舍在嘉慶年間的經費，亦仰賴鹽商之捐輸。〔註 53〕

　　由上述討論可得如下結論：浙江書院傳統經費來源率以田地產為主，此和經濟型態及社會觀念息息相關。但清代以後，經費結構有了轉變，在來源上趨於多元化，使書院的運作得以較為穩定。書院資金的運用在範圍上擴大了許多，不僅限於田產之購置，在都市不動產及典商生息方面的比例亦日益增加。書院資金經費的增多和商人角色的益形重要，反映出社會經濟型態的轉變，同時顯示書院的發展和經濟發展間不可分離的關係。

第三節　山　長

一、職　稱

　　書院中講學授徒者，自宋代以降即稱為「山長」。另外又有「洞主」、「洞正」、「堂長」、「山主」等名稱〔註 54〕，惟以山長之名最普遍。蓋書院建以地勝，而山林靜寂，正學者潛思進學之所。故儒生往往依山林，即閒曠以講授，因以山長稱之〔註 55〕。迨至清代，山長之名稱，朝廷曾諭令更改為院長。乾隆三十年諭云：「各省書院延師訓課，向有山長之稱，名義殊為未協，既曰書院，則主講席者自應稱為院長」〔註 56〕。不過，本省各地書院習慣上仍稱為

〔註49〕見《杭州府志》（光緒本），卷十六〈學校志三〉，頁 6b。
〔註50〕《兩浙鹽法志》，卷三〈圖說〉，頁 83b。
〔註51〕同註 50，卷十六下〈藝文志下〉，張泰交，〈紫陽別墅碑記〉，頁 84b。
〔註52〕同註 50，〈錫山紫陽書院碑記〉，頁 87a。
〔註53〕見前引張鏊文，〈詁經精舍志初稿〉，頁 39。
〔註54〕盛朗西，前引書，頁 45。
〔註55〕同註 54，頁 47。
〔註56〕《大清會典事例》，卷三九五〈禮部‧學校條〉，頁 6a。

山長（或掌教）。省城詁經精舍又有稱師長俞樾爲「講教」者。〔註57〕

二、資　格

　　浙江宋代書院分爲官立和私立兩種。其中官立書院山長一席，大抵由州府學教授兼之。私立書院則多由學者自闢書院，授徒講學。例如呂東萊講學於金華麗澤書院；輔廣築傳貽書院教授學子；方逢辰講學於淳安石峽書院等即是。由於宋代理學家多就書院講學，傳播其學術思想，雖然其學術流派有所不同，譬如永嘉學派的陳傳良講學於溫州城南書社；明州四先生——楊簡、袁燮、舒璘、沈煥等傳象山之教，講學四明，但書院的師資卻可說是浙江學術菁英，亦是理學重心之所在。書院山長除了啓迪學子之外，對地方文風之開發，學術水準之提昇，更有積極之貢獻。

　　元代官立書院山長一職，列入官制，多從官授。《元史·選舉志》所載：「凡師儒之命於朝廷者曰教授，路府上中州置之；命於禮部及行省及宣慰司者曰學正、山長、學錄、教諭，州縣及書院置之。路設教授、學正、學錄各一員，散府上中州設教授一員，下州設學正一員，縣設教諭一員，書院設山長一員」〔註58〕。因此，元代書院山長之設置，官立書院必由官方辟調授遷，私立書院亦請於朝求詮註〔註59〕。元代山長既列入官制，其委任之資格如何呢？據史料指出，大約有三種來源：（一）下第之舉人；（二）落第之國學生；（三）地方官薦舉。元代在仁宗延祐二年（1315），泰定元年（1324），及順帝至正三年（1337）曾三次下詔下第舉人充山長〔註60〕。《元史·選舉志》亦云：「學校例以下第舉人充山長，備榜舉人充諭錄。有薦舉者，亦參用之」〔註61〕。譬如周仁榮署處州美化書院山長，史公斑主寧波甬東書院，任士林授湖州安定書院山長，皆由薦授而得。因此，官立書院山長就列入地方志中職官志的學官部份了。不過，地方名儒於私家書院講學，是由師友敦請，並不用命式。

　　明代書院，既多屬私營，故書院山長，以私人講學爲盛。本省學術以陽明之學爲主，講學的學者多爲陽明之徒或其再傳弟子，例如姚江書院的沈國

〔註57〕張鍫，前引文，頁34。
〔註58〕《元史》，卷八十一〈選舉志〉，頁19b。
〔註59〕梁甌第，前引文，頁7。
〔註60〕同註59，頁9。
〔註61〕同註58，頁20a。

模、史孝咸、管宗聖、王朝式都是傳承陽明之教。由方志中蒐羅出的山長資料，除徐守綱是檄領安定書院，屬普化署石門書院山長之外，其餘都是私人講學的（參附錄書院山長表）。通常山長講學，多為自闢山堂，或師友敦請，像前代用聘命方式者較少。

明代書院會講之風頗盛，書院中常有數位學者輪流開講，例如永康五峰書院，應典、程梓、盧可久等學者即同時講道；劉宗周（1578～1646）在會稽所創的證人講會，也有陶奭齡、張焜芳、史孝咸（1582～1659）、何國輔等學者講學其中。此種會講方式和清代書院僅有一位山長任教，大不相同。

清代書院性質多為官立，且專重科舉制藝，不復有昔日講學之遺意。故書院山長，多為聘舉而就，不像前代或自闢書院講學者，或由師友敦請者。清代對山長之聘選頗為重視，朝廷曾要求各書院：

1. 凡書院之長，必選經明行修，足為多士模範者，以禮聘請。〔註62〕
2. 應行令督撫學臣，悉心採訪，不拘本省與鄰省，亦不論已仕未仕，但擇品行方正、學問博通，素為士林所推重者，以禮相延，厚給廩餼，俾得安心訓導。〔註63〕

因此，充山長者必須專任，凡丁憂在籍者、具教職者，不得兼講席。〔註64〕

本省書院山長之資歷，可由其學歷及仕歷加以分析。筆者由地方志及各類文集中蒐集了四九六位山長的資料（參見附錄四山長表），其中學歷可考之山長有二九一位，約佔58.7%，仕歷可考者約有一六○位，約佔32.3%。這些資料雖無法包括所有的山長，然而省城、府城、縣城大書院之山長則多已蒐羅在內，相信在史料上是具有代表性的。就學歷上來說，其中以舉人最多，次為進士，其次為貢生、生員、翰林、庶吉士、副榜。

表3-5：

學　歷	庶吉士	翰　林	進　士	舉　人	貢　生	副　榜	生　員	合　計
人　數	2	3	92	125	63	1	5	291
百分比	0.7	1.0	31.6	43	21.6	0.3	1.7	100

資料來源：據附錄山長表而來。

〔註62〕同註56，頁3a，乾隆元年上諭。
〔註63〕同註56，乾隆元年禮部議覆，頁3b。
〔註64〕同註56，乾隆五十年禮部議准，頁8a。

　　由上述估計看來，本省書院的平均師資水準相當高，蓋舉人及以上學歷者約佔 76.3%，舉人以下者僅佔 23.7%。本省書院學風之盛，院生中式之多，與師資之優秀有莫大的關係。

　　由仕歷上分析，可分京官（26.3%）、地方官（73.7%）二類：

表 3-6：

京官

職　別	編　修	主　事	檢　討	員外郎	纂　修	其　他	合　計
人　數	11	9	3	3	3	13	42
百分比	26.2	21.4	7.1	7.1	7.1	31	100

說明：其他一欄，包含侍郎、太史、內閣中書、御史、侍講、博學鴻詞教習、郎中、監察御史。

地方官

職　別	教　官	知　縣	知　府	布政使	州　判	縣　丞	同　知	鹽運使	合　計
人　數	59	52	2	1	1	1	1	1	118
百分比	50	44.1			5.9				100

　　仕歷中以教官為最多，次為知縣，再次為編修和主事。蓋舉人出身者多為教官，進士出身者多為知縣或主事。書院山長凡由進士出身以上者，多由辭老歸鄉，解組致仕者充任。由舉人出身者，多由屢上公車不第或者兼教官者充任。通常省城各大書院山長，都聘請有名進士或進士以上出身者充任，像詁經精舍、敷文書院、紫陽書院、崇文書院等即是。各府州縣城的書院，進士出身者固然所在多有，舉人貢生出身者也多有充當。鄉邑書院因人才與經費關係，以貢生出身者為多。

　　省城書院聘請院長，通常由督撫會同學政酌商聘請。各縣邑的書院，則由縣尹會同紳士酌議前一年下關敦聘。例如上虞承澤書院聘請山長的辦法是：每年著地方紳士公同採訪，於甲年十二月初旬，稟縣酌定後，禮房持縣名帖，首事持此規條，送師長閱過，師長允可，然後訂定乙年之席〔註 65〕。臨安錦城書院敦聘辦法規定，掌教一席，由地方紳士公舉文行兼長之人，再

〔註65〕　《上虞縣志》（光緒本），卷三十四，頁 7a：承澤書院章程。

由縣訪察果係品學兼優，聘延掌教〔註66〕。此外敦聘山長之前，書院例多先致聘儀。像李慈銘主紹興蕺山書院講席之前，高太守即先致聘金八番。〔註67〕

三、待　遇

　　書院山長之待遇，包括束脩、薪膳、節儀、程儀等多項，有些書院尚有生童贄見之禮，尚稱豐厚。山長之薪俸以省城大書院院長為最高，如詁經精舍掌教月薪在六十兩以上。府城書院山長次之，也有二十六兩以上，縣城書院則大多在七兩至十八兩之間。不過，各院山長束脩之多寡，並無定制，輒依經費之多寡而增減。有些縣城書院若經費充裕，山長之薪俸也相當的高。例如慈谿德潤書院山長年薪高達三二〇兩〔註68〕。筆者由地方志中蒐列了省級、府級、縣級八所書院山長之薪俸，可大致估量出縣級以上書院山長年俸平均約有二一七兩。鄉邑書院則低於此數。

表 3-7：山長薪俸表　　　　　　　　　　　　　　　（單位：兩）

院　　名	束　脩	薪　膳	節　儀	合　計	資　料　來　源
（杭州）詁經	600			600	張鑒，〈詁經精舍志初稿〉，頁41
（寧波）月湖	260			260	31A, V5, P.15b
（上虞）經正*	200	80	16	296	44B
（玉環）環山*	80			80	95, V7, P.49a
（上虞）承澤*	40	30		70	44B
（玉環）玉海*				180	95, V7, P.50b
（長興）箬溪*	120			120	25A
（定海）景行	130			130	37A

說明：院名後有＊者，表示薪俸單位原為錢文，茲為統一單位，乃換算成銀兩。銀錢折算比率因時地而不同，今以一千文換算成一兩。

　　山長待遇之優渥與否，我們可由米價來加以檢視。本省米價雖因時代之不同而有起落〔註69〕，然每石米價約在一兩至二兩之間〔註70〕。由上表可見

〔註66〕《臨安縣志》（宣統本），卷八〈藝文志〉，「錦城書院記」，頁30a。
〔註67〕李慈銘，《越縵堂日記》，第二冊中孟學齋日記乙集下，同治四年乙丑冬十月，初二癸己：「高太守送書幣來請主蕺山書院講席」，頁1a，另頁2a，載高太守尚致聘金八番。
〔註68〕《慈谿縣志》（光緒本），卷五，頁16a。
〔註69〕江浙地區米價變動的趨勢是：順治初至康熙初米價陡落，自康熙中葉以後，

山長薪俸每月多在數兩至數十兩之間，可買米數石至數十石，生活上大致頗為不錯。若與在其他教學機構如蒙塾、社學、義學等任教之師長相比，書院山長之薪俸算是最高的了〔註71〕。不過，有些書院山長因薪俸不高，而支出過多，也會淪至負債累累的地步。例如李慈銘在所著清代四大日記之一的《越縵堂日記》中即曾記載，他在紹興蕺山書院任山長時，每月所得不過六兩而已〔註72〕。因日常開銷過多，竟得四處告貸，而淪至「食單二九，既屬虛名，日米三合，時憂不繼」的地步。〔註73〕

四、職　掌

山長之主要職掌，可分為三項：教學、訓導、考課。書院中日有課，月有程，山長依課程授徒，為其主要職務（另見第四章第二節教學）。而訓導生徒起居作息、感化其人格品德，山長亦責無旁貸。另外，師課命題閱卷，亦由山長主之。例如李慈銘在《越縵堂日記》中即曾記載他批閱蕺山書院課卷之事。〔註74〕

五、任　期

清代以前，山長講學書院，多無期限。有些學者講學達數十年之久。例如宋景濂主浦江東明書院講席二十餘年〔註75〕；來弘振掌錢塘天眞書院更達三十餘年之久〔註76〕。然而清代書院院長任期，則定為一年，如上虞承澤書

米價開始上升，直到乾隆末年繼續未已。康雍之間約提高一倍，到乾隆末年價格更高漲至康熙中葉價格的四倍以上。見全漢昇、王業鍵，〈清中葉以前江浙米價的變動趨勢〉，載《中央研究院歷史語言研究所集刊》外編第四種上冊，頁353。

〔註70〕雍正年間杭州每石米價約在一兩至一兩七錢五分之間。見全漢昇撰，〈清雍正年間的米價〉，史語所集刊第三十本上冊，頁162，表2。又乾隆年間，浙江米價約在一兩五錢至一兩八錢之間。見全氏、王氏合撰之前文，頁253。

〔註71〕張仲禮前引書，The Income of the Chinese Gentry. P.92.

〔註72〕《越縵堂日記鈔》：「予自五月間，借芝翁五十金，以後按月扣抵束脩，計六月至九月，僅二十四金」。轉引自盛朗西，《中國書院制度》，頁178。

〔註73〕盛朗西，前引書，頁179。另外，李慈銘還曾詣當舖典當衣物，如《越縵堂日記》中所載：「夜點檢質票，沒入者已數紙，內有袍褂段裁一襲，是？年為盛伯希作其母夫人集序所贈者，僅質京錢百二十千」，見《桃花聖解盦日記》，庚集第二集（第九冊）光緒三年冬，十月二十七日戊申，頁70a。

〔註74〕《越縵堂日記》，同治四年乙丑冬十一月初八己巳。

〔註75〕《浦江縣志》（光緒本），卷四，頁67a。

〔註76〕《蕭山縣志》（民國本），卷十五〈人物列傳二〉，頁12a。

院章程即規定：「倘師長於次年已有他就，務在中秋以後，向首事言明，以使紳士採訪另請。」〔註 77〕但是如果繼續敦聘，亦可連掌數十年，例如詁經精舍掌教俞樾自同治七年應聘迄光緒二十五年為止，計主講席三十二年；丁汝廉主縉雲五雲書院更是長達四十年之久。〔註 78〕

由上述討論可獲致如下的小結：清代以前，書院師資來源大多係私人講學授徒，或由師友間敦聘，和學術流派亦有關係。元代官化書院則由官方辟調授遷，為歷代書院發展之特例。清代書院山長為聘舉而就，職掌為教學、訓導、考課生徒，本省由於文化水準較高，人才亦盛，書院平均師資水準頗高，舉人以上最多，且師資待遇為教書行業中最高，唯依書院程度，山長資歷而有高低之別。

第四節　院　生

清代以前的書院，以私營講學者居多，生徒招收並無定制。只要有心問學的學者，皆可自由參與。換句話說，書院在生徒資格、人數及年齡上，多無限制。書院生徒員數之多寡，輒隨山長之聲望而增減。例如宋皇祐年間，王儒志先生創永嘉東山書院，席下常數百人〔註 79〕；仙居的安洲書院，在元至元年間，據云授徒八百〔註 80〕。其餘名儒講學的書院，生徒亦常在數百人之譜。降至清代，書院既屬官立性質，專意科考，院生之招收始有定制，對於膏火之給發，亦有成文規矩，因此本節著重清代院生之探討，對於書院招生之資格、程序以及院生待遇等方面，作進一步的討論。

一、招生之資格與方式

書院院生分為生監與童生兩種。所謂生監係指貢生、生員、監生等；其餘未入庠的，即為童生。二者在課程教授，膏火分配上，截然有別，不得有所參差。而省垣詁經精舍特在二者之上，另置「超等生」名目，以處高才秀異之士〔註 81〕。浙江一般書院皆是兼課生童，故生員、童生均得與試，

〔註77〕同註 65。
〔註78〕張鰲，前引文，頁 34；《縉雲縣志》（光緒本），頁 53b～54a。
〔註79〕《永嘉縣志》（光緒本），卷之七〈學校志〉，頁 22a。
〔註80〕《仙居縣志》（光緒本），卷之六〈建置志・學校〉，頁 31a。
〔註81〕前引張鰲文，頁 30。

惟省城學海堂專課孝廉，生童不得參加甄別〔註 82〕。就招生範圍可言，省城書院可招全省生童肄業；府城書院可招府轄各屬縣生童肄業（例如：金華府可招收所轄八縣生童詣府城書院就讀）州縣書院則可招收屬內各地生童肄業。

由於朝廷三令五申要嚴格選取生徒，如乾隆元年上諭：「負笈生徒，必擇鄉里秀異，沈潛學問者，肄業其中；其恃才放誕，佻達不羈之士，不得濫入。」〔註83〕又乾隆九年禮部議覆：「通行各省督撫會同學政，將現在書院生徒，細加甄別，務使肄業者，皆有學有品之人，不得莠異混雜，即令駐省道員，專司稽章。」〔註84〕因此各書院選取院生，莫不經過嚴格的甄別程序。書院招生，通常每年一次，例由學監稟請憲官示期甄別招考。各書院甄別日期，互不相同，大體而言，多在正月以內。招生程序，各院亦不盡相同，惟其大致的步驟，可加以簡介如下：每年春季，由憲官（省城由督撫主政，府城由府憲主之，州縣書院則由州縣憲官為主）甄別考期，而後示期招考。各生童自赴各書院監院（或禮房）處報名造冊，屆期詣貢院局門封卷，編列坐號，名用浮簽，交卷自行揭去。甄別期一日或二日。試畢監院彙收應考各卷，親送衙門，由憲官評閱列榜。迨放榜後，監院按內、外、附課，招生童入院就讀〔註 85〕。書院錄取的比率若何呢？由於史料難稽，自不能妄加推斷，不過，由江山文溪書院的個例，卻可稍窺其端倪。道光二十八年，文溪書院招試，考棚編坐號至一千四五百〔註 86〕，若有上述人數與試，而書院錄取生徒約八十名，則其錄取率約在 5.7% 左右。

詁經精舍生徒之拔取，即經甄試程序。如道光十年，巡撫富呢揚阿甄選詁經精舍生。試之日，公親臨發題。首試經義一道，次史論，次詞賦，又次文藝。初試由公主之，繼之則布政使司、按察使司、都轉運使、巡道、都糧道。〔註87〕

書院生徒亦有不經甄試而巡送入院者。例如詁經精舍生徒，除甄選入院者外，也有由其他會城書院拔萃選送肄業者。像金華錢孔福即由敷文書院月

〔註82〕　《杭州府志》（民國本），卷十六，頁 16a。
〔註83〕　《清朝文獻通考》，乾隆二年諭，卷七十一〈學校九〉，頁 5510。
〔註84〕　《欽定大清會典事例》，卷三九五，頁 4b。
〔註85〕　可詳見劉伯驥書，頁 274。
〔註86〕　《江山縣志》（同治本），卷之四〈學校志〉，頁 32b。
〔註87〕　同註81，頁 29。

課超等,而挑取入院者〔註88〕。又有肄業敷文、紫陽兩書院兼考詁經精舍者。如光緒年間,東陽李福簡、張廷瑞、龔啓芝以紫陽書院院生;蔡汝霖以敷文、崇文二書院生徒兼考詁經。〔註89〕

二、學　額

學額是指書院招收院生之員數。清代書院生徒率有定額,不若前代之漫無定制。學額分為正課(又稱內課)、外課(又稱副課)及附課三種。每課又分生監與童生兩級。學額之多寡,乃根據書院膏火經費之充裕與否而定。正課生額數大致一定,惟有外課及附課生輒依投考人數及經費多寡時有變更。

本省府城書院之正課生學額,據估計約在三十名左右(生員二十名,童生十名),縣城書院正課生之學額大致在四十至六十名左右(生員二十名至三十名,童生亦同)。不過,書院正課學額也常因年代不同而有所變動。例如:鄞縣月湖書院在乾隆年間內課生童有三十名,嘉慶年間增為四十名;平湖當湖書院在乾隆年間,生童原為五十位,至道光年間增為六十位〔註90〕。至於外課和附課人數,則多無定額,時有更動。有關書院的學額,筆者由方志中檢得十二所書院資料,值得參考:

表 3-8:書院學額表

級別	院名	正課		外課		附課	合計	資　料　來　源
		生員	童生	生員	童生			
	詁經	30		30			60	張鑒,前引文,頁29～30
府城	月湖	20	10	20	10		60	31A, V5, P.15b
	愛山	30					30	32B, V18, P.8b
	鴛湖	30					30	14C, V8, P.31b
	麗正	32					32	43C, V4, P.12b
縣城	鰲峰	28					28	87B, V6, P.25a
	當湖	20	30			100	150	20C, V3, P.36a
	安洲	20	20	20	20		80	53B, V6, P.31a
	鶴鳴	20	20	30	30		100	54B, V2, P.20a

〔註88〕同註81,頁25。
〔註89〕同註81,頁33。
〔註90〕《鄞縣志》,卷五,頁15b;《平湖縣志》(光緒本),卷三,頁36a。

縣城	宗文	20	20	30	30		100	54B, V2, P.20a
	錦城	16	16	8	8	16	64	9B, V8, P.30a~b
	景行	8	12	8	12		40	38, V18, P.26a
平　均		約20	約20	約21	約19		約82	

說明：另外數所書院學額未確，只有估計數字，參見〔註91〕。

　　由上表看來，正課生員額，最多者爲三十，最少爲八名，平均數大約是
二十名。童生最高額爲三十，最低爲十名，其平均數大約亦爲二十名。而書
院學額最多者（包括正、外、附課生）爲一百五十名，最少爲四十名，平均
大約是八十二名。如果將清代府州縣儒學的學額來加以比較，據《嘉慶一統
志》的記載，浙江府學學額定爲二十五名，大洲大縣名額相同。州縣學額分
三等，大縣學額二十名，中縣十六名，小縣十二名〔註92〕。其平均數僅約二
十名左右。整個浙江省的儒學學額也不過在一千八百名左右〔註93〕。而清代
浙江創設之書院達二百餘所，每所生員人數若以二十計，則其總數遠超過儒
學生員（不過，有些鄉邑書院僅屬義塾性質，生徒程度不高，故書院中實際
容納之生員，恐不及此數）。

三、津　貼

　　自宋代以來的書院，大多建有學舍，以供四方來學者住宿。書院生徒除
可免費住院肄業外，尚獲各種津貼以維持其生活。書院津貼可分爲三種：（一）
膏火；（二）獎賞；（三）賓興。

（一）膏　火

　　膏火係爲貼補院生之日用而設置，自宋代起已有之。爲鼓勵四方學子向
學，書院置有學田或膳田提供膏火，給與學子廩食。清代以前書院給予院生
膏火之多寡未詳，因此本文偏重清代書院膏火規制之探究。

　　清代書院經費支出中，以膏火所佔比例最重。蓋書院爲應科舉，必先使

〔註91〕由膏火人數推得：蘭谿雲山書院生員在四十名以上，童生十六名以上；海鹽
　　　　蔚文書院，生員四十名以上，童生三十五名以上；玉環天香書院，生員二十
　　　　二名以上，童生亦同；玉環環山書院，生員二十八名以上，童生三十六名以
　　　　上。散見各縣志。
〔註92〕《嘉慶重修一統志》第五冊，卷二八三至三〇五。
〔註93〕前引 Chung-li Chang, The Chinese Gentry. P.142, table 15。

士子安心向學,若經費不贍,膏火不資,肄業者必寥寥無幾。因此膏火經費之籌措,乃是創設書院,招收生童的首務。

書院通常每年由二月初旬啓館,至十二月初旬散館,上課時間為十個月,故生童之膏火,每年以十個月計。書院膏火之給付,通常有兩種方式:一是凡屬書院生徒,不論內課、外課,皆給膏火;二是依考課成績之等次而分配,並非每員皆給。前者通常是經費較為充裕的書院,如省城和府城的書院殆屬此類。書院膏火的金額以省城書院最高,約在每月 1.2 兩以上;府城書院次之,約在 0.5~1.2 兩之間;縣城書院膏火較少,都在一兩以下。通常正課生童的膏火比外課生來得高。底下是幾所本省書院之膏火:

表 3-9:生徒膏火表(一) （膏火單位:兩）

級別	院名	正課		外課		資料來源
		生員	童生	生員	童生	
省城	詁經	1.2				張鑒,〈詁經精舍志初稿〉
府城	鴛湖	0.5	0.5			14C, V8, P.31b
	愛山	1.2	1.2			22B, V18, P.8b
	月湖	1.2	1.2			31A, V5, P.15b
縣城	鰲峰	0.3	0.3			87B, V6, P.25a
	當湖	0.5	0.5			20C, V3, P.36a
	錦城	0.6	0.6	0.6	0.4	9B, V8, P.30a
	安洲*	0.6	0.6	0.3	0.3	53B, V6, P.31b
	鶴鳴*	0.3	0.24	0.2	1.6	54B, V2, P.20a
	宗文*	0.3	0.24	0.2	1.6	54B, V2, P.20a
	景行*	0.84	0.84	0.42	0.42	38, V18, P.26a

說明:院名後有*者,表示其書院膏火原為錢文,茲為統一單位,將之換算成銀兩,銀錢折換比率,因時地而不同,故暫以錢一千文換算一兩。

依考課成績之等第而給膏火之書院,大多因經費不敷所致,而以縣級書院為多。其發給膏火之方式又分兩種:一種是按課考等第之高下,而將生員分為超等、特等、壹等三等,童生分為上取、中取、次取三等。等第愈高,膏火愈豐。各等次之膏火與人數,參見下表:

表 3-10：生徒膏火表（二） （單位：膏火以文計）

院生別	等次	膏火	授予名額	院生別	等次	膏火	授予名額
生員	超等	600〜1000	4〜5	童生	上取	300〜500	4〜6
	特等	300〜400	6〜8		中取	200	6〜10
	壹等	100〜200	10〜20		次取	100	10〜20

說　　明：本表據玉環天香、環山二書院及龍游鳳梧書院之膏火編製而成。
資料來源：95, V7, P.49a~52a 與 58B, V27, P.10a~b。

另一種依等次分配的方式以考課成績前列二十或四十名者，每名給予膏火四百文左右，如下表所示：

表 3-11：生徒膏火表（三） （膏火單位：文）

院名	名次	膏火	說明	院名	名次	膏火	說明
蔚文	1〜20	400	乾隆年間	蔚文	1〜40	400	道光四年

資料來源：18, V11, P.24a。

另外蘭谿雲山書院給付方式又稍有不同。規定生員首名錢一千文，二、三名各給八百文，六至十名給六百文，十一至二十名各四百文，其他至四十名，各二百文〔註 94〕。書院生徒所得膏火，事實上並不高。生員若在蒙塾或義、社學任教，其薪資所得較書院支領之膏火來得高。例如 1880 年左右，嘉興一位社學教師年薪即有六十千文〔註 95〕，每月支領六千文，遠遠超過書院膏火。即使書院的院役、廚夫，其工食錢也比生員膏火要多（見第三章第一節，頁 38）。

書院必備膏火既成通例，有些寒士爲貪圖書院膏火，不惜在院中就學多年，清《續通考》有謂「有貪微末之膏火，甚至有頭垂垂白不肯去者」〔註 96〕。《碑傳集》中載有王法夔者，肄業安定書院十年，年紀已七十餘歲，「目昏眊，每見其刻苦爲文，漏三下，猶以卷就燈下作字，乃知其戀戀於每月之一金」〔註 97〕。此種貪領膏火之風氣，不獨本省，其他各省書院亦且有之。例

〔註 94〕 《蘭谿縣志》（光緒本）。
〔註 95〕 Rawski，前引書，頁 56，表 2-3。
〔註 96〕 劉錦藻撰，《清朝續文獻通考》（上海商務印書館，民國 25 年），卷一○○〈學校七〉，頁 8589。
〔註 97〕 《碑傳集》，集循孝女王淑春墓碑。

如廣東花縣花峰書院和惠州豐湖書院，因生徒膏火無資，應課肄業者遂寥寥
無幾。〔註98〕

（二）獎　賞

　　爲獎勵考課時名列前茅的生徒，書院大多設有獎金賞給。書院考課分爲
官課、師課兩種。大部份的書院在官課時有獎賞，有些書院則官師課皆有獎
金。獎賞給與的方式，通常按考課的名次高低而授予不同額的獎金。茲將方
志中可考的數所書院獎賞列表如下：

表 3-12：書院獎賞表

院　名	生　　員		童　　生		備　　　註	資 料 來 源
	等次	獎額（兩）	等次	獎額（兩）		
當　湖	1～5	0.17	1～5	0.17		20C, V3, P.36a
詁　經	1 2～10	2 1.2				張鑒，〈詁經精舍志初編〉，頁 41
錦　城	1 2～3	0.4 0.3	1 2～3	0.3 0.2	附課首名獎 0.2 兩 二名獎 0.1 兩	9B, V8, P.30a
景　行	1 2～3	0.6 0.4				38, V18, P.26a
中　山	1～20	1	1～20	1		90B, V7, P.30a
鰲　峰		0.3		0.2		87B, V6, P.25a

說明：獎金單位爲兩，原史料中爲錢文者，已換算成兩。

　　書院獎賞之優渥與否，和膏火一樣，端視其經費之多寡而定。如詁經精
舍課試前列者向有獎助，原先金額不詳，自同治以降，稍有定制，內課二十
五名，外課二十名以內者，大致有隨卷給獎之例，獎額則依名次高低有所差
別〔註99〕。光緒間獎金更爲優厚（如上表所示）。有些書院經費短絀，無法提
供資金獎賞，只有獎以紙筆，聊表慰勞而已。

（三）賓　興

　　每逢鄉試年，書院補貼士子赴考之費用，謂之賓興。蓋入書院就讀，目

〔註98〕前引劉伯驥書，頁 284。
〔註99〕茲舉數例：如光緒某年十一月，望課第十三名，王有宗得獎一元；光緒末年
　　　四月，望課第十五名，顧秉衡卷得獎一元，名次之多寡與獎額之豐約，視存
　　　賞之贏縮而定。見張鑒前引文，頁 38～39。

的不外科第，故赴試時多予津貼，中式後且另外給賞。有些鄉邑書院，雖無膏火卻有賓興設置，有些書院因地方已設賓興，而不另添置。通常地方教育經費中，必設賓興部份，如果地方賓興田租收入充足時，書院生徒赴試時皆得領受，毋庸書院另行籌措〔註100〕。有些書院除了赴考時給予士子賓興津貼外，尚且有賓興田的設置，俾使經費無虞匱乏。例如景甯雅峰書院，道光五年，知縣李文熊於書院租內提錢肆拾千文，交科試前列生員帶省，以首場後照人數分給。另有賓興田，以田租爲士子賓興費〔註101〕。又如太平月湖書院議定：里人應試者錄遺後，人給洋銀六元，應會試者，給二十四圓。應武鄉會試者，例本不預，同治間里有數人預試，因議照文之三而給二，以爲定例。〔註102〕

院生在書院的肄業年限，通常以一年爲期。如經甄別取錄後，可繼續肄業。當時院生努力目標是科名成就，若科名不第，只得繼續參加書院甄別，留院就讀。所以實際上，書院並無修業年限之規定，每年只以甄別爲取捨的限制。〔註103〕

〔註100〕劉伯驥前引書，頁297。
〔註101〕《景甯縣志》（同治本），卷之五〈學校志〉，頁38a～40a。
〔註102〕《太平縣志》（光緒本），卷之二，頁60b。
〔註103〕同註100，頁298。

第四章　書院之功能

　　任何機構能否持續發展，與其功能之能否展現是息息相關的。書院之興起固爲應社會之需要，然而其發揮的作用也促使社會發展與改變。本省書院在數百年的發展過程中，其產生之功用並非一成不變的，換句話說，書院功能之內涵及實際運作方式是有所變遷的。根據史實的演變，吾人可由四個面向來檢視書院的功能：（一）藏書的意義與內容；（二）教學考課的方式與內容；（三）訓導宗旨與方式；（四）科舉的目的與成果。透過藏書、祀賢、教育、科考諸問題的探索，對本省書院具備的幾項功能，當能有進一步的認識。

第一節　藏　書

　　在書院的各項功能中，藏書可說是最原始與最基本的一項了。如前所述，唐代麗正與集賢書院之設，原始目的即在藏書。宋代以降，書院雖已成講學之所，藏書之原始作用卻仍然保留下來。戴鈞衡桐鄉書院四議云：「昔宋太宗、眞宗之世，凡建書院，有司必表請賜書，江述之於白鹿洞，李允之於嶽麓皆是也。然則書院之所以稱名者，蓋實以爲藏書之所，而令諸士子就學其中者也。」〔註1〕宋代四大書院，因此皆有藏書之記載〔註2〕。宋代浙江書院講學風氣頗盛，書院大多備有典籍，以供學者瀏覽。像慈谿杜州六先生書

〔註1〕　席欲福纂，《皇朝政典類纂》，卷二二六〈學校十四·書院〉，頁 14b。
〔註2〕　見班書閣，〈書院藏書考〉，載《國立北平圖書館館刊》第五卷三號，民國 20
　　　　年 5、6 月，頁 55～56。

院，備有書庫，專門庋藏書籍〔註 3〕；黃巖南峰書院亦藏圖書一千九百五十餘冊〔註 4〕；東陽南園書院藏書更高達三萬餘卷之多。〔註 5〕

清代以來，書院已成教士課讀之所，而書籍為教士之工具，藏書的功能益趨重要。根據戴鈞衡指出，大都學者必不可少之書，凡數十種。而此數十種者，購之每不下數百金，有力者吝而弗求，無力者求而弗得，以故鄉曲一二有志之士，多苦貧不能聚書，而世家之有書者，子弟多蓄而不觀，而又弗肯以公於寒士〔註 6〕。可見書院備書，實有造就士子，提高文風之作用。史夢蘭在〈重修敬勝書院記〉一文中，對於書院藏書之意義及必要性，有十分精闢的看法：「士思欲博古通今明體達用，往往苦於無書可讀。於是有問以古今傳位之次，州郡隘塞之名，及兵農錢穀時務利病之略，茫然一無所知者。以此求才，是猶鑽火於三凌之水，縶騏驥之足，而責其千里者也。則才之不足適用也固宜。且吾之置此書，以課諸生，非欲人薄科舉文而不為也。誠欲學者通經以窺聖賢授受之原，讀史以知歷代興亡之故，根柢既深，枝葉自茂，即為科舉之文，必高尋常倍倍，科名何患不得。若窮年矻矻，徒抱腐爛，時藝為兔園冊子，縱徼倖科名，亦空疏無用，豈國家取士，書院儲才之意哉？」〔註 7〕故書院莫不廣搜圖書，以備士子博覽。嘉善縣魏塘書院的「萃古樓」即是藏書之所；黃巖九峰書院也有「名山閣」，藏經史百家之書達三萬餘卷。〔註 8〕

考書院書籍之來源，約有三端：（一）御賜；（二）官吏之捐贈；（三）私家之捐置。第一是御賜：宋代四大書院即已有接受朝廷賜書之例〔註 9〕。通常係會城大書院方有御頒書籍的機會。例如乾隆元年禮部議准：「各省會城，設有書院，亦一省人材聚集之地，宜多貯書籍，於造就之道有裨。令各督撫動用存公銀兩，購買十三經、二十一史，發教官接管收貯，令士子熟習講貫。」〔註 10〕朝廷動用公銀購書，和御賜實無二致。本省在乾隆年間，曾兩次獲得

〔註 3〕 全謝山，〈杜州六先生書院記〉，見氏著，《鮚琦亭集》外編，卷十六，頁 873。
〔註 4〕 《黃巖縣志》（光緒本），卷八，頁 24a。
〔註 5〕 《光緒浙江通志》，卷二十八，轉引自班書閣前引文，頁 57。
〔註 6〕 同註 1。
〔註 7〕 《光緒永平府志》，卷三十七，轉引自班書閣前引文，頁 59。
〔註 8〕 《嘉善縣志》（光緒本），卷五，頁 33a；《黃巖縣志》（光緒本），卷八，頁 17b。
〔註 9〕 同註 2。
〔註 10〕 乾隆元年三月十日禮部覆准，轉引自劉伯驥書，頁 321。

御賜書籍。乾隆十六年，高宗巡幸江南，御賜省城敷文書院武英殿新刊十三經、二十二史一部〔註 11〕；乾隆五十五年，高宗又頒賜敷文書院古文淵鑑、淵鑑類函、周易折中、朱子全書等〔註 12〕。第二是官吏之捐贈：官吏捐書的風氣，以清爲盛。蓋清代書院多係官立性質，地方官爲提倡文教「立書院興學勸善，俾爾子弟游嚴師益友之間，以漸於教化，入相孝慈、出相禮讓、景仰前哲，使忠義之風，永永不墜」〔註 13〕而添購書院藏書亦乃興學善舉，故官捐書籍者頗多。茲舉數例以誌其盛：

1. **平湖當湖書院**：嘉慶二十二年，知縣劉肇坤捐置——大學衍義、四書大全、四書匯參、十三經注疏、佩文韻符、通考、通典、通志等共八種。〔註 14〕

2. **省城詁經精舍**：同治五年，布政使蔣益捐置四部書，計一千三百冊。〔註 15〕

3. **龍泉金鰲書院**：光緒二年，學憲胡頒發周易折中一部、書經傳說一部、詩經傳說一部、周官義疏一部、儀禮義疏一部、禮記義疏一部、春秋傳說一部、通鑑輯覽一部。〔註 16〕

4. **龍游鳳梧書院**：光緒二十一年，知縣張炤購書三百十一部，凡八千三百七十五冊。〔註 17〕

第三係私人捐置：浙江私家藏書風氣極盛，鄞縣范氏天一閣、杭州汪氏之振綺堂、錢塘吳氏之瓶花齋，皆負盛名〔註 18〕。然私家捐置圖書予書院者，史料中並不多見。茲將可考者臚列如下：

1. **東陽石洞書院**：東陽郭君欽止，作書院於石洞之下，徙家之藏書以實之。〔註 19〕

2. **東陽南園書院**：宋蔣友松建，聚書三萬餘卷，賓鴻儒以教其族黨子

〔註 11〕 《清朝文獻通考》（上海商務印書館印行，民國 25 年 3 月），卷七十一〈學校九〉，萬有文庫第二集，頁 5515。

〔註 12〕 《杭州府志》（民國本），卷十六，頁 2a。

〔註 13〕 楊彞，〈泳澤書院記〉，見《上虞縣志》（光緒本），卷三十七，頁 3a。

〔註 14〕 《嘉興府志》（光緒本），卷九，頁 28a。

〔註 15〕 張鎣前引文，頁 41。

〔註 16〕 《龍泉縣志》（光緒本），卷三。

〔註 17〕 《龍游縣志》（民國本），卷五，頁 9a。

〔註 18〕 《皇朝經世文四編》，卷六〈治體・書籍〉，頁 5。

〔註 19〕 葉適，《石洞書院記》，見卷九〈水心集〉，頁 117。

弟。〔註20〕

3. **桐廬滄江書院**：明徐舫藏書千卷，隱居其中。〔註21〕

清代本省書院典藏之書籍內容，大致不脫經、史、子、集四類叢書。除了名儒先賢所著之古籍外，由於本省文風鼎盛，人材蔚起，鄉先達之著作及具地方色彩的書籍，尤在蒐藏之列。例如史部中的兩浙金石志、平浙紀略；集部中的鮚琦亭集、兩浙輶軒錄、張揚園先生全集……等書，皆爲本省書院藏書之特色。至於書院藏書之細目，參見附錄五藏書目錄。

書院既富藏書，必備貯藏保管辦法，惟因史料難徵，今已無所悉。即以省城詁經精舍爲例，由於當時管理編藏，法欠周密，致未達二十年，即散佚略盡〔註22〕。不過，爲瞭解圖書出借的辦法，我們可以廣州學海堂爲例以窺其一斑。因爲廣州學海堂係阮文達離浙督粵學所手創，其規章因襲詁經精舍之蹟，自多可徵，足供吾人參考。學海堂採行的辦法是：設藏書冊二本，其一流交，其一存堂，由管課學長保管。設借書冊九本，其一存堂，八學長各分貯一本，學長如借讀藏書，先在分貯之借書冊自註某時借讀某書若干本，約某時交還，分送現管課兩學長各照鈔入分貯冊內，仍於存堂之借書冊照式註明，然後借出。交回時，於各冊註銷，倘屆期未交者，須問明何故，即詳記於存堂之冊。如有遺失點污，要借者購補及修整〔註23〕。可見書院圖書出借有頗完善的辦法與手續。

除藏書之外，許多大書院尚自行開刻版本。例如永康鶴亭書院就曾開刻鶴亭書院唱和詩集〔註24〕；省城詁經精舍也曾八次刻書，出版生徒課藝文集——詁經精舍文集。其開刻版本如下：

表 4-1：詁經精舍刻書記錄

集　數	卷　數	冊　數	刻　書　年　代	編　　訂　　者
1	14	6	嘉慶六年（1801）	阮　元
2	8	4	道光二十二年（1842）	羅文俊
3	11	10	同治九年（1870）	顏宗儀、沈丙瑩、俞樾

〔註20〕《光緒浙江通志》，卷二十八，轉引自註26，頁57。
〔註21〕《嚴州府志》（乾隆本），卷六，頁12b。
〔註22〕張鍫，前引文，頁42。
〔註23〕見《學海堂志》，轉引自劉伯驥書，頁323。
〔註24〕《永康縣志》（光緒本），卷二十二，頁15。

4	16	8	光緒五年（1879）	俞　樾
5	8	4	光緒九年（1883）	俞　樾
6	12	4	光緒十一年（1885）	俞　樾
7	12	4	光緒二十一年（1895）	俞　樾
8	12	4	光緒二十三年（1897）	俞　樾

資料來源：張鍌，前引文，〈詁經精舍志初稿〉，頁43～45。

　　書院既典藏圖書，又自行開刻版本，除了提供學生閱覽之外，這些圖書的典存，對地方文獻之保存與延續，尚具有不可抹滅的貢獻。

第二節　教育與考課

　　書院最主要的功能是教育方面，教學與考課為其中之二端。本節擬就教課的目的、方式及意義作一分析闡釋。茲先討論教學。

　　清代以前，書院由於掌教學旨之不同，在講學教材及教學方式上亦因此有異。不過，一般書院中所授教材，大致皆以四書五經為主。像金華麗澤書院，山長每講一章，則挑選出有關涵義及治道之數章，加以特別說明，編成短篇的文字，謂之「麗澤講義」〔註25〕。關於書院的教授方式，因史料難稽，謹以下列兩個例子來作為說明，以見其一斑。南宋金華麗澤書院，要求生徒每日作日記，如有疑問，則置冊記錄，待同學相會，各出所習及所疑，互相商榷〔註26〕。山長還指示生徒在求學時，不要有成見，不要排斥異己，要截取他人之長，補己之短，自己獨立研究，各闢門徑〔註27〕。另外，在教授方式上，山長依生徒的個性、程度，查考其心理現象，因病以施診，隨機以示教，引起學生自動研究，這是一種活的教學法。元代許衡在書院教學，則採問答式教法，說書章數不務多，唯懇款周折，見學者有疑問，則喜溢眉宇〔註28〕。此外，明代王陽明在書院講學，科目不出大學的範圍。在教學方式上則按照學生的程度分為兩級，凡初入門聽講的，授以大學，以指示聖學

〔註25〕陳青之，《中國教育史》（台灣商務印書館，民國52年），頁320。有關麗澤講義的內容見《宋元學案》，卷五十一〈東萊學案〉，頁46～54。
〔註26〕麗澤書院乾道五年規約，見《東萊呂太史別集》，卷五〈學規〉，頁1b，收入《續金華叢書》。
〔註27〕同註25，頁318。
〔註28〕前引梁甌第文，〈元代書院制度〉，頁14。

之全功，使他們知道爲學的路徑。到了從游日久，有相當程度之後，則隨時指點，或提舉最簡單的口號，使他們自己揣摩。至於對程度甚高的，只加一番點化之功，給予一種暗示，使其自己了悟。〔註29〕

清代書院考課及科舉考試，均以制藝帖詩爲主，故書院課程亦以此爲準。尤其朝廷對學生攻讀之科目曾頒有詔令：「嗣後書院肄業士子，令院長擇其資稟優異者，將經學、史學治術諸書，留心講貫，以其餘功兼及對偶聲律之學；其資質難講者，且令先工八股，窮究專經，然後徐及餘經，以及史學、治術、對偶、聲律。至每月課試，仍以八股爲主，或論、或策、或表、或判，聽酌量兼試，能兼長者酌賞，以示鼓勵。」故生徒修習之共通科目爲四書、五經、史鑑及制藝等，其餘祠章、義理、考據等項目，則按掌教個人之精擅而定。

書院課程之安排，通常係採用程端禮的程氏家塾讀書日程表。程端禮（1271～1345），字敬叔，鄞人。端禮從史蒙卿遊，曾任鉛山州、台州儒學教授，他爲了使理學與舉業畢貫於一，乃撰成讀書分年日程一書〔註30〕。此書廣爲後世書院所師法。程書是記述由鄉塾小學八歲起至二十五歲之間讀書的課程次序及讀書方法。前段是鄉塾小學讀書分年日程，而爲書院採用的部份是後段。茲將書院讀書課程簡化成下表：

表4-2：書院讀書課程表

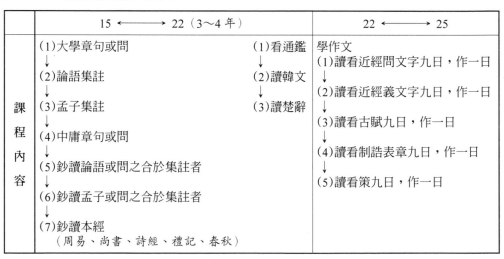

課程內容	15 ←——→ 22（3～4年）		22 ←——→ 25
	(1)大學章句或問　↓	(1)看通鑑　↓	學作文
	(2)論語集註　↓	(2)讀韓文　↓	(1)讀看近經問文字九日，作一日　↓
	(3)孟子集註　↓	(3)讀楚辭	(2)讀看近經義文字九日，作一日　↓
	(4)中庸章句或問　↓		(3)讀看古賦九日，作一日　↓
	(5)鈔讀論語或問之合於集註者　↓		(4)讀看制誥表章九日，作一日　↓
	(6)鈔讀孟子或問之合於集註者　↓		(5)讀看策九日，作一日
	(7)鈔讀本經　　（周易、尚書、詩經、禮記、春秋）		

資料來源：讀書分年日程，轉引自陳東原，《中國教育史》，頁321。

〔註29〕同註25，頁319。
〔註30〕同註25陳青之書。

　　以上係讀書的程序。至於每日所讀課程，則另有日程簿以資遵循。書院通常將日程並書目揭之於壁，夏夜浴後，露坐無燈，自可倍讀。日程簿有四種：一是讀經日程簿，二爲讀看史日程簿，三是讀看文日程簿，四爲作文日程簿。至何程度，即用何簿，根據其所定之功課日程，一一刻印其上。生徒各置一簿，以憑用功。開講時繳於師前，抽節試驗，親筆勾銷，師復標所授起止於簿〔註31〕。四種日程簿所列的讀程內容、順序，筆者製表以示之：

表 4-3：讀經日程表

日　期	讀　　　　　　　　　　　程
一	早令倍讀冊首已讀書，至昨日所讀處一徧。
二	面試倍讀昨日書。
三	面授本日書，計字數以約大段面，以大段分細段，令朱記段數，每細段面令讀正過句讀字音，面說正過文義。
四	令每細段先看讀百徧，即又倍讀百徧、數足、挑試倍讀倍說過，面墨銷朱記後段，如何段足，令通作大段倍讀試過。
五	挑試夜間已玩索書。
六	面授說已讀書，就令反覆說大義面試過。
七	隻日之夜，玩索已讀書，又玩索性理書。
八	雙日之夜，以序倍讀凡平日已讀書一徧，又溫讀性理書。
九	暇日倣定本點句讀圈發字音。

　　說明：生徒就上表每日塡讀程起止，每九日一周。

表 4-4：讀看史日程

日　期	讀　　　　　　　　　　　程		
	晝　　　　　　　　　間		夜　　　間
一	(A)以序倍讀四書經註或問一徧	(B)以序倍讀經正文	讀看性理書並溫
二	(A)以序倍讀本經傳註一徧	(B)以序倍讀經正文	讀看性理書並溫
三	(A)看讀說記通鑑	(B)參合看史	倣點史考釋文
四	(A)看讀說記通鑑	(B)參合看史	溫記史
五	(A)看讀說記通鑑	(B)參合看史	溫記史

　　說明：生徒每日塡讀程起止，五日一周。

〔註31〕程端禮，《讀書分年日程》，轉引自註25書，頁325。

表4-5：讀看文日程

日 期	讀　　　　　　　　程		
	晝　　　　　　　　間		夜　　間
一	(A)以序倍讀四書經註或問一徧	(B)以序倍讀經正文	考察制度治道
二	(A)以序倍讀本經傳註一徧	(B)以序倍讀經正文	考察制度治道
三	(A)溫記通鑑	(B)以序倍讀經正文	考察制度治道
四	(A)讀看玩記文法	(B)溫記文法	鈔點抹截文
五	(A)讀看玩記文法	(B)溫記文法	鈔點抹截文
六	(A)讀看玩記文法	(B)溫記文法	鈔點抹截文

說明：生徒每日填起止及所考所鈔，六日一周。

表4-6：讀作舉業日程表

日 期	讀　　　　　　　　程		
	早	飯　後	夜
一	以序倍讀四書本經傳註或問	看讀頭場文字以性理制度治道故事，周而復始	隨三場四類編鈔格料批點抹截
二			
三			
四			
五			
六			
七	溫經騷韓文		
八			
九			
十	作頭場文		改所作

說明：生徒每日填起止及所讀看鈔點。〔註32〕

　　書院教學即是採用上述日程表，循序漸進，和讀書程序表密切配合。書院對生徒讀書的方法，是以朱子讀書法為原則；即居敬持志，循序漸進，熟讀精思，虛心涵泳，切己體察，著緊用力等六條。至於書院要求生徒讀書所用方法，有幾項實際的條目，今舉其大要如下：

〔註32〕以上四表參照程端禮，《讀書分年日程》、劉伯驥，《廣東書院制度》，頁 313～316。

（一）讀書要專

書院規定生徒每日止讀一書，必待一書畢方換一書，不得兼讀他書。

（二）倍讀已讀書

每日清晨，即先自倍讀已讀書，生處誤處，記號之以待夜間補正徧數。凡冊首書爛熟無一句生誤，方是工夫已到。凡倍讀熟書，逐字逐句要讀之緩而又緩，思而又思，使理與心浹。

（三）師授本日正書

師預令學生照書之點定本，點定句讀，圈發假借字音，令於師前面讀，子細正過。於內分作細段，隨文義可斷處，多不過十句，少約五六句。大段約千字，分作十段或十一、二段，用朱點記於簿。學生還案，每細段讀二百徧，句句字字要分明，不可太快。句完不可添虛聲，致句讀不明。爲足徧數，須用數珠或記數版子記數。每細段二百徧足，即以墨銷朱點，即換讀如前。每日讀正書，甯賸段數，不可省徧數，仍通大段，倍讀二三十徧。

（四）夜課倍讀與玩索

夜課燈火，書院長年有之。雙日之夜，倍讀凡平日已讀一徧，一二卷或三四卷，隨力所至，記號起止，以待後夜續讀。隻日之夜，則按分年課程─大學、論語、孟子、中庸、小學各書，字求其訓，句求其義，章求其旨，每一節十數次，涵泳思索，以求其通。每正文一節，先考索章句明透，然後摭章句之旨以說上正文，每句要說得精確，成文鈔記旨要。又考索或問明透，以參章句。凡玩索一字一句章，分看合看要析之極其精，合之無不貫。去了本子，信口分說得出，合說得出。〔註33〕

以上所列之課程與讀書方法是共通的原則，一般書院在仿用時，仍斟酌損益，有些變通，並非一成不變的。清季書院性質已有轉變，在課程上和傳統書院亦有逕庭。例如光緒二十三年（西元 1897 年），杭州創設求是書院，爲一專課中西實學的新式書院，延聘西文、算學教習，教授各種西學。每日肄習之暇，令生徒泛覽經史語錄，國朝掌故，及中外報紙〔註34〕。此種新式書院在課程上應合時代潮流，範圍上已擴及中西各種實學，不再如傳統書院僅注重四書五經、制藝詞章而已。

〔註33〕程端禮，《讀書分年日程》卷一，轉摘自註 25 書，頁 322～324。
〔註34〕浙江巡撫廖壽豐奏，見《皇朝政典類纂》，頁 22a。

　　書院雖以教學爲其主要目的之一，然每月朔望或定期的開講，內容亦僅揭其綱領及備生徒之質疑辨難的，其治學工夫，仍須生徒按分年讀書日程自動用功研究。這種治學精神，以潛修默會之功爲大，無論經史子集，如有疑義，可向山長質疑，其餘完全重在自修，故能養成自動的力學。

　　由上述討論可知，清代以前書院所授課程，以四書五經爲主，清代時爲謀科舉，又增史鑑、制藝諸科目。課程安排則依分年進度，每日照日程表按步就班的自動讀書。讀書方式是以熟能生巧爲主，故極重反覆記誦，必倍讀百遍，熟而後已。此種讀書方式較爲死板，缺乏創意與思考，不過，生徒自修治學，強調自動自發，此種主動研究的求學精神，值得吾人效式。

　　由於書院山長多爲定期開講，生徒平時多按讀書日程自動讀書，爲驗其治學之進益，需要每月加以考課。何況書院之目的在科名，而課文也是爲科考作準備，故考課之制是每個書院必備的。有些鄉邑私立書院，因經費所限，無法供給士子膏火，但卻有月課之制，每月或朔或望，聚集士子課文，評定甲乙，獎以筆金〔註35〕。有掌教的書院，考課可分成兩種：一爲官課（又稱縣課），一爲師課（又稱齋課）。官課是由地方官主持考課，師課則由掌教主之。書院每個月考課次數以兩次爲主，也有三次、四次者，惟其例較少。考課日期通常以朔望爲多〔註36〕，朔課爲官課，望課爲師課。另外，以初二、十六爲考課日期的書院次之〔註37〕。有些書院視情況之需要，而自訂官師課日期，如下表所示：

表 4-7：官師課日期表

院　　別	（玉環）天香	（太平）宗文	（太平）鶴鳴	（平湖）當湖	（鄞縣）月湖
官　　課	8	15	1	3	8.23
師　　課	23	25	10	13.23	3.18
次數計	2	2	2	3	4

資料來源：95, V7, P.51b、54B, V2, P.20a、20C, V3, P.36a 及 31A, V5, P.15b。

〔註35〕劉伯驥，前引書，頁303。
〔註36〕大多數的書院皆爲朔望兩課。據地方志所載，至少有下列各書院：蕭山筆花書院、餘姚龍山書院、臨安錦城書院、浦江浦陽書院、仙居安洲書院、平湖當湖書院、黃巖樊川書院、永嘉東山書院、嘉善魏塘書院、宣平鷔峰書院、蘭谿雲山書院、定海景行書院、象山金山書院。散見各縣志。
〔註37〕如下列諸書院：玉環環山、石門傳貽、臨安錦城、鎮海鯤池、龍游鳳梧等。散見各縣志。

　　省城或府城的書院，通例由憲官輪流課試。像省城詁經精舍，官課係採「會藩臬都轉監司迭課之制」，亦即由巡撫、布政使、按察使、鹽運使、督糧道、學政更迭主試，後來杭嘉湖道亦曾與焉〔註38〕。杭州東城講舍是由杭州知府暨仁和、錢塘二縣朔望輪課命題〔註39〕。州縣書院則是由知縣負責考課事宜。

　　書院既專意科考，故考課內容，大率不脫制藝範疇，通常是四書文一篇和帖詩一首。所謂代聖立言，以清眞雅正爲宗的。有些書院雖添增詩賦、雜文、詞章、輿地掌故等內容〔註40〕，然終不及四書文的重要。考課時，生童若有錄舊雷同，鈔襲刻文或不在院中作文，次日交卷之情事，則書院即追回其膏火或予以除名〔註41〕。不過，有些書院鑒於不住院生徒路途遙遠，對交卷期限並無嚴格的規定。像玉環廳的玉海書院，以山海阻隔，爲體恤院生，考課限五日交卷，逾期不閱〔註42〕；臨安錦城書院亦允准居位鄉谷，不克到院者，也可領卷考課〔註43〕；太平鶴鳴書院則規定：如有路途遙遠，未即如期應課者，准於山長開課日補到，以後不准再補。〔註44〕

　　詁經精舍是注重經史的書院，故在考課內容上和一般專重業舉的書院有異。嘉慶間，詁經精舍課士，每月一次（只有師課）。由阮元、孫星衍、王昶三人輪流命題，其考課方式是「評文之主，問以十三經三史疑義，旁及小學、天部、地理、算法、詞章，各聽搜討書傳條對，以觀其識，不用局試糊名之法。」〔註45〕且主試者每逢出題，恆自撰程作一篇，爲諸生凱式。如阮元的〈詁經精舍記〉、孫星衍的〈詁經精舍崇祀許鄭先師記〉即是〔註46〕。此與省城敷文、崇文、紫陽三書院之專肄舉子業異趣。

　　詁經精舍每月朔望兩課，始于道光二十年羅文俊典浙學時〔註47〕。其時

〔註38〕張鍫前引文，頁36。
〔註39〕《杭州府志》（光緒本），卷十六〈學校志三〉，頁17a。
〔註40〕如鄞縣崇實書院，杭州東城講舍皆是。《鄞縣志》（民國本），〈輿地志〉，歷代學校書院考略，頁824b，《杭州府志》（光緒本），卷十六，頁17a。
〔註41〕如太平鶴鳴書院規定，若有鈔襲刻文，將名扣除。見《太平縣志》（光緒本），卷二，頁20a。
〔註42〕玉海書院束脩膏火章程，見《玉環廳志》卷之七，頁52a。
〔註43〕《臨安縣志》（宣統本），卷三，頁6a。
〔註44〕《太平縣志》（光緒本）卷二，頁20a。
〔註45〕同註39，頁34～35。詁經精舍題名記。
〔註46〕同註39，頁39。
〔註47〕同註39，頁36。

考課命題，大致上朔由職官，望由山長。惟遇歲首開課之月朔，間亦由山長主試，如同治八年二月朔開課即由山長俞樾命題。每年課試，例舉十八次，伏臘歲首，則停試三月（正月、六月、十二月）。若有事故，亦得併試，如同治九年二月三月，八、九兩月均行合課〔註48〕。考課命題，大抵朔偏詞章，望重經古，故當年應試，朔課人數總較望課爲多，蓋難易攸判也。〔註49〕

光緒二十一年省城創設的求是書院，是兼課中西實學的書院，其課士科目又和一般不同。由於「教習」教授各種西學及西文，故每月朔課以西學爲主，望日始課中學。年終時且由巡撫通校各藝，分別等第，勤者獎，惰者罰。〔註50〕

書院對生徒課試之優劣，大都訂有獎懲辦法。課考成績前列優異者，例有獎賞（獎助的規制，詳見第三章第四節，頁56）。若成績差劣者，即予降課的處分。如臨安錦城書院即規定：內課生童如有連考三次三等者，降爲外課，以外課連考三次一等之生童升補。如無連考三次一等者，以二次一等，一次二等之生童升補。附課生員如有連考三次二名前者，俟外課生童缺出，即行升補〔註51〕。如考課時不到，書院多扣除生徒膏火，若次數較多，甚至予除名之處罰。如臨安錦城書院規定：臨課不到者，無論內外生童，初次罰除本課膏火，二次即行除名〔註52〕；平湖當湖書院亦規定正課生童三次不到者，以附課挨名頂補。〔註53〕

第三節　訓　導

書院的教育功能除了學術知識的傳授之外，尤其著重生徒品格、道德的培育和養成。書院教育是注重「訓教合一」的，亦即教學上有訓育的意味，訓育上也有教學的意味。事實上，這也是中國教育史上的特殊之點〔註54〕。

〔註48〕同註39，頁37。
〔註49〕同註39，頁38。
〔註50〕《皇朝政典類纂》，卷二二六〈學校十四・書院〉，光緒二十一年浙江巡撫廖壽豐奏，頁22a。
〔註51〕《臨安縣志》（宣統本），卷八〈藝文志〉，頁30b。
〔註52〕同註51。又如玉環環山、玉海書院也都有月課不到者，扣除膏火之規定。見《玉環廳志》（光緒本），卷之七，頁49a、52a。
〔註53〕《平湖縣志》（光緒本），卷三，頁36a。
〔註54〕前引劉伯驥書，頁349。

本節擬就書院訓導生徒的宗旨、目標及方式作一探討及評價。

書院制度，歷經宋、元、明、清四朝七百多年，其制度本身及講學內容、宗旨履有變革、遞易。然其訓導生徒的宗旨、目標，卻承襲中國政教傳統的倫理觀念而不變。中國歷代政教倫理觀念爲「明倫」，而達到明倫的手段是禮，書院教育之宗旨，乃在變化生徒氣質，使其成爲明倫知禮的士子，故王陽明曰：「聖賢之學，明倫而已。堯、舜之相授受曰：道心惟微，人心惟危，惟精惟一，允執厥中。斯明倫之學矣。道心也者，率性之謂也，人心則僞矣，不雜於人僞率是道心而發之於用也。以言其清，則爲喜怒哀樂，中節之和；以言其事，則爲三千三百經曲之禮；以言其倫，則爲父子之親、君臣之義、夫婦之別、長幼之序、朋友之信，而三才之道盡此矣。」〔註55〕自宋代以來的書院，儘管在形式有所不同（有官立的、私立的、講學的、考課的書院等），在講學宗旨上有所更易（如程朱、陸王等學術思想上之互異），然而在訓導士子的宗旨上，卻始終如一。書院訓導的宗旨是：以明倫爲最高倫理觀念，以天人合一爲最高倫理法則，而以禮爲達到此觀念的方法〔註56〕。此不獨是浙江書院訓導之準則，也是全國書院教育的共通目標。

我們若分析書院碑記的內容，對於書院教育實際要求的訓導目標將能更有進一步的認識。蓋院創設或興修之際，都立有碑記以誌其事，以昭永久。而撰文者多爲官吏或名儒。書院碑記中除了載明書院創修之原委外，尚揭櫫書院訓士之旨趣。綜合這些碑記可以瞭解書院訓士有幾個目標：

（一）士子要明體達用

宣平鰲峰書院碑記云：

> 余惟願爲之師者，以孝弟忠信培其心，以禮義廉恥勵其志，而勿徒以文章之美，飾爲虛車。爲弟子者，以敦本厚實純其詣；以明體達用儲其才，而勿苟爲聲譽之求耀乎！〔註57〕

（二）士子要學文顯道

賈聲槐，興復東山書院記：

> 爲學者，當以孔孟程朱爲準則，主敬以立其體，存誠以達其用，博

〔註55〕王守仁，〈增修萬松嶺書院記〉，見《杭州府志》（民國本），卷十六，頁4b。
〔註56〕同註54，頁350。
〔註57〕《宣平縣志》（光緒本），卷之六〈學校志〉，頁24b。

以聚之，嚴以擇之，密以守之，篤以行之，因文以見道，而實踐於
日用倫常進退，取予動靜云爲之間，庶不乖於正焉！〔註58〕

李琬，興復東山書院序：

夫成材之道，爲學之方，古人具言之矣。或因經以明道，如濂、洛、
關、閩諸賢；或因文以入道，如昌黎、廬陵之選。今之書院，亦欲
諸生因文以見道也。〔註59〕

（三）士子為學務實，立志務堅

王承楷，興賢書院記：

爲學之道，務實而已。諸君子知讀書之必實體於身心也，自不至
徇其末而忘其本。知爲文之必根於經史也，自不至襲其貌而失其
眞。〔註60〕

書院對學生訓導的方式，通常是由無形的人格感化及有形的書院規範二
者齊頭並進的。所謂無形的訓導，包括以祀賢作爲精神上的感發以及山長的
以身作則。

一、祀賢之法

自宋代以降，祠祀爲書院之第一要務，書院無論有無教讀考課，祀典祭
禮絕不能廢。書院中常建有各種祠廟，以供春秋祀賢之用，像朱子祠就是最
普遍爲書院所祠祀的。書院祠祀的用意何在？要而言之，有兩種作用：第一是
藉祠祀，將先哲前賢的偉大人格，懸爲後進治學修身及一切素養之典範。第
二是藉祠祀先賢之隆重典禮，使得學者習禮社交有實際練習的機會〔註61〕。
因此祠祀之禮對書院教育的推進、學風的培養，都有極大的關係。

據地方志資料所載，所有的書院大致都要承祀文昌帝君，因爲「世傳文
昌主文教，掌科名之炳」〔註62〕，士子若欲獵取功名，必須禱祭此神祈。惟
此乃諂諛心理所崇，書院中主要崇祀的對象，仍以先賢爲主。所謂先賢，通
常包涵三類：（一）宋明理學大儒；（二）地方鄉達名賢；（三）各地名宦。書
院之所以要以名賢爲崇祀之目標，原因不外是爲了要：正學統、樹師模、寄

〔註58〕《永嘉縣志》（光緒本），卷之七〈學校志・書院〉，頁 26a。
〔註59〕同註 58，頁 25a。
〔註60〕《分水縣志》（光緒本），卷四〈學校志〉，頁 20b、21a。
〔註61〕吳景賢，〈紫陽書院沿革考〉，《學風月刊》第四卷第七期（民國 23 年 9 月）。
〔註62〕蔡以瑺，〈月湖書院碑記〉，《太平縣志》（光緒本），卷之二，頁 95b。

章教〔註63〕。易言之，是要學子能師法前賢之典範，以收潛移默化之效。

本省書院承祀之名賢相當的多，上至孔子，下迄清儒皆在崇祀之列，茲將方志中得見的書院祠祀名儒鄉達列示如下：（地方名宦未予列入）

1. **漢代以前**：孔子、顏淵、子路。

2. **漢代**：許慎、鄭玄、董仲舒、嚴子陵。

3. **晉代**：載逵、載顒。

4. **南齊**：沈麟士。

5. **唐代**：韓愈、鄭虔、陸贄。

6. **宋代**：司馬光、程頤、程灝、張載、周敦頤、朱熹、楊簡、尹和靖、沈煥、黃文潔、胡瑗、謝良佐、呂祖謙、陳亮、張南軒、輔廣、陳傅良、樓昉、史蒙卿、黃東發、王深甯、陳塤、方逢辰、王景山、陸正、黃勉齋、徐存。

7. **元代**：衛富益、許衡、何基、王柏、金履祥、章懋、許謙、范香溪。

8. **明代**：王守仁、王畿、應石門、程方峰、盧一松、劉宗周、方孝孺。

9. **清代**：張履祥、陸稼書、阮元、俞樾。

書院承祀的名賢中，以祠祀南宋大儒朱熹的書院最多，次為宋代理學大儒以及明儒王陽明。當時先賢配祀，亦分齒序。例如杭州敷文講學之廬，奉祀至聖先師暨四配十二哲神位，左楹祀周程張朱五子，右楹祀名宦〔註64〕；永康五峰書院，祀王陽明，以應石門、程方峰、盧一松配，西祀鄉賢何王金許章，以後學李王共、杜子光、周瑩附。〔註65〕

書院通常在每年春秋兩季仲月丁祭，舉行祀典。像定海蓉浦書院是在三月三日祭掃衣冠墓，三月四日祀文昌，十一月一日奉祠書院東廡〔註66〕。祀祠之時，多由主祭官（院長）陪祭官（邑紳）率同書院肄業生童與祭，茲摘錄書院祭祀祝文一則，以見其祭祀之禮：

　　嚴辰桐鄉縣青鎮官紳公祭立志書院　先儒張楊園先生栗主祝文：惟　光緒某年某月某朔越若千日某甲子宜祭之辰主祭官具官某謹偕邑紳　具官某某等率同書院肄業生童謹以酒醴牲牢致祭於　先儒張楊園先

〔註63〕劉伯驥前引書，頁351～352。

〔註64〕《杭州府志》（光緒本），卷十六。

〔註65〕《永康縣志》（光緒本），卷二〈建置志‧書院〉，頁16。

〔註66〕《定海廳志》（光緒本），卷十八，頁28a。

生之靈曰嗚呼尼山道大千載下猶多附驥之賢桐水風清一邑中遂有特
豚之祀惟先生生丁陽九節守在三接道脈於程朱探心源於洙泗六十載
闇修自矢爲黎洲學案之所遺二百年潛德彌光豈語水主人之能砧際
朝廷之有道賴卿士之敢言遂荷　恩綸俾從大祀陸清獻兩朝廉吏辨異
端而道本同符湯文正一代名臣紹絕學而功堪相　惟異數不容夫濫竊
本朝僅得其三乃閒氣偏有所獨鍾吾郡已居其二顧典隆祔　廟明煙既
徧於寰區而禮重始基戶祝尤嚴於鄉里當此期逢二仲地屬雙溪踵分水
之遺規藉先儒之靈爽更院名爲立志本先生遺訓之發端修祀事以明虔
願多士聞風而起懦思所嗜而祭還先肺豈嫌累閔仲叔之肝歆其祀而臭
恰如蘭何妨薦屈大夫之　惟此日吉蠲爲　庶其知遺澤長存與諸生揖
讓而升猶想見寒風佇立嗚呼勒成書爲五十四卷遺言永壽棗梨享歲祀
於千七百區來格定先桑梓尚饗。〔註67〕

二、山長以身作則

　　崇祀先儒僅具精神上的效應，實際影響生徒人格品德者，還是要靠山長
之訓導。所謂以身作則係指山長開導學生，必身爲表率，實施人格感化教
育。蓋山長設教，不只教諸生以文藝，而尤重平日倡率的履行。故書院院長
多住宿院內，純爲導師性質，而師生朝夕相處，師長以身作則，產生示範
作用，使學生變化氣質，達到潛移默化之效。以理學家講學的書院爲例，由
於理學家提倡孔孟之儒學，其傳授與身教之綱目亦不脫儒家思想之範疇，院
生耳濡目染師長之風範，品德乃日漸高超，動靜亦趨合宜。像焦瑗於書院所
教的弟子，雖極貴顯著，其容止莊嚴，衣冠端肅，人之見之，不問皆知其爲
先生弟子也〔註68〕。這就是書院人格感化教育之成功。

　　師長的人格、道德感化教育方式著重師生間的精神感應作用，是隱性的，
消極的。書院對生徒訓導採積極的方式，則有賴成文的規範——即學規和教
規。宋代以降，書院多立教規，爲生徒行事之準繩。然今得見者僅存南宋金
華麗澤書院教規。茲分析本學規的內容以見其訓士之精神。其餘書院之教規，
或因山長學旨不同而在條規上有異，然在基本訓教精神上大體相類。

〔註67〕《桐鄉縣志》（光緒本），卷二〈學校志〉，頁 8b～9a，至於書院祀典之過程，
　　　　廣東奧秀書院祭先賢文中有詳細描述。參閱劉伯驥書，頁 353～355。
〔註68〕全祖望，〈大凾焦先生書院記〉，見氏著，《鮚琦亭集》外編，卷十六，頁
　　　　867。

麗澤書院是南宋著名理學家呂祖謙講學之所。孝宗乾道年間，呂祖謙制定了三個規約，作爲生徒遵循之規範。此三個規約是：第一、乾道四年（1168）九月規約；第二、乾道五年規約（即己丑規約）；第三、乾道六年規約。我們分析三項教規之內容，可以看出麗澤書院訓士之基本精神：

（一）提倡人倫之教

乾道四年規約首揭「以孝弟忠信爲本」的實踐綱目，此與白鹿洞學規揭示五教之目的內容同是倡人倫之教。

（二）注重人格教育

乾道六年規約中規定院生只要有游蕩不檢、諠譟場屋、侵擾公私、宗族訟財等行爲，即予除籍，可見書院對品德上要求之嚴格。

（三）發揚尊師重道的精神

學規中有云：「舊所從師，歲時往來，道路相遇，無廢舊禮」，可見麗澤書院實以敦品勵行爲訓育上最高鵠的，次重講求經旨之傳習方法。除了人格道德上的要求之外，學規中對生徒的人際關係、社會行爲方面，尚加以規範。例如書院要求生徒對地方上的政事及人物，要秉忠厚之心，稱善不稱惡。同時，對長輩不得妄加品評，對外人文字亦不得妄加訾毀（見乾道四年學規）。可見書院訓育生徒，不限於學校以內，而以社會爲學校化，化學校爲社會了。東萊規約實際要求的項目如下：

1. 乾道四年九月規約

凡預此集者，以孝弟忠信爲本。其不順於父母、不友於兄弟、不睦於宗族、不誠於朋友、言行相反、文過遂非者，不在此位。既預集而或犯，同志者規之；規之不可，責之；責之不可，告於眾而共勉之；終不悛者，除其籍。

凡預此集者，聞善相告，聞過相警，患難相恤，游居必以齒相呼，不以丈，不以爵，不以爾汝。

會講之容，端而肅；群居之容，和而莊（箕踞跛倚，喧譁擁併，謂之不肅；狎侮戲謔，謂之不莊）。

舊所從師，歲時往來，道路相遇，無廢舊禮。

毋得品藻長上優劣，訾毀外人文字。

郡邑政事，鄉閭人物，稱善不稱惡。

毋得干謁、投獻、請託。

毋得互相品題，高自標置，妄分清濁。

語毋褻，毋詖，毋妄，毋雜（妄語非特以虛爲實，如期約不信，出言不情，增加張大之類皆是，雜語凡無益之談皆是）。

毋狎非類（親戚故舊，或非士類，情禮自不可廢，但不當狎昵）。

毋親鄙事（如賭博、鬥毆、蹴踘、籠養、撲鶉、酣飲酒肆、赴試代筆，及自投兩副卷、閱非僻文字之類，其餘自可類推）。〔註69〕

2. 乾道五年規約

凡與此學者，以講求經旨、明理躬行爲本。

肄業當有常，日紀所習于簿，多寡隨意。如遇有幹報業，亦書于簿。

一歲無過百日，過百日者，同志共擯之。

凡有所疑，專置冊記錄，同志異時相會，各出所習及所疑，互相商榷，仍手書名于冊後。

怠惰苟且，雖漫應課程而全疏略無敘者，同志共擯之。不修士檢，鄉論不齒者，同志共擯之。

同志遷居，移書相報。〔註70〕

3. 乾道六年規約

親在別居；親沒不葬（謂服除不葬，火焚者同）；因喪昏娶（身犯及主家者）；宗族訟財；侵擾公私（謂告訐、脅持、邀索之類）；諠譟場屋（詐冒同）；游蕩不檢；並除籍，仍關報諸州在籍人。諸齋私錄講說之類，並多訛舛，不可傳習。〔註71〕

此外，東萊學規中尙有「乾道五年十月關諸州在籍人」及「乾道九年直日須知」二規條〔註72〕。前者大概是當時麗澤同志散處各州縣，人數既多，品類難齊，故東萊先生特關知應遵守規約，彼此連繫。由此條可見師生之間精誠無間，師長對生徒不但在學時負責教導，即使學成之後，人各一方，老師對學生仍負管教督導之責〔註73〕。後者係規定弔慰在籍人（按：即麗澤書院院生）遭逢父母、祖父母、兄弟身死之喪的辦法。可見麗澤書院極重視同門之

〔註69〕《東萊呂太史別集》，卷五〈學規〉，收入《續金華叢書》，頁1ab。

〔註70〕同註69，頁1b。

〔註71〕同註69，頁2b。

〔註72〕其內容見上書，頁2a～3a。

〔註73〕劉眞，〈宋代的學規和鄉約〉，收入《中國學術史論集》第一冊，頁11、27。

間的情誼。由這兩個規條，更可證明其教育實以人倫之教爲中心。

明清以來的書院，不論官立或私立，大多採用朱子白鹿洞書院的教條，及程董二先生學則爲其訓導之規章。白鹿洞書院是宋初四大書院之一，南唐時號爲盧山國學，位於江西省星子縣北〔註74〕。宋初置書院，太宗詔賜九經，稱白鹿國學。孝宗淳熙五年（西元1178年），朱子知南康軍，訪白鹿洞書院廢址，觀其四面山水，清邃環合，無市井之喧，有泉石之勝，乃講學著書之所。故奏請修復，並揭舉古訓以爲學規。本學規揭示之條目，包括爲學、修身、處事、接物之綱目，乃聖賢所以教人爲學之大端。故爲大部份書院奉爲圭臬。其規條如下：

> 父子有親。君臣有義。夫婦有別。長幼有序。朋友有信。
> 右五教之目。堯、舜使契爲司徒，敬敷五教，即此是也。學者學此而已。而其所以學之之序，亦有五焉，其別如左：
> 博學之。審問之。愼思之。明辨之。篤行之。
> 右爲學之序。學、問、思、辨四者，所以窮理也。
> 若夫篤行之事，則自修身以至處事、接物，亦各有要，其別如左：
> 言忠信。行篤敬。懲忿窒慾。遷善改過。
> 右修身之要。
> 正其誼不謀其利，明其道不計其功。
> 右處事之要。
> 己所不欲，勿施於人。行有不得，反求諸己。
> 右接物之要。〔註75〕

另一爲書院普遍採用的規章是程董二先生學則。所謂程董二先生學則是程端蒙與董洙所制定的。程端蒙，宋鄱陽人，字正思，號蒙齋。董洙，字叔重，德興人，學者稱槃澗先生〔註76〕。此學則在內容上比白鹿洞學規來得具體。在日常生活上，要求生徒必須居處必恭，步立必正，視聽必端，言語必謹，容貌必莊，衣冠必整，出入必省，而在課業上要讀書必專，寫字必楷敬。易言之，對生徒日常之生活言行，一舉一動，都嚴格要求合乎規矩、禮法。學則詳細的訓導細目如下：

〔註74〕 盛朗西前引書，頁12。
〔註75〕 摘自《宋元學案》（中），卷四十九〈晦翁學案下〉，頁887～888。楊家駱主編，〈中國學術名著〉，《歷代學案》第一期，世界書局。
〔註76〕 見《宋元學案》（下），卷六十九〈滄洲諸儒學案上〉，頁1294。

居處必恭：居有常處。序坐以齒。凡坐必直身正體，毋箕踞傾倚交
脛搖足。寢必後長者。既寢勿言，常畫勿寢。

步立必正：行必徐，立必拱，必後長者。毋背所尊，毋踐閾，毋跛
倚。

視聽必端：毋淫視，毋傾聽。

言語必謹：致評審，重然諾，肅聲氣，毋輕毋誕，毋戲謔喧譁，毋
及鄉里人物長短，及市井鄙俚無益之談。

容貌必莊：必端嚴凝重，勿輕易放肆，勿粗豪狠傲，勿輕有喜怒。

衣冠必整：勿爲詭異華靡，毋致垢弊簡率，雖燕處不得衩袒露頂，
雖盛暑不得輒去鞋襪。

飲食必節：毋求飽，毋貪味，食必以食。毋恥惡食，非節假及尊命
不得飲。飲不過三爵，勿至醉。

出入必省：非尊長呼喚，師長使令，及己有急幹，不得輒出學門。
出必告，反必面，出不易方，入不踰期。

讀書必專：必正心肅容，以計遍數，遍數已足而未成誦，必須成
誦。遍數未足，雖已成誦，必滿遍數。一書已熟，方讀
一書。毋務泛觀，毋務強記，非聖賢之書勿讀，無益之
文勿觀。

寫字必楷敬：勿草勿敧傾。

几席必整齊：位置有倫，簡帙不亂，書笥衣篋，必謹扃鑰。

相呼必以齒：年長倍者以丈，十年長者以兄，年相若者以字。勿以
爾汝，書問稱謂亦如之。〔註77〕

　　明清時代的書院除了利用前賢所立教規來訓示諸生外，有些書院尚自訂
有學規，作爲諸生遵循的規矩。像黃巖九峰書院即訂有學規，要求書院諸生：
（一）嚴起居以專學業；（二）謝賓客以免曠功；（三）勤講貫以期實效；（四）
兼實學以期致用；（五）謹考課以戒曠廢；（六）敬師儒以杜請謁〔註78〕。由
這些學規的規定，可以看出清代書院訓士的方式是：嚴格管制生徒之起居作
息，要求其生活方式嚴謹，容貌端嚴，語言詳慎，禁絕一切惡習，平日不得
衣冠不整、笑語喧譁。如此嚴格的生活管理，目的在強調道德教育，使生徒

〔註77〕同註76，頁1295～1296。
〔註78〕《黃巖縣志》（光緒本），卷三十一〈風土志〉，頁8b～9b。

得以專心於課業之上。另外，書院特別要求生徒要尊師、習禮及守法，即使請假也需透過嚴格的手續，使生徒不致荒廢學業。

例如龍游鳳梧書院，對院生平日生活，就有如下的訓導規定：

> 諸生住院專為肄業而來，自應恪守院章也。書院為教育人材之區，理宜靜肅。肄業生不准出外閑游、交朋接友、任意往來以及在院飲酒賭博等事。既荒功課，復亂院章，違者逐出。如有要事回家，須定日期，或五日或十日，赴山長處告假，監院處通知，再赴縣署稟告。如請假五日至十日猶不回院，即行剔出。倘有緊要事故，不能如期回院，須於各處轉限。一處不到，則為犯規。扣除另補，不准再行進院，免佔他人之額。〔註79〕

訓導為整個教育的一部份，其原則與設施，自與整個教育宗旨與理想密切相關。書院教育理想是明倫，是明體達用，故特重人格道德教育。近代教育的訓導觀念雖已注重調和、興趣、年齡、個性的原則〔註80〕，在生活管理上，不如書院教育之嚴格，然而身教言教的訓士方法，卻仍為近代訓導理論之目標。我國現行「導師制度」的特點，是謀求訓與教合一，即人師與經師並重之意。易言之，導師制是要求導師以身作則，以實現身教為主旨，而學生由於導師之潛移默化，得使師生之間精誠無間〔註81〕。就此點而論，書院訓士方法仍有其正面價值。

第四節　科　考

書院最初作為講明理學的場所，和官學教育有所區別。然而自明代以來，朝廷以八股取士，官立書院學生為求科名，大多參加科舉考試。私立書院生徒若欲追求功名，亦可參與。清代以來，由於政府政策的影響，書院之成立不復為講求學術，而多專意制藝科舉。因此，書院的教學、考課與訓導的功能，至此已形同參加科舉考試必要的手段，科考已成為書院最重要的功能了。

舉人和進士乃是書院生徒求學的主要目標，因為就學制上而言，書院兩層系統，會試與鄉試皆能參與：

〔註79〕 《龍游縣志》（民國本），卷五。
〔註80〕 蕭忠國，《訓導原理與實施》（國立編譯館出版，民國60年），頁124～138。
〔註81〕 同註80，頁65。

表 4-8：清代學制表

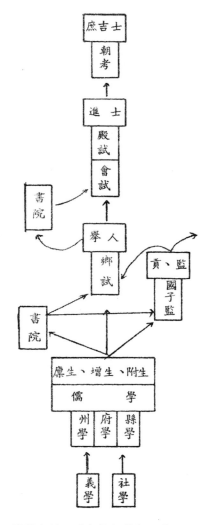

資料來源：引自劉伯驥書，頁 384。

由於缺乏書院志及學生名單，我們無法考據出書院參加科考的成果如何。一般說來，大書院由於師資水準高，設備足，院生中式的人數通常較多。茲以省城詁經精舍爲例，由於是省級書院，程度較高，根據孫星衍〈詁經精舍題名碑記〉中所載：詁經精舍初期中進士者有二十三人，薦舉孝廉方正及古學識拔之士有六十二人〔註 82〕。再以本省鄉試爲例，根據光緒十九年及二十三年的浙江鄉試同年齒錄看來，考取舉人者，以省城書院（如崇文、紫陽、

───────────────

〔註82〕見《杭州府志》（光緒本），卷十六，頁 15ab。

敷文、詁經）出身者最多，次爲各府城書院，由縣級書院出身者極少〔註83〕。
可見經費足、師資高的書院，科考中式者較多。〔註84〕

　　院生中式之後，除了留任朝廷任京官或分派至地方爲行政官吏、教官之
外，有些成爲著名的學者，有些則至書院任教職。茲以詁經精舍爲例，除了
任職中央或地方的官吏外，尚有成爲著名的學者或山長者。例如：早期肄業
生中有歸安姚文田、仁和嚴元照、海甯陳鱣、臨海二洪（頤煊、震煊）、嘉興
二李（富孫、遇孫）、双張（廷濟、燕昌）、仁和錢林、烏程施國祁、周中孚、
平湖朱爲弼、德清徐養原、蕭山汪繼培、青田端木國瑚。晚期有朱一新（廣
州廣雅書院山長）、錢塘吳承志、定海黃以周、餘杭章炳麟、歸安崔適、德清
戴望等人。〔註85〕

　　未能中式的書院生徒，可至社學、義學或蒙塾任教，有些鄉邑小書院，
因經費關係，尚且延請僅具生監學歷者作爲山長。

〔註83〕　光緒癸巳科浙江鄉試同年齒錄及光緒丁酉科浙江鄉試同年齒錄。收藏於中央
　　　　研究院歷史語言研究所傅斯年圖書館。

〔註84〕　江蘇省著名的寶晉書院，在 1767～1880 年間，院生中進士有六十九位，舉人
　　　　二百六十二位。〈寶晉書院志〉，卷三。轉引自 Ping-ti Ho, The Ladder of Success
　　　　in Imperial China: Aspects of Social Mobility, 1368~1911 (Columbia University
　　　　Press.1962), P.203.

〔註85〕　前引張鑒文，〈詁經精舍志初稿〉，頁 2。

第五章　書院制度之影響

　　書院是應社會的需要而產生，在發展過程中，自然也會促使社會產生轉變。易言之，書院發展的動力來自社會，其「回饋」也會影響社會的各項發展。其間的關係可說是互動的。針對此項主旨，筆者試從學術、教育、社會諸角度來檢討書院的影響力。

第一節　學術方面

　　書院自宋代起即已為學者私人講學之所，學者透過書院的媒介來宣揚其學術理論與思想，因此書院和學術發展是息息相關的。茲將書院的發展對浙江學術方面的影響分成三部份來討論：

一、理學的保存和傳播

　　理學創始於北宋，然當時理學家詣書院講學之風未盛（如二程及張載均未曾利用書院講學）。浙江雖在北宋仁宗年間已有明州五先生——大隱、石臺、鄞江、西湖、桃源——各闢書堂講學〔註1〕，但書院講明理學的風氣還是要到南宋時期始盛行。南宋時期不但書院多，其地理分佈又廣，因此許多偏僻的郡縣，亦得借書院講學使民間得知理學。由於理學家在書院講學，所傳授者係其研究所得之理學思想，例如書院中之「講義」，即是其學術思想之精要。呂東萊的麗澤書院講義、方逢辰的石峽書院講義，就是二者理學思想的

〔註1〕　大隱指楊適，慈谿人。石臺是杜醇，慈谿人。鄞江是王致，鄞人。西湖指樓郁，鄞人。桃源指王說，鄞人。全謝山，〈慶曆五先生書院記〉，《鮚琦亭集》，卷十六外編。

一部份〔註 2〕。而書院生徒人數又動輒數百人，故理學家思想透過生徒的傳播，使理學得以宣揚各地，深入社會。此外，書院尚延續了理學的存在。蓋南宋寧宗年間，因奸相之誣陷，有所謂「僞學」之禁，於當時政治壓力下，理學不得立足于官學，一般士子亦不敢研究理學。處於此種惡劣情況下，理學之所以未因此而衰落，仍能繼續不斷傳播，終於熬過學禁而獲得政府的承認，即是書院保存之功也。

　　宋末元初，雖經兵火戰亂，而理學的傳播，仍能緜延不斷，係由於理學家入元不仕，退而講學。例如方逢辰、方逢振講朱學於淳安石峽書院〔註 3〕；金履祥於蘭谿仁山書院講學；衛富益講學於石門白社書院等。程朱學說及象山之教就是透過書院講學而得以存續。明代本省理學是以陽明心學爲中心。而陽明「致良知」「知行合一」之論學綱目，透過書院講學而傳播出來，其書院受教子弟，承陽明性命之教，亦對外講學傳授，陽明理學，因此大盛。像本省有名的陽明弟子及再傳弟子：徐愛（橫山）、錢德洪（緒山）、王畿（龍谿）、季本（彭山）、黃綰（久庵）、董澐（蘿石）、陸澄（原靜）、黃宗明（致齋）、張元冲（浮峰）、程文德（松溪）、胡瀚（川甫）、徐用檢（魯源）、張元忭（陽和）、王宗沐（敬所）等人，皆承陽明之學，學脈相傳，形成所謂的「姚江學派」。〔註 4〕

　　王學到了清代，由於末流空疏，各處都已漸漸衰息。惟浙東尚傳姚江之教〔註 5〕。明清之交，沈求如創立餘姚姚江書院，韓孔當、邵曾可相繼主講其中，而黃梨洲則倡證人學會於鄞縣〔註 6〕。故康熙初年浙東王學，是沈黃兩派對峙的形勢。邵曾可之孫念魯（廷采）受業於韓孔當，又從梨洲學算，念魯繼主姚江講座，兩派始歸於一。〔註 7〕

〔註 2〕 麗澤書院講義的內容見《宋元學案》，卷五十一〈東萊學案〉，頁 46～54。石峽書院講義，見同書，卷八十二〈北山四先生學案〉，頁 31～32。
〔註 3〕 方逢辰，字君錫，淳安人，學者稱爲蛟峰先生、方逢振，字君玉，蛟峰先生之弟，學者稱山房先生。見《宋元學案》，卷八十二〈北山四先生學案〉，頁 28、32。
〔註 4〕 王門弟子及再傳弟子學脈傳承及其學說，見《明儒學案》，卷十〈姚江學案一〉、以及〈浙中五門學案一、二、三、四、五〉（卷十一至十六）。
〔註 5〕 梁啓超，《中國近三百年學術史》（台灣中華書局，民國 64 年台八版），頁 50。
〔註 6〕 同註 5，頁 50～51。
〔註 7〕 同註 5，頁 51。

二、促成理學學派的分立

　　由於理學家的學旨不同，透過不同書院之講學，乃造成學派的分立。南宋時期本省理學可分三大派——朱學，陸學和呂學。宗朱熹的學派有輔廣為首的潛庵學派、陳埴為首的木鍾學派、何基為首的北山學派及黃震為首的東發學派〔註8〕。宗陸學的則以明州四先生為首。明州四先生是指楊簡、袁燮、舒璘、沈煥等傳象山之教的學者〔註9〕，其學說透過書院的講學而傳播出去，像楊簡開講於碧沚書院，沈煥講學于竹洲書院，袁燮主講于樓氏精舍〔註10〕，皆在四明（即今寧波）。呂學是指呂祖謙為首的婺學。呂祖謙，字伯恭，婺州人，學者稱東萊先生。朱學以格物致知，陸學以明心，呂學則兼取其長，呂學於義理之外，究心文獻，凡禮義兵農制度之事，靡不博涉，故朱子謂其長於史學〔註11〕。東萊之學又稱婺學。東萊曾講學于金華城中的麗澤書院，其學說由書院編訂的講義——麗澤書院講義——亦可窺其端倪。

　　浙東的學派除東萊之婺學外，尚有著名的「永嘉學派」。永嘉之學，乃出於伊洛之傳，蓋永嘉九先生多出程伊川門下，而以許景衡、周行己為最著。迄南宋，薛季宣、鄭伯熊開其統緒，而由陳傅良（止齋）光大其業。陳傅良是溫州人，其學以義理為本，以文章制度為用，本周禮以考王道之經制，緣詩書以求文武之行事，遂確立永嘉功利之學，學者稱止齋先生〔註12〕。傅良在溫州城南書社講學教授。此外，同甫（陳亮）以事功，說齋（唐仲友）以經制，也是浙學遒勁。由於永嘉和婺州皆屬浙東，故世稱浙東學派。而東萊之學規模能兼舉陳傅良、陳亮二人之長，世遂以呂祖謙為浙東學派之首，但以永嘉諸子名迹最著，故或以永嘉學派名之。

三、史學之發揚

　　清代浙東學術的特色就是史學。章學誠曰：「浙東之學言性命者必究于

〔註8〕　何祐森，〈兩宋學風的地理分佈〉，見《新亞學報》第一期，頁379。

〔註9〕　楊簡，字敬仲，慈谿人，學者稱慈湖先生。袁燮，字和叔，鄞縣人，學者稱
　　　　絜齋先生。舒璘，字元質，奉化人，學者稱廣平先生。沈煥，字叔晦，定海
　　　　人。稱定川先生。文信國云：廣平之學，春風和平，定川之學，秋霜肅凝，
　　　　瞻彼慈湖，雲間月澄，瞻彼絜齋，玉澤冰瑩。見《宋元學案》，卷七十四〈慈
　　　　湖學案〉、卷七十五〈絜齋學案〉，卷七十六〈廣平定川學案〉。

〔註10〕　《宋元學案》，卷五十一〈東萊學案〉，頁952。

〔註11〕　全祖望，〈同谷三先生書院記〉，見前引《鮚琦亭集》，頁871。

〔註12〕　《宋元學案》，卷五十三〈止齋學案〉，頁97。

史，此其所以卓也。」〔註13〕此種學風和浙西不同，所謂「浙東貴專家，浙西尚博雅」〔註14〕，故梁任公曰：「浙東學風，自梨洲、季野、謝山以至于章實齋，蔚然自成一系統，而其貢獻最大者，實在史學。」〔註15〕清代浙東史學，是以黃梨洲爲先驅。黃梨洲對史學最大之貢獻與成就，爲對明史料之徵存與學術史的創作〔註16〕。尤其學術史的創作（如《宋元學案》、《明儒學案》）最爲重要，蓋中國有完善的學術史由此開始。而梨洲曾創證人書院於鄞縣，講授其學說思想。繼傳梨洲史學者爲其弟子萬季野。萬季野（斯同）絕意科舉仕進，博聞強識，於書無不讀，而尤長於史，對歷代制度沿革及人物，莫不洞然腹笥，成明史稿五百卷〔註17〕。全謝山（祖望）專長在文獻之學，對故國之遺烈、鄉邦之先哲與儒林之典型，或撰神道碑、或傳述其生平與學說，闡明其學術淵源，鮚埼亭集即其代表作〔註18〕。謝山亦曾講學於紹興蕺山書院，從遊者甚眾。全謝山之後著稱的浙東史學家有會稽章實齋和餘姚邵晉涵（二雲）。章實齋推春秋爲史之大原，且辨析體例，推崇通史之重要，著有《文史通義》，《校讎通義》等。章氏愼修方志，故梁啓超謂，方志學之成立，實自章實齋始〔註19〕。實齋既闡史學之義例，又發緒餘於方志，上追尙書春秋之遺教，下爲治史之士開創途徑，遺著昭垂，允爲浙東史學大師。邵二雲爲邵念魯從孫（按：念魯爲淸初浙東王學大師）從山陰劉文蔚遊，篤治經學，尤沈潛諸史，輯集宋史、舊五代史等史書〔註20〕。又曾主講於餘姚姚江書院，浙東史學之傳播與發揚，可說透過書院的媒介。

　　總之，自梨洲一代大師，上承先哲之遺教，爲學廣博，於史學尤爲淸代之鼻祖。自是以降，若萬季野之于明史，全謝山之於文獻的徵存，章實齋之於史學義例，邵二雲之於宋史，皆爲不朽之業。這些儒者皆生於甬紹之間，師教鄉習，前後相承，並以史學著稱，而諸儒治學精神之所寄，如博約躬行、

〔註13〕 章學誠，《文史通義》（台灣中華書局印行，民國 55 年台一版），卷五內篇五〈浙東學術〉，頁 23b。
〔註14〕 同註 13。
〔註15〕 同註 5。
〔註16〕 陳訓慈，〈清代浙東之史學〉，原文載於民國 19 年 12 月《史學雜誌》二卷六期，今收入杜維運、黃進興編，《中國史學史論文選集》（二），華世出版社，民國 68 年，頁 605～607。
〔註17〕 同註 16，頁 608。
〔註18〕 同註 16，頁 614～618。
〔註19〕 同註 16，頁 618～625。
〔註20〕 同註 16，頁 626～630。

經世實用、民族思想等，透過書院講學，得以傳揚出去，浙東史學之精髓亦賴此而發揚。

第二節　教育方面

一、影響官學的內容

　　宋初地方教育未盛，負擔教育民間學子之任務者，係書院之講學。而後由於社會日趨安定，向學的青年日增，有心教育之地方官乃仿書院之制建學。仁宗慶曆年間更下詔大規模的興起地方學校，因此宋代官學的興起可說受了書院講學的影響。迨至南宋，書院講學風氣更盛，而關心地方教育的州縣學教授，有見於此，乃相繼採用書院教育的學規、教材及教法等，用之於州縣官學，以改良地方官學之學風。職是，書院教育的制度與內容，逐漸漸流入官學之中。例如寧宗嘉定五年，取朱熹之《論語》、《孟子》集註立於官學〔註21〕；又理宗紹定二年，正式取書院所重的義理之學爲內外官學必備的綱目，並且申令各級學校教師，特別注重學生的品格教育〔註22〕。因當時官學士風日益卑下，爲了「去浮華之習，轉移士風」〔註23〕，特舉書院義理之學，砥礪士子行誼。迄理宗末年，又曾下詔「諸書院山長並兼州學教授」，至此書院教育乃正式與地方官學合而爲一，而書院之學規、教材、教法等，亦正式爲官學所取用。〔註24〕

　　元代書院正式爲國家教育機構之一環，書院的材料，例如朱子之《四書集注章句》、《近思錄》、蔡沈之《書經集傳》，以及《尊崇孔孟之道》等，也正式成爲政府頒定的學校教材，甚至被訂爲標準經注，而爲科舉考試之根據〔註25〕。於是天下學術，繼宋之後再度一統於程朱派之儒學。其勢歷元至明而未變。如明太祖所頒之科舉試題中，仍以朱學爲主，且通行於有明一代，爲科舉考試必用之《四書大全》、《五經大全》等，亦爲根據朱熹、蔡沈之書而編成者。〔註26〕

〔註21〕前引葉鴻灑文，〈論宋代書院制度之產生及其影響〉，頁208。
〔註22〕同註21。
〔註23〕《文獻通考》，卷四十七，轉引自註21一文。
〔註24〕同註21。
〔註25〕同註21。
〔註26〕同註21。

二、普及高等教育

宋代以降，州縣雖已設學校，然每縣不過一所，肄業其中的學生人數十分有限。而私人講學的書院，有名儒傳授理學於其間，儼然爲當時高等學術之中心。就書院的數量上而言，宋代有七十五所，元代有四十一所，明代有一百三十六所，遠比地方官學爲多。且書院肄業人數，動輒有數百人之多，亦較府縣儒學生徒爲多，故就高等教育之普及上來說，書院扮演十分重要的角色。迨至清代，其勢益顯。清代書院專重制藝科考，院生需爲生童以上，並非啓蒙教育機構，而本省府州縣學不過八十九所，所收生員不過一千八百名〔註27〕，書院之興修創建卻高達三百餘所，所收生徒人數爲官學數倍以上，故就推廣高等育來說，書院實爲最主要的機構。另外，由於書院備藏圖書供士子閱覽，對於文獻的保存與延續，也有不可磨滅的貢獻。

三、掌握民間教育大權

唐末五代以來，佛教勢力大盛。全國各地禪寺林立，不少厭於紛亂世事而欲隱居求學的儒者，乃相繼寄居佛家之地爲讀講之所，講學風氣，乃漸入佛寺之中，社會教育大權，遂爲佛寺取得。迨至書院大量設立，理學廣播於民間，一般不滿官學的學者，乃相繼往書院就讀，而不再寄身寺庵。自唐季以來即落於寺院僧侶手中的教育權，再度收歸一般平民階級的士大夫手中。而且，官學教育，大多流於課而不教，實際負擔教育功能者，仍以書院教育爲主。

第三節　社會方面

理學家講學於書院，講學宗旨容有不同，然注重學子生活的教育及人格之養成則一。他們特重學子道德之教育，凡日常生活之舉止，均須切合規矩。故書院培育出的生徒，大多爲品德高超、動靜合宜的君子。例如甬上大函焦先生書院的生徒，在其師焦瑗歿後，遵其禮法如先生無恙時。雖極貴顯著，其容止莊嚴，衣冠端肅，人之見之，不問皆知其爲先生弟子也〔註28〕。

〔註27〕此爲 1850 年之前的數字，1850 年之後有府學十一所，州學一所，廳學二所，縣學七十五所，計八十九所，生員計一八〇三名，又增額三七四名，合計二一七七名。見 Chung-li Chang, The Chinese Gentry, P.142 tab 15; p.143 tab 16。

〔註28〕全祖望，〈大函焦先生書院記〉，《鮚埼亭集》，卷十六外編。

書院學生以其醇樸和易的氣質踏入社會，對社會風氣之轉移，具有以身作則的示範作用。因此一般社會人士，皆甚尊重書院之師生，而樂於送其子弟就讀書院。如此一來，無形中又收改變民風之效。

書院師生除以人格道德來影響社會風氣之外，對社會還有多方面的貢獻：

一、教化百姓

書院之師生在出仕爲地方官時，多能施書院所授之教育於地方百姓，譬如曾主講於慈谿慈湖書院、四明碧沚書院的楊簡，在任富陽縣地方長官時，即以《論語》、《孝經》教育庶民，使民不再興訟。在調任溫州守備時，力行任卹之教，使豪富之家爭相勸勉〔註 29〕；又如黃儻爲台州州守時，致力於教育台州的百姓，遂使台州大治〔註 30〕。再則，慈谿石坡書院的桂萬榮，在任江西餘干縣尉時，也能教化其民，使民恥爲不善。〔註 31〕

二、發揚愛國精神

書院講學的師生，雖處於政治腐敗，國力衰弱之際，仍能致力提倡儒家之教，並身體力行以發揚之，激勵民間的愛國精神。例如南宋末年，麗澤書院的李誠之，爲抗金人之南犯而殉國〔註 32〕；東陽石洞書院出身的趙良淳，爲拒元兵而捐軀〔註 33〕，都是書生報國的感人行徑。

三、不畏權勢之正義精神

如金華麗澤書院的呂祖儉，不滿於韓佗冑的專權，上書於帝，以致被貶韶州〔註 34〕。在當時奸相當國，社會風氣日下的情勢下，書院師生能不向政治上的惡勢力低頭，不爲威脅利誘所動，這種正義的精神是堪爲民表率，也是維護社會綱紀的主要力量。

書院中雖也有官立的宣講聖諭式書院，沒有宿儒講學，然此類書院於每

〔註 29〕 前引葉鴻灑文，〈論宋代書院制度之產及其影響〉，頁 214。
〔註 30〕 同註 29。
〔註 31〕 同註 29。
〔註 32〕 《宋史列傳》，卷二〇八〈忠義四〉。轉引自上文，頁 215。
〔註 33〕 《宋元學案》，〈雙峰學案〉載曰：「及元兵圍城，率眾城守，元將范文虎遣使招降，先生焚書斬使者。率爲吳國定所賣，先生自縊死，其妻雍氏同縊」。
〔註 34〕 《宋史・忠義傳》。轉引自註 28 文，頁 214。

月朔望，由官吏蒞院宣講，主旨亦不外孝弟忠信之規儀。而書院之祀賢，更寓有樹立先正訓教之意義。

綜合上述三節討論，我們可作如下的結語：書院自宋代發展以來，使本省的理學得以宣揚，學派分立促成學術發展的多樣性，而且浙東學派燦爛的史學發展亦唯書院是賴，本省卓越的學術成就與發展是和書院密不可分的。就教育上來說，書院教材刺激官學的開展，影響官學的內容，書院質量之高與多，不惟使高等教育之普遍化爲可能，且負擔起實際教育之任務。此外，書院教育注重道德人格教育，且影響社會風氣，愛國愛民、不畏權勢之正義精神，亦賴書院教育之發揚。

第六章 結　論

由以上數章之討論，我們可歸納其重點如下：

一、結構方面

行政組織為二元化，山長負責生徒訓教項目，事務部門有專人作業，職權已趨分化。書院財政來源，傳統時期以田產為主，清代以來，由於社會經濟之變遷，經費內容趨於多元化，商人角色的參與、資金款項的流入，也使經費結構產生轉變，書院經費來源亦趨穩定。師資水準由於文風頗盛、待遇優渥而甚高，院生由於津貼多，學額多，使書院教儒學來得重要。

二、功能方面

書院原始功能為藏書，後來卻以教育功能最為重要。書院教學按分年日程，由生徒自行用功，山長只在旁指導及與生徒質疑辯難。此外，訓育生徒方式以山長無形人格感化和道德教育為主，再輔以學規的約束。清代書院首重制舉，故教學考課，目的不外科名，參加科舉，也是書院培育生徒的目標之一。

三、影響方面

本省書院之發展趨勢，固受社會政治變動的影響，相對的，其發展也促使社會文化產生轉變。在學術上，書院成為傳播理學的媒介，造成理學派別的分立，朱、陸、呂學及浙東學派，各依書院宣揚其學說，多樣性的內容活潑了學術文化。而清代浙東史學派為清代史學之重心，自梨洲以下的史學大家亦賴書院傳揚其史法。在教育上，書院刺激了官學內容，促使本省高等教

育趨於普遍化,實際掌握民間教育大權,負擔眞正教育功能。在社會上,書院教育提倡的道德教育,改善了社會風氣,書院師生進入社會,替社會注入愛國、正義、守法情操。

由上面的重點,吾人可再推演出如下的結論:

(一)浙江書院的發展,自宋代起即已十分興盛。其講學論理的風氣,可說開全國風氣之先。就書院數量上來說,也是全國首屈一指的。廣東書院雖在清代趨於極盛,可是宋元時期,仍不普遍,數量上相距浙江甚遠。廣東的書院制度是由外地(江西、福建)傳進去的,浙江書院之制度內容與模式卻是隨社會的發展而逐漸成形、轉變的。故就書院制度而言,浙江書院當屬全國中心之一。再就清代書院而論,詁經精舍也是開經史風氣之先,廣東學海堂的設立,以及各省類似書院的繼創,皆以詁經爲其典範。可見本省書院在發展歷程中,無論質與量,皆爲全國之先驅。

(二)書院係教育、社會的一部門,而其制度與內容,端視社會、學術與政治之本質而變遷。易言之,書院制度變動之關鍵,是隨當時社會的政治與學術之起伏而遞嬗。例如書院制度由自由的以迄干涉的變動,即受此影響。經濟條件固能影響其功能可否發揮、結構能否健全,然就其本質上之變革而言,政治與社會條件毋寧更具影響力。

(三)書院是應社會的需要而產生,其持續與發展的條件也必然與社會密切配合,故其存在自有其時代的價值。書院數百年來之能持續發展,由歷史上看來,其原因爲:

1. 能補救學校教育課而不教的缺點。

2. 培養治術人才。

3. 符合政教合一的作用。

而書院之所以沒落,也正因時代的轉變,社會需要書院的條件業已喪失,即其原有價值已難繼續存在。換句話說,外在環境的變移,使原有價值喪失,新的價值取而代之,書院因此趨於沒落。由此可見任何教育機構,必當隨社會價值、環境之變遷而有積極的因應措施,若一成不變,墨守成規,勢難逃淘汰之命運。

(四)就教育學上來說,書院教育具有三項最重要的價值:

1. 人格道德教育。

2. 尊師重道的精神。

3. 自動研究和討論的求學態度。

　　當前我國由於升學主義的作祟，使學校教育偏重學生智識上的灌輸，而忽略其道德上的陶冶。這種「教而不訓」的結果，不但使師生之間隔閡日深，學生在人格及品德上的缺陷，更容易造成嚴重的社會問題。同時，因為教學方式採取填鴨式的被動教學，也造成學生「學而不思」的弊病。教育學家們雖然針對此弊端，而提倡「導師制」的訓教方式，以及道爾頓制（Doltan Laboratory Plan）的啓發式教學，然而，吾人若能將書院教育的精神作為借鏡，相信對從事教育工作者而言，當能帶來很大的啓示。

徵引書目

一、**地方志**（因卷帙浩繁，茲以不同數碼代替不同刊本）

1. A《浙江通志》，七十二卷，薛應旂撰，明嘉靖四十年刊本。

   B《浙江通志》，五十一卷，王國安等修、黃宗羲等纂，清康熙二十三年刊本。

   C《浙江通志》，二八三卷，稽曾筠、李衛等修，清乾隆元年刊本。

2. A《杭州府志》，一○○卷，陳善等修，明萬曆七年刊本。

   B《杭州府志》，一一六卷，邵齊然等修、汪沅、邵晉涵等纂，清乾隆四十三年修，四十九年續刊本。

   C《杭州府志》，一八六卷，民國‧吳慶坻等修，民國十一年鉛印本，成文出版社影印出版（以下簡稱成文）。

3. A《錢塘縣志》，不分卷，聶心湯纂修，明萬曆三十七年修，清光緒十九年丁氏校刊本，成文。

   B《錢塘縣志》，三十六卷，魏源修、裘璉等纂，清康熙五十七年刊本。

4. 《仁和縣志》，十四卷，沈朝宣撰，明嘉靖二十八年修，清光緒十九年丁氏校刊本，成文。

5. B《海寧縣志》，十三卷，許三禮修，清康熙十四年刊本。

   C《海寧縣志》，十三卷，金鰲等修，清乾隆三十年刊本。

6. A《海寧州志》，十六卷，戰效曾修，清乾隆四十一年刊本。

   B《海寧州志》，四十三卷，朱錫恩等增修，民國十一年鉛印本。

7. A《富陽縣志》，十卷，錢晉錫纂修，清康熙二十二年刊本。

8. A《餘杭縣志》，四十卷，張吉安修、朱文藻等纂，嘉慶十三年刊本，成文。

B《餘杭縣志》，不分卷，纂修人名不詳，清光緒末年刊本。

9. A《臨安縣志》，四卷，趙民洽修，清乾隆二十四年刊本。

B《臨安縣志》，十卷，彭循堯修、黃運昌等纂，清宣統二年刊本，成文。

10. 《於潛縣志》，八卷，趙之衍纂修，清康熙十二年刊本。

13. A《昌化縣志》，二十卷，甘文蔚修、王元音纂，清乾隆十三年刊本。

B《昌化縣志》，二十卷，于尚齡修、王兆杏纂，清道光三年刊本。

C《昌化縣志》，十九卷，陳培埏等修，民國十三年鉛印本，成文。

14. B《嘉興府志》，十六卷，吳永芳修、錢以愷等纂，清康熙六十年刊本。

C《嘉興府志》，九十卷，許瑤光修、吳仰賢等纂，光緒四年刊本，成文。

15. A《嘉興縣志》，九卷，何志修、徐發等纂，清康熙二十四年刊本。

16. A《秀水縣志》，十卷，李培、黃洪憲等纂，明萬曆二十四年刊本，成文。

B《秀水縣志》，十卷，任之鼎修、范正輅纂，清康熙二十四年刊本。

17. A《嘉善縣志》，十二卷，楊廉等修、清康熙十六年刊本。

B《嘉善縣志》，十二卷，戈鳴岐修、錢元佑等纂，清雍正十二年刊本。

C《嘉善縣志》，二十卷，萬相賓纂修，清嘉慶五年刊本。

D《嘉善縣志》，三十七卷，江峰青修、顧福仁纂，清光緒二十年刊本，成文。

18. 《海鹽縣志》，二十四卷，王彬修、徐用儀纂，光緒二年刊本，成文。

19. A《石門縣志》，十二卷，鄭世培纂修、清康熙十五年刊本。

B《石門縣志》，二十七卷，耿維祐修、潘文輅纂，道光元年刊本。

C《石門縣志》，十二卷，余麗元修、譚逢時纂，清光緒五年刊本，成文。

20. A《平湖縣志》，二十卷，張力行纂修，清乾隆四十五年刊本。

B《平湖縣志》，十卷，王恆修、張誠纂，清乾隆五十五年刊本。

C《平湖縣志》，二十七卷，彭潤章修、葉廉鍔纂，清光緒十二年刊本，成文。

21. A《桐鄉縣志》，五卷，徐秉元修、仲宏道纂，康熙十七年刊本。

B《桐鄉縣志》，十二卷，李廷輝修、徐志鼎纂，嘉慶四年刊本。

C《桐鄉縣志》，二十八卷，嚴辰撰，光緒十三年刊本，成文。

22. A《湖州府志》，四十八卷，胡承謀纂修、李堂增修，乾隆四年修。

B《湖州府志》，九十七卷，宗源翰修、周學濬纂，同治十三年刊本，成文。

23. A《烏程縣志》，十六卷，羅愫修、杭世駿纂，乾隆十一年刊本。

B《烏程縣志》，三十二卷，汪日楨纂修，光緒七年刊本。

24. A《歸安縣志》，十卷，姚時亮等修、嚴經世等纂，康熙十二年刊本。
    B《歸安縣志》，五十三卷，陸心源修、丁寶書纂，光緒八年刊本，成文。

25. A《長興縣志》，十三卷，譚肇基修、吳萊纂，乾隆十四年刊本。
    B《長興縣志》，三十二卷，趙定廷修、丁寶書纂，同治十三年刊本。

26. A《武康縣志》，八卷，劉守成纂修、乾隆十二年修，四十四年補刊本。
    B《武康縣志》，二十四卷，疏篔纂修，清道光九年刊本。

27. A《德清縣志》，十卷，侯元棐修、陳後方等纂，康熙十二年刊本。
    B《德清縣志》，十卷，周紹濂修、蔡藥榜纂，嘉慶十三年刊本。
    C《德清縣志》，十四卷，王化任修、程森纂，民國十二年刊本。

29. A《孝豐縣志》，十卷，羅爲賡修、張暹等纂，康熙十二年刊本。
    B《孝豐縣志》，十一卷，劉濬修、潘宅仁纂，光緒五年刊本，成文。

30. A《寧波府志》，四十二卷，張時徹撰，明嘉靖間刊本。
    B《寧波府志》，三十七卷，曹秉仁修、萬經纂，清雍正七年刊本，成文。

31. A《鄞縣志》，三十一卷，錢維喬修、錢大昕纂，乾隆五十三年刊本。
    B《鄞縣志》，七十五卷，張恕修、董沛沛纂，光緒三年刊本。
    C《鄞縣志》，不分卷，不著纂修人名氏，民國二十四年刊本，成文。

32. B《慈谿縣志》，十六卷，楊正荀修、馮鴻模纂，雍正八年刊本，成文。
    C《慈谿縣志》，五十六卷，馮可鏞修、楊泰亨纂，光緒二十五年刊本，
      成文。

33. A《奉化縣志》，十五卷，曹膏等修、陳琦纂，乾隆三十七年刊本。
    B《奉化縣志》，四十一卷，李前泮修、張美翊纂，光緒三十四年刊本，
      成文。

34. A《鎮海縣志》，九卷，王夢弼修、周樽纂，乾隆十七年刊本。
    B《鎮海縣志》，四十卷，于萬川修、俞樾纂，光緒五年刊本，成文。
    C《鎮海縣志》，四十五卷，洪錫藩纂修，民國二十年鉛印本。

35. A《象山縣志》，十二卷，史鳴皋修、姜炳璋等纂，乾隆二十三年刊本。
    B《象山縣志》，三十三卷，李涐修、陳漢章纂，民國十五年鉛印本，成
      文。

37. A《定海縣志》，八卷，繆燧修、陳於渭纂，康熙五十四年刊本。
    B《定海縣志》，六卷，陳訓正修，民國十三年鉛印本，成文。

38. 《定海廳志》，三十一卷，史致訓修、陳威纂，光緒十年刊本。

39. B《紹興府志》，六十卷，俞卿修、周徐彩纂，康熙五十七年刊本。
    C《紹興府志》，八十一卷，李亨特修、平恕纂，乾隆五十七年刊本。

40. B《山陰縣志》，三十八卷，高登先修、高基重纂，康熙十年刊本。
　　C《山陰縣志》，三十一卷，徐元梅修、朱文翰纂，嘉慶八年刊本。

41. 　《蕭山縣志》，三十五卷，彭延慶修、楊鐘義纂，民國二十四年鉛印本，成文。

42. A《諸暨縣志》，三十七卷，沈椿齡修、樓卜瀍纂，乾隆三十八年刊本。
　　B《諸暨縣志》，六十卷，陳遹聲纂，宣統三年刊本。

43. B《餘姚縣志》，二十九卷，邵友濂修、孫德祖纂，光緒二十五年刊本。

44. B《上虞縣志》，十四卷，崔鳴玉修、李方湛等纂，嘉慶十六年刊本。
　　C《上虞縣志》，五十卷，唐煦春修、朱士黻纂，光緒十七年刊本，成文。
　　D《上虞縣志校續》，五十四卷，儲家藻、徐致靖纂，光緒二十四年刊本，成文。

45. B《嵊縣志》，二十八卷，嚴思忠修、蔡以瑺纂，同治九年刊本，成文。
　　C《嵊縣志》，三十三卷，牛蔭麐修、丁謙纂，民國三十三年鉛印本，成文。

46. A《新昌縣志》，十八卷，劉作楳修、呂曾枎纂，康熙十年刊本。
　　B《新昌縣志》，二十卷，金城修、陳畬纂，民國八年鉛印本，成文。

47. B《會稽縣志》，二十九卷，呂化龍、王元臣等纂修，康熙十二年刊本。
　　C《康熙會稽縣志》，紹興修志委員會校刊，民國二十五年鉛印本。
　　D《道光會稽志稿》，三冊，紹興修志委員會校刊，民國二十五年鉛印本。

48. 　《紹興縣志資料第一輯》，不分卷，紹興修志委員會纂修，民國二十六年鉛印本。

49. B《台州府志》，一○○卷，王舟瑤纂，光緒二十五年刊本。
　　C《台州府志》，一四一卷，喻長霖纂，民國二十五年鉛印本，成文。

50. A《臨海縣志》，十六卷，洪若皋纂修，康熙二十二年刊本。
　　B《臨海縣志》，四十三卷，張寅修、何奏簧纂，民國二十四年刊本，成文。

51. A《黃巖縣志》，八卷，劉寬修、平遇等纂，康熙三十八年刊本。
　　B《黃巖縣志》，四十一卷，陳鍾英修、王詠霓纂，光緒三年刊本，成文。

52. 　《天台縣志》，十五卷，李德耀纂修、康熙二十三年刊本。

53. A《仙居縣志》，三十卷，鄭錄勳修、張徽模纂，康熙十九年刊本。
　　B《仙居縣志》，二十五卷，王壽頤修、王棻纂，光緒二十年，成文。

54. A《嘉慶太平縣志》，十九卷，慶霖修、戚學標纂，嘉慶十五年刊本。
　　B《光緒太平縣續志》，十九卷，陳汝霖修、王棻纂，光緒二十年刊本。

55. B《寧海縣志》，十三卷，崔秉鏡修、華大琰等纂，康熙十七年刊本。

C《光緒寧海縣志》，二十五卷，王瑞成修、張濬纂，光緒二十八年刊本，成文。

56. B《衢州府志》，四十卷，楊廷望修，康熙五十年刊本，成文。

57. A《西安縣志》，四十九卷，姚寶烓修，嘉慶十六年刊本，成文。

B《衢縣志》，三十一卷，鄭永禧纂，民國十五年刊本。

58. A《龍游縣志》，十三卷，盧燦修、余恂等纂，康熙十二年刊本。

B《龍游縣志》，四十四卷，余紹宋撰，民國十四年刊本，成文。

59. A《江山縣志》，十八卷，宋成綏修、陸飛纂，乾隆四十一年刊本。

B《江山縣志》，十四卷，王彬修，同治十二年刊本，成文。

60. A《常山縣志》，十三卷，孔毓璣等纂修，雍正二年刊本。

B《常山縣志》，十三卷，陳蛙修、徐始搏等纂，嘉慶十八年刊本。

C《常山縣志》，七十卷，李瑞鍾等纂修，光緒十二年本，成文。

61. A《開化縣志》，十卷，孫錦修、方嚴翼等纂，雍正七年刊本。

B《開化縣志》，十二卷，范玉衡修，乾隆六十年刊本。

62. A《金華府志》，三十卷，王懋德等修、明萬曆六年刊本。

B《金華府志》，三十卷，張薲修、沈麟趾等纂，康熙二十二年刊本，成文。

63. B《金華縣志》，十卷，王治國修、趙泰蛙增修，康熙十二年修、三十四年增刊本。

C《金華縣志》，十七卷，鄧鍾玉修、光緒二十年刊本，成文。

64. B《蘭谿縣志》，二十卷，張許修、陳鳳舉纂，嘉慶五年刊本。

C《光緒蘭谿縣志》，九卷，秦簧等修、唐壬森等纂，光緒十四年刊本，成文。

65. 　《東陽縣志》，二十三卷，胡啓甲等修、趙衍纂，康熙二十年刊本。

66. A《義烏縣志》，二十卷，韓慧基纂修，雍正五年刊本。

B《義烏縣志》，二十三卷，諸自穀修、程瑜等纂，嘉慶七年刊本，成文。

67. A《永康縣志》，十六卷，沈藻修、朱謹纂，康熙三十七年刊本。

B《永康縣志》，十七卷，李汝爲等修，潘樹棠等纂，光緒十八年刊本，成文。

68. 　《武義縣志》，十二卷，張營堠修、周家駒纂，嘉慶九年刊本。

69. A《浦江縣志》，二十卷，薛鼎銘修、胡廷槐纂，乾隆四十四年刊本。

B《浦江縣志》，十六卷，黃中璠等修、光緒二十年修，民國五年重印本。

70. A《湯谿縣志》，十卷，陳鍾靈纂修、乾龍四十八年刊本。

B《湯谿縣志》，二十一卷，丁燮等修、戴鴻熙等纂，民國二十年鉛印本，成文。

71. B《嚴州府志》，三十九卷，吳士進纂，光緒九年增修重刊本，成文。

72. A《建德縣志》，十卷，王賓纂修，乾隆十九年刊本。

B《建德縣志》，二十一卷，周興嶧修、嚴可鈞等纂，道光八年刊本。

C《建德縣志》，二十二卷，謝仁澍等修、俞觀旭等纂，光緒十六年刊本。

D《建德縣志》，十六卷，夏曰墩等修、王韌等纂，民國八年刊本，成文。

73. A《淳安縣志》，十六卷，劉世宵纂修，乾隆二十一年刊本。

B《淳安縣志》，十七卷，李詩等纂修，光緒十年刊本，成文。

74. 《桐廬縣志》，十六卷，嚴正身修、金嘉琰纂，乾隆二十一年刊本。

75. B《遂安縣志》，十卷，孫斯盛修、方引彥纂，乾隆三十二年刊本。

C《遂安縣志》，十二卷，羅柏麓等修、姚桓等纂，民國十九年刊本，成文。

76. A《壽昌縣志》，十二卷，鍾沛修、陸銘一等纂，乾隆十九年刊本。

B《壽昌縣志》，十一卷，陳煥等修、李飪等纂，民國十九年刊本，成文。

77. A《分水縣志》，六卷，李藥修、王六吉纂，康熙二十二年刊本。

B《分水縣志》，十二卷，陳常鏵修、臧承宣等纂，光緒三十三年刊本，成文。

78. B《處州府志》，三十二卷，潘紹詒修，光緒三年刊本，成文。

79. A《麗水縣志》，十五卷，彭潤章修，同治十三年刊本，成文。

B《麗水縣志》，十四卷，李鍾嶽修，民國十五年刊本，成文。

80. B《青田縣志》，六卷，吳楚椿纂修，乾隆四十二年刊本。

C《青田縣志》，十九卷，雷銑修、王棻纂，光緒元年刊本，成文。

81. A《縉雲縣志》，八卷，狐亦岱修、沈鹿鳴纂，乾隆三十二年刊本。

B《縉雲縣志》，十八卷，何乃容修，光緒二年刊本，成文。

82. A《松陽縣志》，十二卷，曹立身修，潘茂才纂，乾隆三十四年刊本。

B《松陽縣志》，十二卷，支恆春等纂，光緒元年刊本，成文。

83. A《龍泉縣志》，十二卷，蘇遇龍修、沈光厚纂，乾隆二十七年刊本。

B《龍泉縣志》，十三卷，顧國詔等修，光緒四年刊本，成文。

84. A《遂昌縣志》，十二卷，王憕纂修，乾隆三十年刊本。

B《遂昌縣志》，十七卷，胡壽海等修、褚成允等纂，光緒二十二年刊本，成文。

85. A《慶元縣志》，十卷，程維伊修、吳運光纂，康熙十一年刊本。

　　B《慶元縣志》，十二卷，關學修、吳元棟纂，嘉慶六年刊本。

86. A《雲和縣志》，五卷，林汪遠修、柳之遠等纂，康熙三十一年刊本。

　　B《雲和縣志》，十七卷，伍承吉修、王士鉛等纂，同治三年刊本，成
　　　文。

87. A《宣平縣志》，十七卷，陳加儒修、雷育仁等纂，乾隆十八年刊本，成
　　　文。

　　B《宣平縣志》，二十一卷，皮樹棠等修，光緒四年刊本。

　　C《宣平縣志》，十六卷，何橫等修、鄒家箴纂，民國二十三年刊本，成
　　　文。

88. B《景甯縣志》，十六卷，周杰等修、嚴用光等纂，同治十一年刊本。

　　C《景甯縣續志》，十八卷，吳呂熙柳、柳景之等纂，民國二十二年刊
　　　本，成文。

89. 　《溫州府志》，三十一卷，李琬修、齊兆南等纂，乾隆二十五年刊本。

90. A《永嘉縣志》，二十六卷，崔錫修、施廷燦纂，乾隆二十年刊本。

　　B《永嘉縣志》，三十九卷，張寶琳修、王棻等纂，光緒八年刊本。

91. 　《瑞安縣志》，十一卷，張德標修、黃徵人纂，嘉慶十三年刊本。

92. A《樂清縣志》，八卷，徐化民修、李棟等纂，康熙二十四年刊本。

　　B《樂清縣志》，十七卷，李登雲修、陳坤等纂，光緒二十七年刊本。

93. B《平陽縣志》，九十九卷，劉紹寬等修，民國十四年刊本，成文。

94. A《泰順縣志》，十卷，朱國源修、朱廷琦等纂，雍正七年刊本。

　　B《泰順分疆錄》，十三卷，林鶚撰，光緒四年刊本，成文。

95. 　《玉環廳志》，十六卷，杜冠英等修、呂鴻燾等纂，光緒七年刊本。

二、官書及文集

1. 楊家駱主編、中國學術類編，《新唐書》，鼎文書局，民國 65 年。

2. 宋濂等撰，楊家駱主編，《元史》，鼎文書局，民國 66 年。

3. 《清朝文獻通考》，三〇〇卷，萬有文庫第二集，上海商務印書館，民國
　　25 年。

4. 劉錦藻撰，《清朝續文獻通考》，上海商務印書館出版，民國 25 年。

5. 席裕福纂，《皇朝政典類纂》，五〇〇卷、三十冊，成文出版社，民國 58
　　年。

6. 《欽定大清會典事例》，五四一卷、十九冊，台灣中文書局發行，民國
　　52 年。

7. 《嘉慶重修一統志》，台灣商務印書館發行，民國 55 年。

8. 錢儀古編，《碑傳集》，六十冊，收入沈雲龍主編，《近代中國史料叢刊》第九十三輯，文海出版社，民國 55 年。

9. 宋・張嵲撰，《紫微集》，三十六卷，欽定四庫全書集部四，收入商務印書館四庫全書珍本別輯。

10. 金履祥撰，《仁山先生金文安公集》，五卷，收入金華叢書第三十五冊。

11. 元・黃溍撰，《黃文獻公集》，十卷（補遺一卷，附錄一卷），收入金華叢書第三十九冊。

12. 明・郭鈇輯，《石洞貽芳集》，二卷（附補遺考略），收入金華叢書第七十二冊（據清同治胡鳳丹輯刊金華叢書本影印），藝文印書館百部叢書。

13. 沈德潛輯，《西湖志纂》，十二卷，見沈雲龍主編，《中國名山勝蹟志叢刊》第二輯十七冊，台北文海出版社。

14. 明田汝成撰，《西湖遊覽志》，二十四卷，收入商務印書館，四庫全書珍本五輯第九十五至一百冊。

15. 呂祖謙撰，《東萊呂太史別集》，收入《續金華叢書》，藝文印書館，民國 61 年。

16. 宋・葉適撰，《水心先生文集》，收入商務印書館，四部叢刊初論。

17. 楊家駱主編，《宋元學案》（上、中、下），中國學術名著，歷代學案第一期，世界書局。

18. 黃宗羲撰，《明儒學案》，六十二卷，列入國學基本叢書四百種，台灣商務印書館，民國 57 年台一版。

19. 全祖望撰，《鮚埼亭集》（上、下），列入國學基本叢書四百種，台灣商務印書館，民國 57 年。

20. 章學誠撰，《文史通義》，台灣中華書局印行，民國 55 年台一版。

21. 清・楊希閔撰，《王文成公年譜》，商務印書館印行，民國 70 年。

22. 李慈銘撰，《越縵堂日記》，內分六種日記：
　　(1)孟學齋日記（同治二年至五年）。
　　(2)祥琴室日記（同治七年至八年）。
　　(3)受禮廬日記（同治五年至七年）。
　　(4)息荼庵日記（同治八年）。
　　(5)桃花聖解盦日記（同治八年至光緒五年）。
　　(6)荀學齋日記（光緒五年至十五年）。

23. 清・李元度纂，《清朝先正事略》，六十卷、四冊，收入《近代中國史料叢刊》第二輯，台北：文海出版社。

24. 盛康輯，《清朝經世文編續編》，一二○卷，台北：文海出版社，民國 62 年。

25. 《光緒癸巳科浙江鄉試同年齒錄》，收錄於中央研究員傅斯年圖書館。

26. 《光緒丁酉科浙江鄉試同年齒錄》，收錄於中央研究員傅斯年圖書館。

三、專書與論文

1. 盛朗西，《中國書院制度》，華世出版社，民國 66 年台一版。

2. 劉伯驥，《廣東書院制度》，國立編譯館中華叢書編審委員會印行，民國 67 年。

3. 陳青之，《中國教育史》，台灣商務印書館，民國 52 年。

4. 陳東原，《中國教育史》，台灣商務印書館，民國 52 年。

5. 胡美琦，《中國教育史》，台灣三民書局，民國 67 年。

6. 謝國禎，《近代書院學校制度變遷考》，收入《近代中國史料叢刊》六五一種，台北：文海出版社。

7. 梁啓超，《中國近三百年學術史》，台灣中華書局，民國 64 年台八版。

8. 李國祈，《中國現代化的區域研究——閩、浙、臺地區 1860～1916》，中央研究院近代史研究所專刊四十四，民國 71 年。

9. 吳緝華，《明代社會經濟史論叢》（上），台北：學生書局，民國 59 年。

10. 黎傑，《清史》（上），九思出版社，民國 67 年台一版。

11. 《清史》（第二冊），國防研究院，民國 50 年台一版。

12. 曾仰豐，《中國鹽政史》，中國文化史叢書，上海商務印書館，民國 26 年四版。

13. 田秋野、周維亮合編，《中華鹽業史》，台灣商務印書館，民國 68 年。

14. 蕭忠國，《訓導原理與實施》，國立編譯館出版，民國 60 年。

15. 張鍪，〈詁經精舍志初稿〉，《文瀾學報》二卷一期。

16. 葉鴻灑，〈論宋代書院制度之產生及其影響〉，《國立編譯館館刊》二卷三期，西元 1973 年 12 月。

17. 陳道生，〈書院制度之源流〉，《思與言》一卷四期，民國 52 年 8 月。

18. 張正藩，〈中國書院制度的興起及其對於學術的影響〉，《中華文化復興月刊》四卷九期。

19. 吳景賢，〈紫陽書院沿革考〉，《學風月刊》四卷七期，民國 23 年 9 月。

20. 吳景賢，〈安徽書院沿革考〉，《學風月刊》二卷八期。

21. 劉真，〈宋代的學規和鄉約〉，收入《中國學術史論集》第一冊，中華文化出版事業社，民國 52 年。

22. 梁甌第，〈元代書院制度〉，《現代史學》三卷二期，民國 26 年 4 月。

23. 梁甌第，〈明代的書院制度——中國書院制度資料〉，《現代史學》二卷四

期。

24. 全漢升,〈清雍正年間的米價〉,《中央研究院歷史語言研究所集刊》第三十本上冊。

25. 全漢升,〈美洲的中國絲貨貿易〉,收入《中國經濟史論叢》第二冊。

26. 全漢升、王業鍵,《清中葉以前江浙米價的變動趨勢》,中央研究院歷史語言研究所集刊外編第四種上冊。

27. 羅炳綿,〈近代中國典當業的分佈趨勢和同業組織〉(上),《食貨月刊復刊》八卷二期,1978 年 5 月。

28. 羅炳綿,〈中國典當業的起源和發展〉,《食貨月刊復刊》八卷七期,1978 年 10 月。

29. 班書閣,〈書院藏書考〉,《國立北平圖書館館刊》,民國 25 年 5、6 月。

30. 何祐森,〈兩宋學風的地理分佈〉,《新亞學報》一卷一期。

31. 陳訓慈,〈清代浙東之史學〉,收入杜維運、黃進興編,《中國史學史論文選集》第二冊(華世出版社,民國 68 年)。

32. 何祐森,〈元代書院之地理分佈〉,《新亞學報》二卷一期。

33. 陳東原,〈清代書院風氣之變遷〉,《學風月刊》三卷五期。

34. 柳詒徵,〈江蘇書院志初稿〉,《江蘇國學圖書館年刊》第四期。

35. 曹松葉,〈宋元明清書院概況〉,《中山大學語言歷史學研究所周刊》第十卷,西元 1930 年。

36. 胡適,〈書院制史略〉,《東方雜誌》二十一卷三期,民國 24 年 12 月。

37. 劉石吉,〈明清時代江南地區的專業市鎮〉(上、中、下),《食貨月刊復刊》八卷六、七、八期,1978 年 9～11 月。

38. 張勝彥,〈清代台灣書院制度初探〉(上、下),《食貨月刊復刊》第六卷四、五期,民國 67 年。

39. 鄺世元,《中國經世史稿》,里仁出版社,民國 69 年。

四、日本書籍與論文

1. 大久保英子,《明清時代書院の研究》,東京國書刊行會,昭和 51 年。

2. 林友春,〈元明時代の書院教育〉,收入氏著,《近世中國教育史研究》,東京國土社,昭和 33 年。

3. 大久保英子,〈書院(二)——清代の書院と社會〉,收入多賀秋五郎編,《近世アジア教育史研究》,東京文理書院,昭和 41 年。

4. 多賀秋五郎編,《近世東アジア教育史研究》,東京學術書出版會,昭和 45 年。書中二篇論述:〈中國における書院の推移〉及〈清代江浙地方の書院と社會〉。

5. 中村治兵衛，〈清代山東の書院と典當〉，《東方學》十一期，西元 1955年。

五、英文論著

1. Chung-li Chang, *The Chinese Gentry: Studies on Their Role in Nineteenth-Ceutury Chinese Society*. Seattle: University of Washington Press, 1955.

2. Chung-li Chang, *The Inceme of the Chinese Gentry*. Seattle: University of Washington Press, 1962.

3. Meskill John, "Academies and Politics in the Ming Dynasty" in Charles O. Hucker ed. *Chinese Government in Ming Times -- Seven studies*. Columbia University Press, 1969.

4. Ping-ti Ho, *The Ladder of Success in Imperial China: Aspects of Social Mobility, 1368~1911*. Columbia University Press, 1962.

5. Ping-ti Ho, "The Salt Merchants of Yang-Chou: A Study of Commercial Capitalism in Eighteenth-Century China".

6. Rawsi Evelyn Sakakida, *Education and Popular Literacy in Ching China*. (Ann Arbor, the University of Michigan Press,1979).

附　錄

附錄一　書院創建表

說明：本表將浙江歷代書院創設，按年代之先後予以排列，分成書院地址、
創建者及創建性質三部分。資料來源以地方志爲主，地方志代號見徵
引書目。

年代	院名	地址	創建者	性質	備註	資料來源
宋眞宗 天僖間	鼓山書院	新昌縣西郊外鼓山	宋太傅石亞讀書處	私	39c 作石鼓書院	46B, V5, P.25b 39C, V20, P.28
仁宗 景祐間	龍山書院	建德縣拱辰門外	知州范仲淹建	官		71B, V10, P.9a 72B, V7, P.50a 72D, V6, P.21b
仁宗 慶曆間	默山書院	壽昌縣西南二里默山上	校書郎胡楚材建	官		76A, V10, P.5a 1C, V29, P.13a
仁宗 皇祐間	東山書院	永嘉縣莘蓋山上	王儒志先生講學處	私		90B, V7, P.22a 孫昭，〈重建東山書院記〉
神宗 熙寧五年	安定書院	湖州州學右傍	知州事孫官覺建	官		24B, V3, P.8a 22B, V18, P.5b 同
熙寧九年	桃源書院	鄞縣西三十里	王說講學處	私	熙寧九年神宗御書桃源書院	31C，〈輿地志〉，頁817a 31B, V62, P.12b 同
熙寧年間	瀛山書院	遂安縣西北四十里	邑人詹安闓建於山之岡	私		75C, V5, P.6b 71A, V6, P.12a 同
徽宗 崇寧間	龜山書院	餘杭縣治南	邑人建	私		2C, V16, P.23b

徽 宗 大觀間	浮沚書院	永嘉城內松台山下 雁池東	周行已建	私		90B, V7, P.32b 《宋元學案》，卷三 十二，頁 650
南宋高宗 紹興三年	華石書院	蘭谿縣洞源	刑部尚書方元若 建	官		64C, V8, P.17a
紹興間	焦徵君 講 舍	鄞縣大涵山麓	焦瑗講學處	私		31C，〈輿地志〉，頁 818a
孝 宗 乾道間	龍津書院	奉化縣東四里	士人立	私	遷廟學東偏	33B, V5, P.2b 33A, V5, P.34a 同
乾道初	麗澤書院	建德郡城	知州張栻建	官		72D, V6, P.21b
孝 宗 淳熙間	五峰書院	永康縣東五十里	朱紫陽、呂東 萊、呂子陽讀書 講學處	私		67B, V2, P.16 《古今圖書集成》， 卷一〇〇六，頁 23b 同
孝宗年間	沈端憲 講 舍	鄞縣月湖竹州	沈煥講學所	私		31C，〈輿地志〉，頁 818a
	麗澤書院	金華城光孝觀側、 旌孝門外	呂祖謙講學所	私		63C, V4, P.13a
	友成書院	東陽縣溪東	趙公藻建	私	呂祖謙講學	65, V13, P.1b
寧 宗 慶元間	丹山書院	象山縣西一里棲霞 觀之東	趙善與建	私	舊志作趙善晉誤	35B, V14, P.30a 《古今圖書集成》， 卷九八一，頁 41a
	包山書院	開化縣北三十五里 馬金包山之陽	邑紳汪浤立	私		61B, V3, P.18b
寧 宗 嘉定二年	鳳山書院	淳安縣西	陸德甫搆屋講學	私		73, V2, P.34b
嘉 定 十六年	春江書院	富陽縣廳事偏	知縣李彌高	官		7, V1, P.18b 7, V8, P.8
嘉定初	傳貽書院	石門縣治東二百四 十步	宋儒輔潛庵讀書 所	私		19C, V4, P.38b 19A, V3, P.10b 同
嘉定中	獨峰書院	縉雲縣東三十里， 仙都山獨峰山前	邑人葉嗣昌創	私		81B, V4, P.49ab
理 宗 寶慶間	慈湖書院	慈谿縣東一里慈湖 之濱				32C, V591A
	上蔡書院	仙居縣南五十里馬 鞍山下	趙必昇建	私		53B, V6, P.32b
理 宗 紹定元年	釣臺書院	建德縣城東富春山 下	知州陸子遹建	官		72D, V6, P.21b 71A, V6, P.10b
理 宗 端平三年	笏洲書院	龍泉縣南三十里	太學生趙宗瑨建	私		83B, V3, P.16a
端平間	桂山書院	龍泉縣西五十里嚴 坾	里人張奉議建	私		83B, V3, P.16a

理　宗 嘉熙間	東　萊 讀書堂	德清縣月泉亭上	知縣章鑑建	官	以祀呂東萊，後改東萊書院	27A, V3, P.8b
	美化書院	縉雲縣東六十里美化鄉二十六都	縣令陳大猷、縣尉陳實創	官		81B, V4, P.50a
理　宗 淳祐間	履齋書院	德清縣新市鎮	丞相吳潛奉勒建	官		27A, V3, P.8b
	百丈谿 書　院	昌化縣	陳澤民創	私	祀朱熹、李方子、葉采三君子	13B, V18, P.23a 13C, V15, P.19a 同
	翁洲書院	定海縣北	參政應繇讀書所	私	理宗賜書翁洲二字	37B,〈輿地志古蹟〉，頁 42b 37A, V6, P.47b 同
	柘山書院	淳安縣東合洋	黃蛻創	私	據71A, V6, P.11a在縣東龍山鄉，黃蛻即所居前山為受徒講學處	73, V3, P.33b 71A, V6, P.11a
	石峽書院	淳安縣東北三里	方蛟峰先生講學所	私	據71A, V6, P.11 及《古今圖書集成》，卷一〇一九，嚴州府部作「在縣東北五里」 73, V2, P.33b 作度宗咸淳七年賜御書石峽書院額	73, V2, P.32a 71A, V6, P.11a
宋理宗 淳祐間	五峰書院	淳安縣	黃蛻、徐夢高、徐唐佐、呂人龍讀書於此	私		73, V2, P.33b
宋理宗 淳祐間	中村書院	泰順三都庫村宅前巷口	吳子良建	私		89, V7, P.35a
	柯山精舍	去西安縣城二十里，爛柯山右	郡守游鈞建	官	據56B, V6, P.86b在淳祐間，據《古今圖書集成》，卷一〇一三，頁516，建於宋徽宗宣和間	57A, V10, P.41a 57B, V3, P.20a
淳　祐 十二年	梅溪書院	安吉州梅溪	天台郭居和建	私		28, V2, P.6b
	永嘉書院	永嘉縣城西南淵源坊	提刑王致遠資講陳南一建	官		90B, V7, P.32b
理　宗 景定三年	上蔡書院	臨海縣東湖上	郡守王華甫建	官		50B, V8, P.26b
景定四年	宣公書院	嘉興縣治東鴛鴦湖之上				15A, V2, 14C, V8, P.27a
理宗間	舊稽山 書　院	山陰縣治臥龍山西岡	吳革因建	私		40C, V19, P.9b 39C, V20, P.20b 同 39C, V25, P.24b
	甬東書院	鄞縣東三里獨善坊，補陀寺側	鄭清之建	私	理宗御賜書額	31C,〈輿地志〉，頁818b
度　宗 咸淳元年	清獻書院	西安拱辰門外二里	郡守陳蒙建	官		57A, V10, P.41ab 57B, V3, P.20b 同 56B, V12, P.20a

咸淳三年	月泉書室	浦江縣西北二里	邑令王霖龍建	官	元初升爲書院	69B, V4, P.51, 52a 69B, V4, P.56b
咸淳七年	高節書院	餘姚縣東北十五里客星山嚴子陵墓佐建	沿海制置史劉黻、邑紳何林合建	官		43B, V10, P.47a 43B, V10, P.49a
咸淳八年	朝陽書院	平陽縣	繆元德、繆程讀書處	私		93B, V10, P.1b 93B, V35, P.14
咸淳九年	岱山書院	定海縣岱山	里人魏渠等建	私	請以廢酒坊改建	37B,〈輿地志〉,頁43a 37A, V6, P.47a 同
咸淳間	明正書院	西安縣治東	郡守趙孟奎建	官		57A, V10, P.43 56B, V6, P.87a 同 56B, V12, P.20a
	宗晦書院	樂清縣東皋山麓	邑令鄭滁改建	官	府志作白鶴寺內,誤	92B, V4, P.34a
	崧山書院	江山縣長臺	邑人柴氏立	私		59, V4, P.29b
	明善書院	松陽縣西二十里	邑人葉再遇建	私	以祀朱文公	82A, V1, P.21b 1C, V29, P.30b
	登瀛書院	奉化縣南六十里松林鄉	鄉人共建	私		33B, V4, P.7a 33A, V5, P.36b
	仙巖書院	龍泉縣西五十里	邑人章公權建	私	據《古今圖書集成》,卷一〇三〇,頁 16b 作章奉權建	83B, V3, P.16a
北宋年間	會文書院	平陽縣雁蕩山	陳經正等讀書處	私	一名會邱書院,朱文公題額	98B, V10, P.1a
	陸太傅書院	山陰城西六十里牛峰寺側	陸軫建	私		40C, V19, P.10b 39C, V26, P.24b
南宋間	長春書院	歸安縣治西南竹墩村	朱熹建	私	縣志作宣教郎未弁建,今據明,唐樞「重修長春書院記」改	24B, V3, P.11a 1C, V26, P.19b
	東湖書院	鄞縣東錢湖中	陳禾築	私		31C,〈輿地志〉,頁817a
	長春書院	鄞縣城南長春門內半里高閭講堂	高憲敏公講堂	私	宋朱高氏子孫以爲功德道場,稱長春觀,後改爲庵	31C,〈輿地志〉,頁817b 全祖望,《鮚琦全集》(下)外編,V16,P.867
	楊文元公書院	鄞縣月湖碧沚	慈谿楊簡講學之所	私		31C,〈輿地志〉,頁818a
	陳侍郎講舍	鄞縣同谷	陳塤講學於此	私		31C,〈輿地志〉,頁818b 31B, V62, P.45a 同
	城南書院	鄞縣月湖汀洲			本爲樓耶講舍	31C, P.818a

	石坡書院	慈谿縣慈湖東山之麓	桂萬榮建	私		《宋元學案》，頁856；全祖望，《鮚埼亭集》外編（下）卷十六〈石坡書院記〉，頁72
南宋間	虹橋書院	定海縣城西十里	太師余天錫建	私		37B，〈輿地志〉，頁42b 37A, V6, P.47a 同
	月林書院	上虞縣五天市清風峽	經略潘時建	官	朱文公講學之地據《宋元學案》，頁250為宋慶元以前潘時建	44C, V34, P.1a 44D, V37, P.1a 39C, V20, P.27a
	溪山第一書院	臨海縣龍顧山側			朱文公親筆溪山第一區額	50B, V8, P.29a
	觀瀾書院	臨海縣金鼇山	石塈講學處	私		50B, V8, P.29a 《宋元學案》，頁527
	樊山書院	黃巖縣江北六潭山下	宋人建	私		51B, V8, P.17b
	紫陽書院	黃巖縣東西十里洪家場文昌閣				51B, V8, P.24a
	雲陽書院	太平縣天黃河頭	進士蔣彥聖建	私		54A, V5, P.14b 54A, V10, P.5a
	南塘書院	江山縣南	宋逸平和朱考亭講學所	私		59A, V4, P.26b
	濲東書院	蘭谿縣南三里鸐鶿塢	葉誕讀書處	私	高宗～孝宗年間建	64C, V5, P.17a
南宋年間	北山書院	蘭谿縣盤溪	邑人爲何文定公立	私		《古今圖書集成》，卷一○○六，頁23a
	東巖講舍	義烏縣南四十里清德里馮孝祠東	宋儒徐僑講學所	私		66B, V19, P.18a
	易峰書院	淳安縣北文昌	何潛齋建	私		73, V2, P.33b
	翰峰書院	淳安縣東雲峰	進士吳攀龍建	官	71A, V6, P.11a 作雲峰書院，在淳安縣太平鄉	73, V2, P.33b 73B, V7, P.10b
	蜀阜書院	淳安縣西招賢里	宋儒錢融堂聚徒講學所	私		73, V2, P.34a 71A, V6, P.11a 同 《宋元學案》，頁968
	梅村書院	淳安縣北奎峰	宋進士洪應高建	私		73, V2, P.34a 73, V7, P.11b
	岑山書院	壽昌縣東二十里岑山之谷	國子監丞鄭彥建	官		76A, V10, P.5a 71A, V6, P.12b 同 76B, V2, P.48a 同
	西園書院	東陽縣	蔣仕郎郭良臣築	私		《宋元學案》，頁834

南宋年間	南湖書院	東陽縣	蔣仕郎郭良臣築	私		《宋元學案》，頁834
	石澗書院	東陽縣	蔣仕郎郭良臣築	私		《宋元學案》，頁834
	介石書院	青田縣東城外介石泉之側	鄭汝諧建	私		80C, V2, P.13b
	習坎書院	青田縣	汝諧之孫建	私		80C, V2, P.13b
	城南書社	瑞安縣	陳傅良建	私	孝宗～寧宗間建	《宋元學案》，頁583
	南　塾	昌化縣覽川	通議大夫章櫓創	官	13B, V18 作章樵，誤。今據 V14, P.6 改	13B, V18, P.21b 13B, V14, P.1b
	說齋精舍	金華縣	唐說齋建	私		《宋元學案》
宋	菊坡書院	鄞縣東三十里	樞密陳卓建	官		31C,〈輿地志〉，頁818b 31B, V62, P.44a 同
	史氏鄞溪書院	鄞縣山橋北				31C, P.818b 31B, V62, P.46b
	陳侍郎講舍	鄞縣同谷	陳塤講學於此	私		31C, P.818b 31B, V62, P.45a 同
	汪隱居講舍	鄞縣西山	汪洙建	私		31C, P.818b
	怡思書院	餘姚縣四明鄉	修職郎孫一元建	官		43B, V10, P.50a 43A, V15, P.26a 同 39C, V20, P.26a 同
	淵源堂	嵊縣東曦門外	周瑜建	私		39C, V20, P.27b
	萬卷堂	新昌縣東八里石溪鄉	石待旦建	私	以貯書	46B, V5, P.24b
	師友淵源堂	新昌縣平湖村	義士陳雷建	私		46A, V12, P.3a
	南峰書院	黃巖縣寧溪南山	知高郵軍王所建	私		51B, V8, P.24a
	徐竹溪書院	天台縣東南六里溪南				52A, V15, P.3a
	志學書院	天台縣佑聖觀東				52A, V15, P.4b
	桐林書院	仙居縣西南五十五里桐林山	張震龍建	私		53B, V6, P.33a
	東嶼書院	太平縣溫嶺松山南麓	丁世雄建	私		54A, V5, P.14b
	江郎書院	江山縣江郎山上	祝維建	私		59, V4, P.29b
	集義書院	江山縣獨秀峰西	著作郎張恪等建	私		59, V4, P.29b
	清漾書院	江山縣南二十五里鎮安				59, V4, P.30b

宋	橋南書院	西安縣城中	徐載叔所建	私		陸游，《渭南文集》，卷二十一〈橋南書院記〉，中華四部叢刊初編集部〇六六，頁198
	溢東書院	蘭谿縣銅山鄉兀阜嶺	宋張澗之築	私		64C, V8, P.17b
	魯齋書院	蘭溪縣太平鄉菰塘畈望陽橋側	宋司書方永泰建	官		64C, V8, P.17a
	南園書院	東陽縣東二十里	蔣友松建	私	聚書三萬餘卷，以教其族黨子弟	1C, V28, P.6b
	萬卷書堂	桐廬縣治後	進士方愨建	私		74, V5, P.8a
	藍田精舍	桐廬縣西北四十里藍田山上	里人姚世傑讀書之所	私		71A, V6, P.12b
	金華書院	金華縣	何子應建	私		《紫微集》，卷三〈何子應金華書院寄題〉，頁56
	侯林書院	三都縣				
	梅澤塾	永嘉縣仙巖	木礪建	私		《古今圖書集成》，卷一〇二四，頁46a
	南山塾	永嘉縣帆遊鄉	鄭士華建	私		《古今圖書集成》，卷一〇二四，頁46a
	鵝峰書院	平陽縣松山之文昌嶼				93B, V10, P.7b 湯肇熙，〈吾南書院記〉
	皆山書院	玉環縣竹岡東山	尚書戴明讀書處	私		95B, V1 下, P.54a
	滴珠書院	義烏縣東三十五里華溪滴水巖下	虞復建	私		66B, V19, P.18a
元世祖至元二十四年	東湖書院	長興縣治東北二十五里蔣村	里人蔣必勝創	私		25B, V4, P.21b 25A, V2, P.26b 22B, V18, P.19b 同
至元三十一年	石門書院	青田縣石門山	廉訪分公司副司侯委縣尹王麟孫等建	官		80C, V2, P.13b
至元末	西湖書院	錢塘三賢祠石	肅政廉訪使丑的建	官		2C, V16, P.19a
成宗元貞二年	二載書院	嵊縣北一里	浙東僉事。完顏真、尹余洪建	官		45C, V5, P.38b
	和靖書院	會稽縣玉笥山				48，第一冊, P.1a 何祐森，〈元代書院之地理分佈〉，頁378
元貞中	回浦書院	黃巖縣東南五十里				51B, V8, P.24a

元貞中	回浦書院	太平縣南監			54A, V5, P.15a
成 宗 大德二年	鄞山書院	鄞縣城西五里	趙壽建	私	通志作大德三年	31C, P.820a 31B, V63, P.18b 同 1C, V27, P.3a
大德間	五雲書院	義烏縣西二十五里 五雲山下	樓如浚建	私		66B, V3
武 宗 至大二年	杜洲書院	慈谿縣西北五十里 杜湖之曲	童金創建	私	據《古今圖書集成》， 卷九八一，頁 40a 在 縣西北三十里	32B, V4, P.2b
武 宗 皇慶中	桐江書院	仙居縣西四十五里	方志道建	私		53B, V6, P.33b
泰定帝 泰定二年	東湖書院	鄞縣東三十里東錢 湖北	邑人陸居敬陸思 誠建	私		31c, P.820a 31b, V63, P.19b 同
順 帝 至元六年	魯齋書院	鄞縣城西南隅吳家	都元帥鎮南班建	官	後徙縣西一里半	31C, P.820a 31B, V63, P.20a 同
至元間	湖山書院	鎮海縣西北七十里			祀文潔黃先生	34C, V7, P.34a
至元中	安洲書院	仙居縣東二十五里	隱士翁森建	私		53B, V6, P.31a
順 帝 至正五年	黃岡書院	海寧縣東三十六里	賈執中建	私		6B, V4, P.11a 6B, V19, P.40b
至 正 二十三年	古靈書院	餘姚縣治北屯山之 陽	知州董完哲溥化 請建	官		43B, V10, P.51a 危素，〈古靈書院記〉
至 正 二十四年	文獻書院	黃巖縣委羽山	浙樞密副使劉仁 本建	官		51B, V8, P.21a
至正間	澤山書院	定海縣靈緒鄉之澤 山	元學者建	私		全祖望，《鮚埼亭集》 （下）外編，卷十 六，頁 877
	松林書院	浦江縣西十里松林 山下	集賢學士吳直方 建	官		69B, V5, P.6a
元 初	白社書院	石門縣石人涇	衛富益隱居教授 講學	私	又稱白蓮書社	19C, V4, P.45b 19C, V8, P.6a 21C, V15, P.1
	松溪書院	奉化縣東九十里松 隩	鄉士李栖筠李元 學建	私	33A, V5, P.36a 作一一 〇里，通志作縣治東 忠義鄉	33A, V5, P.36a 33B, P.7b 31C, V27, P.8b
	泳澤書院	上虞縣西溪湖東			39C, V20, P.26b 作永 澤書院	44C, V34, P.2a 44D, V37, P.2a 同
	柔川書院	黃巖縣柔極山中	黃超然之子中玉 建	私		51B, V8, P.24a
元	本心書院	鄞縣	全汝梅四子建	私		31C, P.819b 31B, V63, P.13b 同
	鄞江書院	鄞縣舊府治東南、 獅子橋之東北	邑人張式良建	私		31C, V63, P.820a 31B, V63, P.20b 同

元	謝尚書書院	鄞縣東南五里			元世祖御書「敕賜南儒書院」六字，謝尚書即謝昌元。	31C 31B, V63, P.13a
	清獻書院	平湖縣陳山				20C, V3
	廣平書院	奉化縣東六里				33A, V5, P.35a 33B, V9, P.3b 同
	蘭亭書院	山陰縣城南二十五里				40C, V19, P.10b 39C, V20, P.21b 同
	鑑溪書院	臨海縣東北一百三十里	邑人柯釄建	私		50B, V8, P.25a
元	九溪書院	黃巖縣茅畬	牟楷講學處	私		51B, V8, P.25b
	八華書院	東陽縣邑西三十五里	許彥洪建	私		62A, V10, P.16a
	仁山書院	蘭谿縣純孝鄉仁山之下	金履祥建	私		64C, V8, P.17b
	重樂書院	蘭谿縣西四十里儒源	葉克誠建	私		64C, V8, P.18b
	齊芳書院	蘭谿縣柱竿山之陽	唐良驥建	私		64C, V8, P.18a
	東明精舍	浦江縣東三十里，東門山之陽	青田尉鄭德璋創	官		69B, V4, P.66b
	四賢書院	金華縣			許謙、何基、王柏及金履祥稱金華四先生，江浙行中書省為請於朝，建立四賢書院，以奉祀事而列于學官	《新元史》，卷二三四〈列傳一三一〉，頁6b
	交川書院	平陽縣萬全鄉三都	州守周嗣德建	官		93B, V10, P.2a
	滄江書院	桐廬縣西北十五里	徐舫建	私	徐舫藏書千卷，隱居其中	71A, V6, P.12b
元　末	上葉金山書院	寧海縣南六十里，金山之麓	葉良仲讀書處	私		55C, V4, P.26b
太　祖洪武間	陳氏竟成書院	寧海縣東北七十里，沈家墺盤古	徵士陳瑞夫讀書處	私		55C, V4, P.27ab
	南山書院	縣南南山下淳安	按察副使應顯建	官		73, V5, P.34a 71A, V6, P.11b 同
憲　宗成化二年	道南書院	蕭山縣德惠祠右	知縣竇昱建	官	據《古今圖書集成》，卷九八九，頁10a 在縣西二里	41, V10, P.1a 39C, V20, P.24b 同
成　化十一年	青溪書院	淳安縣東城隍廟之東南	通判劉永寬建	官		73, V2, P.35a 71A, V6, P.11a
成　化十三年	楓山書院	蘭谿純秀鄉渡讀	尚書章懋建	官		64C, V8, P.19b

成化間	鳳山書院	淳安縣北八十里鳳山下	進士何淳建	私		73, V2, P.34b
	龍川書院	永康縣龍窟小崆峒	里人朱彥宗建	私	據《古今圖書集成》,卷一○○六,頁 23b 為縣東六十里龍窟橋下,宋狀元陳亮築	67B, V2, P.16
孝宗宏治十一年	萬松書院	仁和縣鳳山門外,南嶺上	浙江右參政周木建	官		2C, V16, P.1a 同
宏治年間	蛟池書院	淳安縣西環水左	布政使王子言建	官	據71A, V6, P.11b為縣西七十里蛟池,邑人王之言建	73, V2, P.34a 71B, V15, P.33a
宏治年間	錢塘書院	桐廬縣治北	郡守李德恢建	官		74, V5, P.7b 71B, V10, P.37b
	鹿城書院	永嘉府治東北隅	郡守鄧淮建	官		90B, V7, P.31a
	雞鳴書院	永嘉縣學文廟西	知縣林廷瓛建	官		90A, V6, P.13a 90B, V7, P.33a 同
武宗正德十二年	思賢書院	嘉善縣治東	縣丞倪璣建	官		17A, V3, P.12a
正德十五年	東湖書院	嘉興縣常豐功	屠應埈建	私	即屠康禧書院	14C, V8, P.41ab
正德間	五峰書院	永康縣東五十里	呂瑗創	私	據《古今圖書集成》,卷一○○六,頁 23b 為宋淳熙間朱紫陽、呂東萊、陳龍川等讀書處	67B, V2, P.16
	鶴山書院	青田縣十四都海西莊	主簿李徵建	官		80C, V2, P.13b
武宗嘉靖三年	水東精舍	上虞縣龍王堂故址	楊紹芳建	私		1C, V27, P.24a
嘉靖四年	織廉書院	德清縣吳羌山之陽	知縣方曰乾建	官		27A, V3, P.8a 22B, V18, P.22b
	五雲書院	縉雲縣	知縣方潤建	官		81B, V4
嘉靖七年	南山書院	鎮海縣治東	知縣周懋	官	據34A, V7, P.2a為「縣東城隍廟左十步」	34C, V7, P.32b
嘉靖八年	東泉書院	慈谿縣東	官吏建	官		32C, V14, P.46a
	羅陽書院	泰順城隍廟南地車山下				32C, V14, P.46a
嘉靖九年	天眞書院	錢塘縣天眞山麓	僉事王臣與錢德洪等	私	舊名天眞書院	2C, V16, P.20a
	正學書院	平陽縣嶺門	邑令馮彬	官		93B, V10, P.2a
嘉靖十四年	紫山書院	諸暨縣西門內紫山上	紹興府推事陳讓	官		42B, V14, P.24b 39C, V20, P.24b

嘉靖十九年	克齋講舍	西安縣府治龜峰之麓	邑民建	私	府志56B, V6, P.88b作衢麓講舍，位於郡治之北，故芙容台之東，教場之西	57A, V10, P.45b 57B, V3, P.21a
嘉靖二十年	龍渠書院	永嘉縣學文廟西	邑人王澈等	私		90B, V7, P.33a
嘉靖二十一年	赤城書院	臨海縣北白雲山麓	郡守周志偉	官	後改名正學書院	50B, V8, P.19a
嘉靖三十二年	心極書院	青田縣太鶴山	知縣李楷	官		80C, V2, P.13a
	豸山書院	景寧縣西南一里	知縣鍾夏嵩	官		88B, V5, P.40b
嘉靖三十三年	崇正書院	東陽縣城南	太學生郭天翔	私		65, V6, P.24b
	心極書院	瑞安縣崇鄉仙嚴	邑令劉畿	官		91, V2, P.53a
	慈湖書院	嵊縣北門內桃源坊	知縣吳三畏	官		45C, V5, P.42a
嘉靖三十七年	講德書院	長興縣承恩門內	知縣黃辰	官		25B, V4, P.21a
嘉靖四十一年	一庵書院	歸安縣治西北，飛英舖	御史張科行 知府張邦彥	官		24B, V3, P.10b 22B, V18, P.9a
嘉靖四十四年	興賢書院	分水縣城隍廟東	知縣徐鑑	官		77B, V4, P.18b
嘉靖間	混元書院	青田縣混元峰上	生員屬九思等	私		80C, V2, P.13a
	瑞龍書院	青田縣混元峰上	知縣徐瑛建	私		80C, V2, P.13a
	崇文書院	平湖縣報功祠	知縣陳一謙立	官		20C, V3
	吾溪書院	淳安縣西永平鄉於錢融堂故址東	藩參徐楚建	官		73B, V2, P.34a
	石龍書院	太平縣洞山	尙書黃久庵建	官		54A, V5, P.16a
嘉靖中	赤石書院	昌化縣七都赤石	大學士袁煒	官		13B, V18, P.23b
	石門書院	昌化縣西北五十里小石門	里人陳鳳書	私		13B, V18, P.22a 13A, V12, P.12b
	仰山書院	江山縣景星山	知縣黃綸	官		59B, V4, P.30b
	蓮谷書院	壽昌縣東北里許	知縣李思悅	官	1C, V29, P.13b作嘉靖三十九年	76A, V10, P.5b
	石龍書院	黃巖靈巖山	尙書黃綰	官		51B, V8, P.25a
	文毅書院	黃巖縣委羽山南	尙書黃綰	官		51B, V8, P.25a
	靈峰書院	黃巖縣邑西官奧	贈工部郎中王堂建	官		51B, V8, P.26a
	景賢書院	秀山縣陸宣公祠左				14C, V8, P.53a
	文湖書院	秀山縣聞家湖	參議沈諡	官	通志1C, V26, P.5b作聞湖書院	14C, V8, P.53a
	鳳池書院	遂昌縣湖山	知縣池浴德	官		84B, V1, P.42a

嘉靖間	南山書院	山虞縣北三十里南山	邑紳潘府建	私		39C, V52, P.4b
	養正書院	長興縣長安門內	鄉官顧應祥建	私		25B, V4, P.21b
	靜虛書院	長興縣五峰山下			大司寇顧應祥歸老地	25B, V4, P.22a
	方巖書院	太平縣方巖山北	封翰林謝世衍與弟省建	私		1C, V27, P.36a 54A, V5, P.15a
	紫陽書院	麗水府治南一里	知府高超建	官		78B, V7, P.27a
	羅山書院	瑞安縣仙巖塔前	張孚敬建	私		91, V2, P.53b
嘉靖間	仙巖書院	瑞安縣崇泰鄉仙巖塔前	大學士張孚敬建	官		1C, V29, P.21b 89, V7, P.28b
正德嘉靖間	槎湖書院	鄞縣西去鏡川書院不到十里				31C, P.821b 全氏,《鮚琦亭集》外編,卷十六,頁879
穆宗隆慶五年	獅山書院	遂安縣治東狀元台	知縣吳撝謙建	官	71A, V6, P.12a 作六年	1C, V29, P.11b 75C, V5, P.6b
隆慶六年	雞鳴書院	龍游縣儒學北二百步	知縣涂杰建	官		58A, V2, P.24a 58B, V5, P.8a 同
隆慶中	紫陽書院	定海縣城中	參將梅魁建	官		37A, V6, P.47b 37B,〈輿地志〉,頁44a
萬曆五年	鳳鳴高閣書院	桐盧縣桐君山	知縣李紹賢建	官		74, V6, P.8a 71A, V6, P.12b
	新建書院	青田縣	知縣梅時雨	官		80C, V3, P.13a
萬曆六年	崇正書院	景寧縣東一里	知縣林喬松	官		88B, V5, P.42b
萬曆七年	相圃書院	遂昌縣瑞山之麓	知縣鍾宇淳建	官		84B, V1, P.33a
萬曆十年	艇湖書院	嵊縣東隅	邑人王嘉相	私		45C, V5, P.42b
萬曆十五年	鹿山書院	嵊縣城內鹿山之椒	鹿山八士等創	私		45C, V5, P.42a
萬曆十七年	崇正書院	金華縣旌孝門外	郡守張朝瑞	官		63C, V4, P.13b
萬曆二十二年	南明書院	麗水縣圭山文昌閣東	知府任可容	官		79B, V2, P.24b 79B, V7, P.27a
	緱城書院	寧海縣治東南三百步崇聖觀蓋基	令王演疇	官		55C, V4, P.16b
萬曆二十九年	海門書院	嵊縣鹿山書院前	周汝登	私		45C, V5, P.42b
萬曆三十一年	仁文書院	嘉興縣三塔東百步	知府車大任知縣鄭振先	官	15A, V2, P.13a《古今圖書集成》,卷九六〇,頁5a皆作推官曹光德建	14C, V8, P.28b

萬曆三十二年	聚奎書院	象山縣儒學南	邑令周官	官		35B, V14, P.30a 35A, V5, P.18a
萬曆三十三年	文明書院	東陽縣西門內	邑令郭一諤	官		65, V6, P.28a
萬曆三十四年	箬溪書院	長興縣金蓮塔院之右子山之陽	知縣鍾宇淳建	官	22B, V18, P.19a 作萬曆三十一年	25B, V4, P.23a
萬曆三十六年	虎林書院	錢塘清河坊北				2C, V16, P.20b
萬曆四十三年	復初書院	餘姚勝歸山劉將軍廟前				43B, V10, P.51b
	文昌書院	浦江縣文廟左				69B, V4, P.59b
萬曆間	復初書院	東陽縣學西南	邑令趙善政	官		65, V6, P.28a
	松源書院	慶元縣西隅興賢坊	義民吳詔	私		85A, V2, P.8a
	會文書院	建德拱宸門外，烏龍山椒	知府陳靜庵	官		72D, V6, P.24a
	賓興書院	淳安縣西西湖上	縣令蕭元岡	官	舊名鹿鳴書院 71A, V6, P.11b 作縣西印月池北	73B, V2, P.35a
	龍山書院	淳安縣東二里	進士方學龍	私		73B, V2, P.34b
	瓊林書院	淳安縣東玉帶山左	進士方學龍	私	據71A, V6, P.11b 作邑令李光德建	73B, V2, P.34b
	開元書院	武康縣獅山之嶺	知縣王懋中	官		26B, V8, P.56a
	正學書院	錢塘縣西冷橋側	浙商建	私		2C, V16, P.21b
	崇文書院	錢塘縣棲霞嶺之陽	鹽商	私		2C, V16, P.6b
	魁峰書院	平陽荊溪白米巖下	西塘葉逢春	私		93B, V10, P.2b
	定志書院	西安縣學右				57A, V10, P.44a 56B, V6, P.90a
	屏山書院	昌化縣學村莊	鄭德明	私		13B, V18, P.23b
崇禎十年	鶴湖書院	嘉善縣北城外，柳州亭東北隅	知縣李陳玉建	官		17D, V5, P.32b
崇禎十二年	姚江書院	餘姚縣南城東南隅巽水門內，縣南五里半霖	邑人沈國模，史孝咸講學處	私		43B, V10, P.25b 《古今圖書集成》，卷九八九，頁10a
崇禎十四年	正心書院	桐鄉惠雲寺西南隅				21B, V2, P.19a 14C, V9, P.44b
崇禎年間	保滋書院	烏程縣縣學射圃南				23B, V2, P.22a 《古今圖書集成》，卷九八九
	尊經書院	歸安縣治北元妙鋪			陳以誠生祠改建	24B, V3, P.11a 24B, V5923b

崇禎年間	雲起書院	淳安縣東雲峰	進士吏科給事中吳希哲	私		73, V2, P.34b 73B, V7, P.16b
崇禎末年	高山書院	淳安縣城隍廟左	縣令高秉衡建	官		73, V2, P.34b 73B, V7, P.16b
	霞舟書院	長興縣箬溪石	諸生建	私	爲令吳鍾巒建	25B, V4, P.31a
明　代	楓林書院	龍游縣南西十里	督學方應祥生徒會文處	私		58A, V2, P.25b
	三益書院	江山縣寶成寺後	徐東溪講學處	私		59, V4, P.30b
	景濂書院	江山縣石門	周二峰建	私		59, V4, P.30b
	留齋書院	江山縣石門	趙方泉建	私		59, V4, P.30b
	崇正書院	東陽縣東北三里	知縣吳翰詞建	官		62A, V10, P.16a
	香山書院	蘭谿縣香山寺側	章品讀書處	私		64C, V8, P.18b
	漁石書院	蘭谿縣城東聖壽寺左雲山麓	唐龍讀書處	私		64C, V8, P.18b
	太雲書院	蘭谿縣儒學東	徐用檢建	私	爲講學所	64C, V7, P.19a
	仙居書院	淳安縣南遼深洞嶺畔	南文毅建	私		73, V2, P.34a 71A, V6, P.11b
	如春書院	桐盧縣治東	姚文敏公夔建	私		74, V5, P.8a
	石泉書院	壽昌縣	李鼎建	私		76B, V8, P.12b 76A, V7, P.13b 同
	鶴溪書院	景寧縣承恩門內外地	知縣姜師閔建	官	原係府公館	88B, V5, P.42a
	三勝書院	景寧縣行春門外	知縣角韶建	官		88B, V5, P.42b
	華陽書院	瑞安縣仙巖寺左	王叔果兄弟	私		89, V7, P.28b
	芙容書院	永嘉縣習禮坊開元寺中	邑人侍郎王瓚讀書處	私		90B, V7, P.33a 90A, V6, P.13a
	羅峰書院	永嘉縣五都姚溪	邑人大學士張孚敬讀書處	官	嘉靖時入相，奉敕建院改名敕建貞義書院	90B, V7, P.33b
	雁山書院	樂清縣西內谷	邑紳朱守宣建	私		92B, V4, P.35a 92A, V2, P.14a 同
	馬嶼書院	樂清縣馬嶼山側	章恭毅讀書處	私		92B, V4, P.35b
	南屏書院	樂清縣大邑西白嶼	高襄簡建	私		92B, V4, P.35b
	招賢書院	樂清縣城西門外	何白讀書處	私		92B, V4, P.37b
明　初	橫溪南山書院	鄞縣橫溪	僉事黃孟清築	官		31C, P.822a 全祖望，《鮚埼亭集》外編，卷十六，頁877
明	兩峰書院	錢塘縣湧金門外	刑部尚書洪鍾建	官		2C, V16, P.21b 《西湖遊覽志》，卷三〈南山勝蹟〉，頁1b

明	綠槐書院	石門縣玉溪鎮東三里	玉之建	私		14C, V9, P.38b 19C, V4, P.45b
	介庵書院	平湖縣治東南案山	總督胡宗憲	官		20C, V3
	鏡川書院	鄞縣治北	侍郎楊麟洲建	官	爲其父楊文懿公築	31C, P.822a 全氏，《鮚埼亭集》外編，卷十六，頁878
	戢里書院	山陰縣治東北三里，戒珠寺後山嶺	劉忠介、劉宗周會於此	私		40C, V19, P.8a 39C, V20, P.19a 同
	陽和書院	山陰縣臥陽山之陽	朱賡、羅萬化讀書所	私		40C, V19, P.10b 39C, V20, P.21b 同
	中峰書院	上虞縣東山兩胱間臨池水	董玘建	私		44C, V34, P.5a 44D, V37, P.4b 同 39C, V20, P.26b 同
	長春書院	嵊縣北門外	邑州倅尹如度建	官		45C, V5, P.42b 1C, V27, P.26a
	證人書院	府治東南三里捨子橋下屬會稽縣	劉宗周建	私		48，第一冊會稽之部〈學校志〉，頁1b 39C, V20, P.22a 同
	念齋書院	會稽縣陶堰	郡人陶允宜	私		1C, V27, P.17b
	康洲書院	會稽縣陶堰	郡人羅光鼎	私		1C, V27, P.17b
	白雲書院	臨海縣府後龍顧山	檢討陳璲建	官		50B, V8, P.30b
	丹書院	臨海縣龍顧山	陳恭愍建	私		50B, V8, P.30b
	崇正書院	臨海縣巾子麓	侍郎金黃亭建	官		50B, V8, P.30b
	白象書院	臨海縣西三十里，象鼻巖	太僕王士性建	私		50B, V8, P.30b
	南衡書院	臨海龍顯山	主事陳錫建	私		50B, V8, P.31a
	東湖書院	平陽縣城東門外				93B, V10, P.2b
	蓼溪書院	仙居縣西三十里田市之南	刺史吳炳庶建	官		53B, V6, P.33a
順治八年	義田書院	鄞縣治西南、月湖西廣盈倉基	海道副使王爾祿	官	31B，卷九書院，頁30b作順治十年	31C,〈輿地志〉，頁823b
順治九年	名賢書院	武康縣儒學東	知縣吳道煌	官		26B, V8, P.56a
順治十四年	懷棠書院	淳安縣	合邑士民	私		73A, V2, P.35b
順治年間	桐蔭書院	金華縣八詠門東				63C, V4, P.12b
	綠芸書院	瑞安縣城東廣福寺北	教諭沈肇基	官		91, V2, P.53b

康熙七年	甬上證人書院	鄞縣城西管村萬氏白雲莊	黃宗羲講學於此	私	即日證人講會，又見全祖望，《鮚埼亭集》（下）外編，卷十六〈甬上證人書院記〉，頁8807	31C，〈輿地志〉，頁823a
康熙十三年	正學書院	海寧縣縣治東	知縣許三禮	官		6B, V4, P.11a 2C, V16, P.22a 同
康熙十八年	德造堂書院	臨海縣府庠西	郡守鮑復泰	官		50B, V8, P.32a
康熙十九年	育才書院	黃巖縣縣治東大井頭	縣令張思齊	官	俗稱樊川書院	51B, V8, P.26b
康熙二十一年	來學書院	永康縣縣治西三十步城隍廟堂之東偏	知縣謝雲從創	官	通志作綠野書院	67B, V2, P.15 1C, V28, P.10b
	青霞書院	西安縣拱城門外去縣治五里與清獻相望	里人爲大學士武定李文襄公之芳	私	57A, V10, P.44a 作爲十二年，誤改爲二十一年	57A, V10, P.44a 57B, V8, P.22a
康熙二十四年	敬一書院	錢塘縣孤山	巡撫趙士麟	官		2C, V16, P.19a
康熙三十年	錦溪書院	奉化縣鸑宮東	縣令施剔曾	官		33C, V9, P.5a 33A, V5, P.36a 同
康熙三十一年	滋蘭書院	金華縣北三隅距縣東二里	知縣趙泰甡	官		63C, V4, P.13b
	桐江書院	桐廬縣治北城隍廟東	知縣薛景瑩	官		74, V5, P.9a
康熙三十二年	清惠書院	蕭山西馬埠南蕭山之麓			府志作十二年誤（39C, V20, P.24b）	41, V10, P.1a 1C, V27, P.10、1b 同
康熙三十六年	育才書院	鄞縣城南醋務橋西	知府高啓桂	官		31C，同前，P.824a 31b, V9, P.32b 同
康熙四十二年	柴陽書院	錢塘紫陽山麓	運司高熊徵	官		2C, V16, P.9b
康熙四十七年	愛蓮書院	西安縣郡治南、峥嶸嶺	知府楊廷望	官		57A, V10, P.42a 57B, V3, P.23b 同
康熙五十年	鶴亭書院	永康縣華溪西津渡之陽	知縣姬筆燕	官		67B, V2, P.15a
	西山書院	永康縣華溪西津渡之陽	知縣姬筆燕	官		67B, V2, P.15b
康熙五十一年	紫陽書院	義烏縣十九都清溪	朱文公裔孫建	私		66B, V8, P.32b 1C, V27, P.29b
康熙五十二年	近聖書院	臨海縣府庠西南隅	郡守張聯元	官	浙江通志作康熙五十六年建	50B, V8, P.32b 1C, V27, P.29b
康熙五十五年	鴛湖書院	嘉興縣郡學東	郡守吳永芳	官		15A, V2 14C, V8, P.29b

康　熙 五十六年	觀海書院	山陰縣文午村海塘上	鄉民合建	私		40C, V19, P.10b 39C, V20, P.21a
康　熙 五十八年	文淵書院	建德縣府學東，即分守道舊址	知府吳昌祚	官		72D, V6, P.24b 72B, V7, P.50a 同 72A, V6, P.11a 同
	觀成書院	海鹽縣	知縣梁澤	官		18, V11, P.23a
	崇正書院	鎮海縣江山西管鄉	知縣田長文	官		34, V7, P.35b
康　熙 六十年	舊定院 書　院	常山縣縣治東偏	知縣孔毓機	官		60C, V32, P.13b 60A, V3, P.18b 同
康　熙 六十一年	松陵書院	上虞縣縣西嵩鎮之北	郡守俞卿	官		44D, V37, P.4a 44C, V34, P.5a 同
康熙間	嶧山書院	在縣城介石堂後	邑令甘國輔	官		51B, V7, P.10b
	朱公書院	錢塘孤山北	大學士朱軾	官		2C, V16, P.21a
	東山書院	海寧縣審山妙智院左	許汝霖	私		6B, V4, P.11a 2B, V16, P.22a 同
	蓉浦書院	定海縣義學後河之北畔	諸生黃灝籌建	私	明大學士張肯堂雪交亭故址	37B,〈輿地志〉，頁44a 38, V18, P.28a 同
	延陵書院	定海縣舊鎮署東	兵弁建	私	後又稱提督書院	37B, P.44a 38, V18, P.29a
	東湖書院	臨海縣城東崇和門外東湖	郡士合建	私		50B, V8, P.21a
	南陽書院	錢塘縣錢塘門外	督學彭始博與諸生講學處	官		2C, V16, P.21b
	呂公書院	平湖縣南門外	知縣呂猶龍	官		20C, V10, P.4a
	豐樂書院	餘姚縣龍泉山	士民所建	私	爲郡守李公鐸建	43B, V10, P.15b
	東山書院	淳安縣茶坡	進士方瑞合讀書講學處	官		73, V2, P.35b 71A, V6, P.12a 73B, V7, P.16b
	上林書院	奉化縣東南六十五里大脈隩	邑人改置	私	創始無考（惟康熙年間已知其存在，雍正年間尚存）。由林姓香火院改建	57A, V10 57B, V3, P.2b 33B, V9, P.8a
	松泉書院	縣西二十五里	邑人毛士儀建	私		75C, V5, P.7a
雍正六年	柏林書屋 書　院	平湖縣學門內東	邑人胡紹泉等	私		20C, V3
雍正七年	雅峰書院	景寧縣石印山後舊儒學右	知縣汪士璜購民地	官	即雅峰舍，又名大小義學	88B, V5, P.31b
雍正間	鹿鳴書院	嵊縣城隍嶺下	知縣張泌	官	貢士喻恭復建 45C, V5, P.42b	45B, V9, P.10a
	漱芳書記	義烏縣北四十里	邑人陳雲荃	私	由大陳義學改建	66B, V3, P.33a

乾隆二年	涵香書院	江山縣學之右，尊經閣前	知縣宋雲會	官		59A, V4, P.31a
	魏塘書院	嘉善縣城東南隅大安坊	知縣張聖訓	官	舊爲程氏別業	17D, V5, P.32b
乾隆三年	近思堂書院	武義縣新司之西偏	邑令張人崧	私	建爲士子講肄之所	68, V4, P.20b
乾隆四年	環山書院	玉環縣廳治西南	同知張在浚	官	捐廉建，舊爲義學	95, V7, P.46b
	九峰書院	平湖縣乍浦南門內	海防同知林緒光	官	乾隆三十八年，改名觀海書院	20C, V3
乾隆四年	承澤書院	上虞縣學宮東側	知縣邱兆熊	官		44D, V37, P.4b 44C, V34, P.5a 同 39C, V20, P.26b 同
乾隆六年	西廓定陽書院	常山縣西門內沙士敦	邑人詹兆麟捐貲	私		60C, V32, P.14a
乾隆七年	對峰書院	慶元縣豐山門外文廟之左	知縣鄒儒	官		85A, V2 85B, V4, P.19a
乾隆八年	蛟川書院	鎮海縣梓陰山下	知縣楊玉生	官	由羅漢堂改建而來：以祀沈端憲公、黃文潔公，後改名鯤池書院	34, V7, P.36a
	古桃書院	安吉縣州治西	知府劉薊植	官	劉薊植「創建書院碑記」作城之西南隅。見 28，卷十四〈藝文上〉，頁 125a	28, V2, P.6b
乾隆九年	東壁書院	臨海縣縣西二十里	邑人僉事洪若皋	私	又據洪志潘震雷記	50B, V8, P.31a 50B, V8, P.31b
	從公書院	永康縣鶴亭書院旁（即華溪西津渡之陽旁）	知縣黃宏	官		67B, V2, P.15
	信成書院	餘姚縣	知縣蔣允	官	舊爲劍江庵	43B, V10, P.53a 43A, V15, P.26b 同
乾隆十二年	前溪書院	武康縣懷安門外，在縣學西	知縣劉守成	官	一名周公書院，以祀周公忠毅（武康令）	26B, V8, P.56a 22B, V18, P.24b
乾隆十三年	昆陽書院	平陽縣嶺門		官	舊爲白蓮堂，係明科給事中鮑輝家塾遺址，裔孫鮑王甫於十三年獻爲義學	93B, V10, P.2b
	筆花書院	蕭山縣縣北里許	知縣黃鈺及邑人陸巡	官	咸豐辛西之變，屋宇皆燬	41, V10, P.1a 39C, V20, P.24a 同
乾隆十四年	壺峰書院	武義縣	邑令汪正澤	官	改察院公爲書院	68, V4, P.20b
乾隆十五年	鶴嶠書院	臨海縣東南鄉桃渚		官		50B, V8, P.26a
	當湖書院	平湖縣南門內陸清獻公祠後	知縣閻公銑改置監主張嵊捐貲	官	遷崇文書院改置	20C, V3

乾　隆 十六年	德潤書院	慈谿縣	知縣陳朝棟	官	雍正初，知縣張淑郿 始設義塾	32C, V5, P.14a
	南明書院		知縣曹鑒暨紳士	官	售西雲庵基立書院， 又稱振文書院	46B, V5, P.24b
乾　隆 十八年	清溪書院	德清縣學門左文昌 祠後	知縣李方榕	官		27B, V2, P.2b 22B, V18, P.22b
	纓水書院	象山縣縣治西	邑令尤錫章	官	以蓬萊書院故址改建	35B, V14, P.31a
乾　隆 十九年	愛山書院	歸安縣府治西	知府李堂	官	即通判署廢址建	22B, V18, P.7b
	鶴鳴書院	太平縣城東南偶儒 學左	知縣左士吉	官	以前有鶴鳴山取爲院 名	54A, V5, P.6a
乾　隆 二十年	龍山書院	太平縣新河城北隅 山下	紳士沈敬簡等請 於邑侯左更	私	明季爲五龍書院，清 爲僧佔後改爲書院	54A, V5, P.14a
乾　隆 二十三年	正誼書院	青田縣舊在劉公祠 側	知縣張日監	官		80C, V2, P.12a
乾　隆 二十四年	中山書院	永嘉縣府治東北隅	知府李琬興	官		90B, V7, P.26a
乾　隆 二十五年	龍山書院	餘姚縣龍泉山	知縣劉長城	官		43B, V10, P.29b 39C, V20, P.25a 同
乾　隆 二十六年	毓秀書院	諸暨縣學官左側	知縣張端木報可	官		42B, V14, P.25b 39C, V20, P.24b 同
乾　隆 二十七年	留槎書院	龍泉縣	知縣薛遇龍	官	由育嬰堂房屋及留槎 閣改建	83B, V3, P.16a
乾　隆 二十九年	白石書院	浦江縣白石山之麓 縣南十里	張（孟兼）氏族 人	私	張氏族人	69B, V4, P.69b
乾　隆 三十年	金蓮書院	縉雲縣縣治西	縣令狐亦岱	官	即關帝廟舊址建後圮	81B, V4, P.47b
	南和書院	南港鄉三十六都水 頭、石佛亭後、廢 寺基	邑人李長春等	私	平陽縣初名南和邑令 何子祥易名吾南	93B, V10, P.6a
乾　隆 三十一年	崇文書院	石門縣西門內秋水 潭之東北	邑紳鄭廷珠等	私	購呂氏廢園，創立書 塾，日崇文堂，乾隆 二十七年建，據 14C, V9, P.38b	19C, V4, P.45b
	龍湖書院	平陽縣，西門外龍 湖旁	令何子祥	官		93B, V10, P.4a
乾　隆 三十二年	逢源書院	萬全鄉六都倪陽	邑令何子祥	官	由殊勝寺改建而來	93B, V10, P.5ab
	金鰲書院	龍泉縣縣署東偏	紳士劉獻季	私		83B, V3, P.17a
乾　隆 四十年	松桃書院	永康縣鶴亭從公址	知縣方瓚澤	官	因鶴亭，從公二書 院，由址合建爲一	67B, V2, P.15
乾　隆 四十一年	蔚文書院	海鹽縣資聖寺橋南 在西關外	邑人徐文錦	私	據 18, V11, P.23b，位 於西關外之蔣家橋	18, V11, P.24a

乾　隆 四十一年	定性書院	孝豐縣治東南本學官地			舊名山公（羅志）：書院在南郭外東偏知縣郭治建，後徒今所爲山公書院	29B, V3
乾　隆 四十二年	繡湖書院	義烏縣治西鄉繡湖邊俞公堤	知縣黃元煒	官		66B, V3
乾　隆 四十三年	鰲峰書院	宣平縣縣東街文廟右側	邑令張士彥	官		87B, V6, P.23b~24a 87C, V6, P.1a 同
乾　隆 四十六年	玉尺書院	瑞安縣城小沙巷	令趙應鈞	官		91, V2, P.51a
乾　隆 四十八年	龍山書院	山陰縣縣西北三里承思坊北海池畔	知縣莊文進	官	撤桂屏庵改建	40C, V19, P.10a
乾　隆 四十八年	九學書院	湯谿縣文廟西	知縣陳鍾靈	官	自義學改建陳鍾靈「九峰書院記」	70B, V17, P.52a
乾　隆 五十二年	分水書院	桐鄉青鎮北柵	邑紳合（沈啟震）	私	又據14C, V9, P.45a爲邑紳沈啟震捐建。咸豐間燬，頁46a	21B, V2, P.19b
乾　隆 五十三年	鹿鳴書院	西安縣縣學東	知縣謝最淳	官		57A, V10, P.46b 57B, V3, P.24b 同
	新溪書院	平湖縣新埭鎮			創始無考。向借新埭同善堂延師課士乾隆五十三年，知縣王恒易今名	20C, V3 14C, V9, P.28a
	輔仁書院	嵊縣西三六都大仁寺東	知縣唐仁埴	官		45C, V5, P.40b
乾　隆 五十四年	萃華書院	黃巖縣城東雙桂巷	令路邵創	官		51B, V8, P.15a
乾　隆 五十五年	啓蒙書院	餘杭縣昌黎伯祠東北南向臨小池	教諭閔大夏	私		8B 2C, V16, P.24a
乾　隆 五十八年	盧江書院	鎮海縣海晏鄉二都一	里人楊人模等	私	一名觀瀾書院，舊係廢菴	34C, V7, P.45a
	剡山書院	嵊縣縣學櫺星門右	監生支本貢生支金	私	39C, V20, P.27a 作縣學泮池右側	45C, V5, P.38a
乾　隆 五十九年	秀溪書院	仙居縣縣東南三十五里上王	諸生王廷璧	私		53B, V6, P.33a
	育英學院	永康縣觀音閣後	知縣任進颺	官		67B, V2, P.15 67B, V5, P.11a
乾隆間	萬松書院	瑞安縣清泉鄉萬松山	邑令周鼎	官	改萬松菴建	91, V2, P.51a 89, V7, P.28b
	狐山書院	奉化縣縣南七十里柏坑狐坑上				33B, V9, P.15b
	瀫水書院	蘭谿縣今考試院內在學宮之東	知縣張逢堯	官		64C, V3, P.48b 64C, V4, P.14a

乾隆間	文溪書院	平陽十二都西塘	葉世璧妻張氏	私	葉嘉綸著書處	93B, V10, P.8a
	崇正書院	平陽縣五都	邑令何子祥	官	原爲社學，何子祥因昆陽書院不便於學，延邑人張南英主講，名爲崇正，據 93B，卷二十四，在乾隆三十～三十五年間	93B, V10, P.3b~4a 93B, V24, P.6a
	環青書院	平陽縣四十四都林康山	邑令何子祥	官	初爲山房，乾隆間何子祥易額日環青書院，今廢，據 93B 在乾隆三十～三十五年間	93B, V10, P.6a 93B, V24, P.6a
	蘆川書院	平湖縣新倉於市東武聖殿西偏	知縣王恒	官		
	天香書院	開化縣城西山下攀桂坊	孝廉戴世偉等	官		61B, V3, P.18b 又據李書升，〈天香書院記〉見 61B，V11, P.38b
嘉慶二年	詁經精舍	錢塘縣孤山陽關帝廟照膽台右	督學阮元	官		2C, V16, P.12a
嘉慶五年	梅青書院	錢塘縣駐防營	鎮浙將軍范建忠	官		2C, V16, P.21a
嘉慶七年	安瀾書院	海寧縣三十冶東北一里市都九莊荷花池旁	紹興通判署知黃秉哲	官		6B, V4 2C, V16 , P.22b 同
	仰山書院	海寧縣長安鎮覺王寺	邑紳沈毓蓀等人	私		6B, V4, P.12b 2C, V16, P.22b 同
嘉慶十二年	金鼇書院	樂清縣白象山				12B, V4, P.51a
嘉慶二十三年	春風書院	仙居縣縣西二十六里下架莊	鄭錫官等	私		53B, V6, P.33a
嘉慶二十四年	文昌書院	寧海縣治西一千五十步	紳士陽鷗棲倡	私	又沈逢恩，〈文昌書院勸捐序〉	55C, V4, P.22b 55C, V4, P.23a
嘉慶間	景行書院	定海縣縣城中大余橋北小余橋南	知縣宋如林	官	借義學課士日景行	37B,〈輿地志〉，頁44a
	台鼎書院	遂安縣縣治西	邑人余志廣	私		75A, V5, P.7a
	驪山書院	太平縣十四都江洋莊螭奧頭	監生葉繼高	私	舊爲崇明堂改爲義塾，易今名	54B, V2, P.62a
	東山書院	奉化縣縣東七十里馬東山麓	裘必堅等捐	私		33B, V9, P.8a
	靈山書院	鎮海鎮靈巖鄉二里	里人鄔鉒	私		34, V7, P.44
道光三年	振文書院	青田縣十七都葉村	里人葉廷	私		80C, V2, P.12b
	屏山書院	縣學宮西	知縣疏筤	官		76B, V4, P.14b

道光五年	錦城書院	臨安縣治東門內	令盧昆鑾學官杜立階、金衍宗捐俸	官		9B, V3, P.5b
道光六年	寶賢書院	建德縣西湖寶華洲	知府聶鎬敏	官		72D, V6, P.27b 72B, V7, P.59a 同
道光七年	茗南書院	餘杭縣治東門橋北首白塔寺前	章錦訓導	官		8B, P.2b
道光八年	廣學書院	浦江縣縣南三十里，通化鄉長陵祝壓	合鄉捐	私		69B, V4, P.72b
	妙高書院	遂昌縣縣北玉里妙高山文昌閣	知縣朱煌	官		84B, V1, P.40b
道光九年	賓賢書院	臨海縣縣東南鄉大汾（設在龍山文昌閣）	里人李安邦、李涉雲	私		50B, V8, P.25b
道 光十二年	經正書院	上虞縣縣城東隅	署知縣楊溯伊署教諭徐廷鑾紳民等捐	官		44D, V37, P.5b 44C, V34, P.7ab 同
道 光十三年	陽山書院	嵊縣西六十五里太平鄉石下陽山	監生邢啓強妻錢氏	私		45C, V5, P.41b
道 光十四年	承先書院	仙居縣西二十里水口山				53B, V6, P.33a
道 光二十一年	東墺乘龍書院	寧海縣南三十里龍山之上	民家大生等	私		55C, V4, P.26b
道 光二十三年	金鼇書院	臨海東南一百十五里章安	邑令仲孫樊王宗貴馮翊	官		50B, V8, P.25a
	箬溪書院	雲和縣朝陽坊	署知縣高毓岱改爲書院倡紳士	官		86B, V5, P.35a
道 光二十五年	鳳梧書院	龍游縣縣學西	知縣秦淳熙倡捐募款	官		58B, V5, P.8b
	文炳書院	太平縣十三都丹崖山上	阮輯軒明經爲董首	官		54B, V2 54B, V2, P.59a
道 光二十六年	芝嶂書院	樂清縣后所北門外芝嶂山	董開禧	私		92B, V4, P.51a
道 光二十七年	宗文書院	太平縣十七都橫峰之陽	學博金煦春貢生趙佩訓	私		54B, V2, P.29a
道 光二十九年	龍湖書院	歸安縣菱湖鎮	邑紳王鍾崙卜斌	私		24B, V3, P.10b 22B, V18, P.16a 同
道光間	培文書院	永康縣溪岸	鄉賢胡仁楷	私		67B, V2, P.16
咸豐元年	崇正書院	縉雲縣壺鎮	奉直大夫呂載希	官		81B, V4, P.53b
	開文書院	石門縣玉溪鎮運河東岸	令張家緒倡	官		19C, V4, P.47a

咸豐三年	肄經堂書院	永嘉縣中山書院內改修道堂成之	巡道慶廉	官	專課經義詩賦仿省城精舍程式	90B, V7, P.30a
咸豐九年	月湖書院	太平縣十三都澤庫街後	邑紳阮敬熙等	私		54B, V2, P.59b 54B, V2, P.60a
咸豐間	鵬嶺書院	青田縣六上都鵬嶺	里人葉應迖	私		80C, V2, P.13a
	翼文書院	黃巖縣東南三十里路橋文昌閣			同治中劉守璈更名文達書院	51B, V8, P.19b
咸豐中	東山書院	黃巖縣東三十五里東山頭			同治中劉璈改名曰東甌	51B, V8, P.20a
咸豐間	鴻文書院	太平縣十六都大溪街後	職員葉靈臺	私		54B, V3, P.62a
同治九年	靈石書院	黃巖縣西北四十五里靈石山	令孫熹	官		51B, V8, P.20b
	龍山講舍	海寧袁花鎮東市	里人張葆恩	私	府志作十年	6B, V4, P.14a 2C, V16, P.23a
	翼文書院	太平縣六都箬橫司城裏	同知江景清生員江映峰	官		54B, V2, P.61a
	五湖書院	烏程湖濱陳漊	邑紳徐有珂等	私		23B, V2, P.22a 22B, V18, P.12a
同治十年	潯溪書院	烏程縣南潯鎮懼字二圩	闔鎮絲商	私		22B, V18, P.12a 23B, V2, P.22a
	孝廉堂	鄞縣府治左偏同知署舊址	知府邊葆誠	官		31B, V9, P.34a 31C,〈輿地志〉,頁824a
	復英書院	龍游縣城西隅	知縣李宗鄴	官		58B, V5, P.9a
同治十一年	翔雲書院	秀水縣濮院鎮良五莊翔雲觀之西	邑紳沈梓等	私		21C, V4, P.12a
	亭山書院	寧海縣南七十里亭旁	令王耀斌丞丁維庚	官		55C, V4, P.23b
	拱山書院	寧海縣西三十里梁王	令王耀斌	官		55C, V4, P.24a
	莊士講舍	寧海縣西三十里大畈洋	令王耀斌	官		55C, V4, P.24b
	遜志書院	寧海縣三十里孔溪墺	令王耀斌	官		55C, V4, P.25b
同治十三年	正本書院	縉雲縣南小仙都澄川庄	邑紳	私		81B, V4, P.55a
	丹山書院	象山縣城西巖氏地	邑令邵王寅	官		35B, V14, P.31b
	金山書院	象山縣石浦	同知楊殿材	官		35B, V14, P.35b
	圭山書院	麗水縣擇山蒼聖廟右	知縣彭潤章	官		78B, V7, P.27b

同治中	青雲書院	縉雲縣二十八都正因寺側	曹鄭金等	私		81B, V4, P.56b
	鳳山書院	太平縣四都橫澗橋北	紳士陳含輝	私		54B, V2, P.61b
	登雲書院	太平鄉四都高浦	紳士陳萬清	私	光緒間改名望雲書院	54B, V2, P.61a
	原道書院	黃巖縣南院橋	令孫熹	官		51B, V8, P.20b
同治元年	蓬山書院	定海縣東岱仙壇隩一房山麓	士民募建	私		37B,〈輿地志〉,頁44b 38, V18, P.31b
同治二年	印山書院	臨海縣東南鄉一百二十里海門	知府劉璈建	官		50B, V8, P.26a
同治二年	文蔚書院	餘姚縣三山所城,虎崙山院	巡檢李協恭偕邑人等捐	官		43B, V10, P.41a
同治三年	雙山講舍	海寧硤石鎮下東街	邑紳高宸、馬家驥等	私	2C, V16, P.23 作「同治四年,邑人編修徐元勳等建」	6B, V4, P.13b
	桐溪書院	桐鄉東水門內	署知縣王聯元倡	官		14C, V9, P.46a
同治四年	東城講舍	錢塘荣市橋西	知府薛時雨	官		2C, V16, P.16a
同治五年	學海堂	錢塘孤山蘇公祠右				2C, V16, P.16a
同治六年	廣文書院	臨海縣治北,府署後龍顧山	郡守劉璈	官		50B, V8, P.22b
同治七年	鳳樓書院	縉雲縣二十八都鳳凰山	紳士呂維成、盧輝煌等	私		81B, V4, P.55b~56a
	楓溪書院	嘉善縣楓涇鎮	邑紳陳宗溥等	私		17D, V5, P.34b
	文正書院	寧海縣東五十里古渡	令孫熹	官		55C, V4, P.23a
	金清書院	黃巖縣東南六十五里塘角頭				51B, V8, P.20a
	南渠書院	黃巖縣西六十里甯溪	諸生	私		51B, V8, P.20a
同治八年	西華書院	黃巖縣西四十五里烏巖				51B, V8, P.20a
	九峰書院	黃巖縣東三里舊九峰寺西	令孫熹	官		51B, V8, P.16a
	南鄉龍山書　院	寧海縣海遊龍頭山距縣南五十里	令劉璈建	官		55C, V4, P.23b
	蓉湖書院	歸安縣雙林鎮	邑紳蔡容升等	私		24B, V3, P.10b 22B, V18, P.16a
同治間	尊儒書院	臨海縣東南九十里小芝	郡守劉璈	官		50B, V8, P.25b
	東山書院	臨海縣東南鄉海門	郡守劉璈	官		50B, V8, P.25a

同治間	旦華書院	臨海縣東南鄉塗下橋	郡守劉璈	官		50B, V8, P.25b
	南屏書院	臨海縣東南鄉六十五里，湧泉屏山	郡守劉璈	官		50B, V8, P.24a
	星巖書院	平陽縣二十五都泥山麓	邑人陳際中	私		93B, V10, P.8a
	西山書院	於潛縣治西				2C, V16, P.25a
清　初	南岡書院	臨海縣巾子山塔下，舊名小寒山	僉事洪若皋建	官		50B, V8, P.31a
	幀峰書院	臨海縣巾子山麓北向	邑人馮甦、洪若皋等	私		50B, V8, P.31a
清	鳴山書院	黃巖縣茅畬	车宗周	私		51B, V8, P.27a
	所前穆公書院	山陰縣天樂鄉	滿人穆禾儒	官		48，第六冊，卷十三，頁21b
	養正書院	青田縣				80C, V2, P.12b
	同谷三先生書院	鄞縣東四十里之同谷山	全祖望	私		全氏，《鮚琦亭集》外編，卷十六
光緒元年	椒江書院	臨海縣東南鄉一百二十里家子鎮	郡丞成邦幹倡	官	縣志作同治九年誤	50B, V8, P.24a 50B, V8, P.24b
光緒初年	娥江書院	山陰縣下沙叉路				48，第六冊《曹娥鄉志稿》，頁2b
光緒元年	白巖講舍書院	仙居縣東南三十五里白巖山	監生王鳴盛	私		53B, V6, P.33a
光緒二年	沃西書院	新昌縣十都橫山	邑紳何維賢、黃琮、俞桂書	私		46B, V5, P.27a
	陶甄書院	嘉興縣學署東偏尊經閣前	知縣羅子森	官		14C, V8, P.41b
	兀突書院	青田縣南二里泥灣嶼				78B, V3, P.40a 80C, V18, P.28a
光緒三年	九峰書院	鎮海縣泰邱縣	里人葉振六等（廩貢生）	私		34, V7, P.46b
光緒四年	振文書院	鎮海縣靈巖泰邱二鄉交界處	里人王錫山等	私		34, V7, P.45b
光緒五年	北山書院	嵊縣西北穀來村北一里	三十一、三十二、五十六都捐建	私		45C, V5, P.43a
	辨志書院	鄞縣月湖竹洲	知府宗源翰	官		31C，〈輿地志〉，頁824a
光緒七年	羅山書院	永嘉縣永場二都	知縣張寶琳	官		90B, V7, P.33b
	千秋書院	奉化縣東南七十里應家棚	張爲霖	私		33B, V9, P.8a

光緒九年	新九峰書院	湯谿縣縣學東文昌閣故址	知縣宋榮璨	官		70B, V3, P.6a
光緒十年	篆山書院	奉化縣西南六十里、小萬竹石篆山之麓	王禹堂等十一人	私		33B, V9, P.15b~16a
光緒十一年	崇實書院	鄞縣道署西偏舊後樂園	寧紹台道薛福成	官		31C,〈輿地志〉,頁824b
光緒十一年	長山書院	金華縣西寺街即無相寺地	知縣曹礪成	官		63C, V4, P.12a
光緒十二年	平川書院	嘉善縣斜塘鎮	邑紳郁洪謨胡趨仁等	私		17D, V5, P.34b
光緒十三年	鄮山書院	鄞縣鄮山鎮二十四間	令朱慶鏞改	官		31C, V5, P.824a
光緒十三年	古壇書院	太平縣十四都江洋莊	監生葉雨蒼	私		54B, V2, P.62b
光緒十六年	毓秀書院	西安縣西北鄉白五莊				57A, V10 57B, V3, P.24b
光緒十八年	崇正講舍書院	海寧縣元東鄉	邑人張寶華	私		6B, V4, P.14b
光緒十八年	敷文講學之廬	錢塘縣葵巷之東	浙江巡撫崧駿布政使劉樹棠倡	官		2C, V16, P.18a
光緒二十五年	達材書院	諸暨縣同山鄉九株松樹下				42B, V14, P.26b
光緒間	正業書院	臨海縣治北校士館後				50B, V8, P.25b
光緒間	仙潭書院	德清縣東北四十五里新市鎮	鎮人鍾廣文聽泉父子	私		俞樾〈仙潭書院記〉見 27C, V10, P.8b~9a
光緒間	獅山書院	平陽金鎮鄉	邑令湯肇熙	官		93B, V6, P.2b
光緒間	珠山書院	象山縣東鄉著衣亭魁照墩	邑令沈鍾瑞	官		35B, V14, P.35b
光緒間	養正書院	象山縣城舊右營都司廢署改置	邑紳蘇良彝等	私		35B, V14, P.36a
不詳年代	天目書院	於潛縣北				2C, V16, P.25a
不詳年代	南山書院	錢塘蘇隄第五橋之曲港				2C, V16, P.21b
不詳年代	玉岑書院	錢塘赤山埠	督學汪瀅講學處			2C, V16, P.21b
不詳年代	南屏書院	錢塘慧日峰				2C, V16, P.21b
不詳年代	集虛書院	餘杭縣洞霄宮				2C, V16, P.24b
不詳年代	隆山書院	昌化縣唐山之麓			舊名紫溪書院	13C, V3, P.26a
不詳年代	南溪書院	昌化縣西	朱浪、章棟建			13B, V18, P.22a 13C, V15, P.19a 同

	疊山精舍	昌化縣西五十里	邑人知縣王梅石建		13B, V18, P.22a 13C, V15, P.19a 同
	天心書院	平湖縣舊帶			20C, V3
	爾安書院	平湖縣顧書堵東	陸清獻公歸築		20C, V3
	東山書堂	安吉三十東三里	桂陽沈金鐙建		28, V6, P.3a
	龍山書院	鎮海縣泰邱鄉一都一圖			34, V7, P.45b
	同文書院	諸暨縣天稠鄉牌頭鎮			42B, V14, P.26b
	翊志書院	諸暨縣花亭鄉澧浦			42B, V14, P.26b
	景紫書院	諸暨縣長卓鄉楓橋		即紫陽精舍遺址	42B, V14, P.26b
	南渠書院	餘姚縣治西門外城西二里	張科健		43B, V10, P.51b
	古靈書院	上虞縣北屯山之陽			44C, V34, P.5a 44D, V37, P.4b 同 39C, V20, P.26b 同
	半天書院	新昌縣東三十五里湖卜盤山之巔	胡繼喜造		46B, V16, P.48a
不詳年代	五雲書院	會稽縣東雙橋會稽地		後改雲衢書院 據 39C, V20, P.20a 列爲山陰縣	48，第一冊會稽之部學校志，頁 1a
	祀賢書院	黃巖縣東西十里洪家場文昌閣			51B, V8, P.20a
	龍山書屋	太平縣松門伏龍山麓			54A, V5, P.16a
	兌谷書院	遂昌縣北郊	邑人包萬有建		84B, V1, P.42a
	奕山書院	遂昌縣治八十里			84B, V1, P.43a
	鞍山書院	遂昌縣四都長濂馬鞍山	里人鄭姓創		84B, V1, P.43a
	博愛書院	景寧縣北半里			88B, V5, P.42b
	繼志書院	景寧縣三都英村里	庠生吳九皋建	又名六吉山房	88B, V5, P.41b
	盧山書院	景寧縣三都盧山里中	庠生吳學明等建		88B, V5, P.41b
	甌江書院	永嘉縣拱辰門外江滸			90B, V7, P.33b
	萃英書院	瑞安縣南社鄉卓嶴山前			91, V2, P.53b
	鳳南書院	樂清縣東			92B, V4, P.35b
	梅溪書院	樂清縣城東隅			92B, V4, P.37a 92A, V2, P.14a 同

	天香書院	玉環楚門西山	衿示戴全斌王屏藩建		95, V7, P.50b
	鳳鳴書院	玉環桐林	貢生張風庠生黃位中集捐建		95, V7, P.54a
	江南書院	秀水縣城南隅			14C, V8, P.53a
	肅成書院	秀山縣徐世淳忠祠右			14C, V8, P.53b
	箬塿植桂書院	寧海縣南三十五里	生員褚志道創		55C, V4, P.26b
	竹林王氏育英書院	寧海縣西南二十里			55C, V4, P.28a
	沙簣環溪書院	寧海縣南四十里			55C, V4, P.28a
	塔山童氏德麟書院	寧海縣西三十里			55C, V4, P.28a
	紫溪鄔氏觀瀾書院	寧海縣西北四十里			55C, V4, P.28a
	岑峰書院	龍游縣大北門內江西會館之左			58B, V5, P.8a
	盈川書院	龍游縣小東門內			58B, V5, P.8a
不詳年代	高齋書院	江山縣		即毛晃宅	59, V4, P.29b
	靳侯書院	常山縣東南百餘步文筆峰之麓	常山士民建		60A, V12, P.9b
	石門書院	常山縣定陽鄉			60A, V12, P.9b 60B, V10, P.5b
	範川書院	常山縣超霞台南	詹萊藏書處		60A, V12, P.10a 60B, V10, P.5b
	敬修書院	開化縣	闔邑居民建		61B, V3, P.18b
	霞岡書院	開化縣四都	里人公立		61B, V3, P.18b
	源石書院	蘭谿縣先忠祐廟西南			《古今圖書集成》,卷一〇六,頁23a
	石門洞書院	青田縣西七十里			《古今圖書集成》,卷一〇三〇,頁16a
	秀川書院	黃巖縣小坑東際			51B, V8, P.20b
	南溪書院	秀水縣			《古今圖書集成》,卷九六〇,頁5b
	鳳山書院	淳安縣東富溪	吳至善建		73, V2, P.34b
	學山書院	桐廬縣至德鄉赤洲之西	姚建和授徒校書之所		74, V5, P.8a
	松皋書院	遂安縣西二十五里	邑人毛士儀建		75C, V5, P.7a

附錄二　書院修建表

說明：本表是將浙江各書院歷代興修，按年代先後予以記錄。由表中可明瞭
　　　各書院發展之概略，例如書院何時存在？何時改名？其發展之軌跡由
　　　表中可窺其端倪。表中依修建年代、修建者、修建性質三方面排列，
　　　資料來自地方志。資料來源中地方志的代號參見徵引書目，其中 V 字
　　　代表卷數。

院　名		修建年代	修建	修　建　者	性質	備　　註	資 料 來 源
錢 塘 縣	崇文書院	康熙二十二年	重修	諸生汪秦鎦倡捐	私	康熙四十四年，御賜崇文	2C, V16, P.6b
		雍正十一年	重修	鹽道張若震	官		2C, V16, P.6b
		乾隆八年	重修	巡撫常安	官		2C, V16, P.6b
		乾隆間	重修	按察使徐恕	官		2C, V16, P.7a
		乾隆間	重修	運使阿林保	官		2C, V16, P.7a
		嘉慶五年	重修	鹽政延豐	官		2C, V16, P.7a
		道光十八年	重修	巡撫烏爾恭額	官		2C, V16, P.7a
		道光二十六年	重修	巡撫梁寶常	官		2C, V16, P.7a
		同治四年	重建	布政使蔣益澧	官		2C, V16, P.7a
		同治六年	重修	布政使楊昌濬	官		2C, V16, P.7a
		光緒元年	重修		官		2C, V16, P.7a
		光緒五年	重修	布政使盧定勳	官		2C, V16, P.7a
		光緒六年	重修	布政使德馨	官		2C, V16, P.7a
	青梅書院	同治間	重建				2C, V16, P.21a
	虎林書院	康熙二十七年	重建	巡撫金鋐	官	改名兩浙書院	2C, V16, P.20b
	西湖書院	明成化十二年	重建	浙江布政使甯良	官	亦名弧山書院	2C, V16, P.19a
		清康熙二十五年	移建	督學王掞	官	於跨虹橋，仍名西湖，乾隆，併入崇文書院	2C, V16, P.19a
	學海堂書院	同治六年	增建	郡人	私		2C, V16, P.16a
		同治八年	重修	知縣金其相等	官		2C, V16, P.16b
		光緒五年	重修	候補通判余廷英	官		2C, V16, P.16b
	東城講舍	光緒五年	重修	署杭州知府劉汝璆	官		2C, V16, P.17a
	紫陽書院	雍正三年	重修	寧紹分司徐有緯	官		2C, V16, P.10a
		雍正七年	重修	總督李衛	官		2C, V16, P.10a

錢塘縣	紫陽書院	乾隆三十八年	重修	護巡撫王站住	官		2C, V16, P.10a
		乾隆五十八年	重修	鹽使阿林保	官		2C, V16, P.10a
		嘉慶二年	增建	督學阮元	官		2C, V16, P.10a
		嘉慶八年	增建	鹽運使延豐	官		2C, V16, P.10a
		同治四年	重修	布政使蔣益澧	官		2C, V16, P.10a
		同治七年	增建	布政使蔣益澧	官		2C, V16, P.10a
	詁經精舍	道光四年	重修	布政使陳鑾	官		《詁經精舍志初稿》，頁11
		道光六年	重修	巡撫帥承瀛	官		2C, V16, P.12b
		同治五年	重修	布政使蔣益澧	官		2C, V16, P.12b
		光緒元年	重修		官		2C, V16, P.12b
	仁和縣萬松書院	明正德十六年	重修	侍御巡按唐鳳儀、何鐵清等	官		4, V5, P.22b
		嘉靖四年	重修	侍御潘景哲	官		《浙江府志》，卷二十六，頁1a
		嘉靖三十三年	重修	杭州知府孫孟	官		《浙江府志》，卷二十六，頁1b
		萬曆五年	增建	巡鹽御史馬應夢	官		《浙江府志》，卷二十六，頁1b
		清康熙十年	重建	巡撫范承謨	官	改名太和書院	《浙江府志》，卷二十六，頁1b
		康熙三十二年	重修	巡撫張鵬翮	官		《浙江府志》，卷二十六，頁1b
		康熙五五年	增建	巡撫徐元夢	官	御賜敷文書院	《浙江府志》，卷二十六，頁1b
		雍正四年	增建	巡撫李衛	官		《浙江府志》，卷二十六，頁1b
		道光十七年	增建	傅九齡	私		《浙江府志》，卷二十六，頁2a
		同治五年	重建	知州戈聿安	官		《浙江府志》，卷二十六，頁3b
		同治八年	重修				《浙江府志》，卷二十六，頁3b
		光緒二年	重修				《浙江府志》，卷二十六，頁3b
		光緒五年	重修	巡撫梅啓照	官		《浙江府志》，卷二十六，頁3b
海寧州	黃崗書院	康熙十四年	重修	賈氏後裔及諸生楊謹等	私		6B, V4, P.11a 2C, V16, P.21b
	安瀾書院	道光四年	重修	知州王壽榕	官		2C, V16, P.22b

海寧州	安瀾書院	同治十年	重建	邑侯靳芝亭	官		6B, V4, P.11a
	仰山書院	道光二十五年	重修	知州王樂	官		2C, V16, P.22b
		光緒十四年	重建	里人陳方坦	官		6B, V4, P.12b
	東山書院	光緒四年	重修	許汝霖裔孫廣文	私		6B, V4, P.14a
富陽春江書院		道光五年	重建	知縣姚步萊	官		2C, V16, P.23a
		道光七年	增建	知縣李世彬	官		2C, V16, P.23a
餘杭龜山書院		同治十一年	重修	邑人王幹等	私		8B, P.2a
於潛	天目書院	乾隆間	移建			于桃源山，改名桃園書院	2C, V16, P.25a
		咸豐十一年	移建	知縣馮德坤、邑紳盛齡	官	于城內城隍廟側	2C, V16, P.25a
	桃源書院	同治五年	重建	知縣陳盛治	官		2C, V16, P.25a
昌化赤石書院		乾隆三十年	重建	胡光煒	私		13B, V18, P.23b
嘉興縣	宜公書院	元至元年間	移建				14C, V8, P.27a
		至正十五年	移建	總管劉貞	官	移建於柳氏園	14C, V8, P.25b
		明洪武初	重移建	同知劉澤氏	官	移於城內	14C, V8, P.28a
		宣德二年	移建	巡撫胡概	官	於府治北	14C, V8, P.28a
		正德十四年	重修	知府徐盈	官		14C, V8, P.28a
		嘉靖十七年	移建	通判張本潔	官	移於報忠坊	14C, V8, P.28a
		嘉靖二十六年	增建	裔孫陸皋等	私		14C, V8, P.28a
		萬曆四十五年	重修				14C, V8, P.28a
	鴛湖書院	清乾隆三十四年	重修	士人集資	私		14C, V8, P.30b
		乾隆四十七年	增建	知府劉嘉會	官		14C, V8, P.31a
		道光十三年	重修	知府覺羅克倡捐	官		14C, V8, P.32a
		同治三年	重建	知府許瑤光集資捐	官		14C, V8, P.32a
嘉善縣	思賢書院	明崇禎間	重建	邑紳陳正龍倡同善會	私		17D, V5, P.32b
		清康熙四十三年	重修	知縣于舜枚	官		17B, V3, P.7a
		清康熙五十七年	重修	知縣孫錦	官		17B, V3, P.7a
		雍正四年	增建	知縣張鏞	官		17B, V3, P.7a
		雍正八年	重修	知縣郜煜	官		17C, V4, P.3b
		雍正九年	重修	知縣楊繩祖	官		17B, V3, P.7a 17B, V6, P.6a
	魏塘書院	清乾隆初	重修	知縣張侯	官		17D, V5, P.33a
		乾隆二十六年	重修	知縣梁徽	官		17D, V5, P.33a

嘉善縣	魏塘書院	乾隆二十九年	重修	知縣劉臻	官		17D, V5, P.33a
		嘉慶十三年	重修	知縣張青選	官		17D, V5, P.34a
		道光三年	重修	知縣張邦棟倡捐，邑紳黃安濤等	官		17D, V5, P.34a
		道光十九年	重修	知縣賴晉	官		17D, V5, P.34b
		同治二年	移建	知縣傅斯懌	官	改建於北亭坊，額日北亭講舍	17D, V5, P.34b
	仁文書院	清康熙二十四年	重建	知縣	官		轉引自大久保英子，〈清代地方の書院と社會〉，頁329
海鹽縣	蔚文書院	清嘉慶十八年	重修	士人集資	私		18, V8, P.24a
		同治十三年	移建	知府許瑤光及邑侯申祐、王彬及官紳	官	購南門內高槐橋陶姓住屋改建	18, V8, P.24a
石門縣	傳貽書院	宋咸淳五年	重修	令家之柄	官		19C, V4, P.38b 19A, V3, P.10b
		明嘉靖十三年	重建	令張守約	官		19C, V4, P.38b 19A, V3, P.10b 19C, V6, P.68b
		明隆慶間	重建	孝廉胡其久請於當事	官		19C, V4, P.38b 19A, V6, P.10b
		明萬曆初	重建	令蔡貴易	官		19C, V4, P.38b 19A, V3, P.11a
		明萬曆三十六年	重建	令靳一派	官		19C, V4, P.38b 19A, V3, P.11a
		清康熙十一年	重建	令杜森（未成而卒）令酈世培	官		19C, V4, P.38b 19A, V3, P.11a
		清乾隆十九年	重修	令王善櫨	官		19C, V4, P.39a
		清道光八年	移建	令盧昆巒捐廉率紳士	官	購屋於青陽門內	19C, V4, P.43a
		清同治四年	重建	令楊恩澍	官		19C, V4, P.44b
		清光緒四年	重修	令余麗元	官		19C, V4, P.44b
	崇文書院	清乾隆四十八年	重修	邑紳	私	嘉慶三年令方維翰改題崇文書院	19C, V4, P.46b
平湖縣	當湖書院	清乾隆五十年	重修	知縣王恒	官		20C, V3, P.35a
		同治中	重修	邑紳徐鼎基等	官		14C, V9, P.28a
	觀海書院	乾隆四十二年	重建	知縣劉雁題	官	乾隆三十八年，知縣董鈞改名爲觀海，咸豐中、九峰、觀海各延山長課士，分爲二院	20C, V3, P.37b
		同治中	重建	邑人陳佩璲等	私	名觀海書院	20C, V3, P.37b

平湖縣	觀海書院	光緒四年	移建	舉人張天翔等	私	移建於城，名九峰書院	20C, V3, P.37b
	崇文書院	清雍正元年	重移建	官紳	官	知縣林緒光移於德藏寺大殿後，改名鳳溪書院	20C, V3, P.38b
		雍正四年	改置	知縣楊克慧	官	改爲崇文義學	20C, V3, P.38b
		乾隆五年	改置	知縣方以恭	官	復舊名爲鳳溪書院	20C, V3, P.38b
	蘆川書院	清同治四年	移建	廩生徐步瀛	私		20C, V3, P.37b
桐鄉縣	分水書院	同治四年	移建	邑紳嚴辰	私	改建於青鎭之型字圩額曰立志書院	21C, V4, P.5b
	桐溪書院	同治十年	改建	山長嚴辰	私		21C, V4, P.1b
	白社書院	光緒五年	重建	紳士畢士穎等	私	書院原屬石門，後因劃界而歸桐鄉縣境	21C, V4, P.11b
歸安縣	安定書院	宋淳祐六年	移建	知州事蔡節	官	改建於城西報恩坊	24B, V3, P.8a~9b 22B, V18, P.6a
		元至元三十年	移建	知州事許師可	官	徙于縣治西北濟州界觀德坊	24B, V3, P.8a
		元統三年	重修	山長張蔚	私		22B, V3, P.8a
		明宣德初	重建	都御史熊槩撫浙時	官		22B, V3, P.8a
		天順元年	重修	浙江參政黃譽	官		24B, V3, P.8b
		天順二年	重修	按察僉事陳蘭	官		24B, V3, P.8b
		弘治四年	重修	知府王珣	官		24B, V3, P.9a
		嘉靖三年	重修	巡撫陳鳳梧	官		24B, V3, P.9a
		嘉靖四十四年	重修	巡按龐尙鵬	官		24B, V3, P.9a
		隆慶五年	重修	知府栗祁	官		24B, V3, P.9a
		清康熙五十九年	重修	署知府吳昌祚	官		24B, V3, P.59b
		乾隆二年	重修	知府胡承謀	官		24B, V3, P.59b
		咸豐初	重修	知府王有齡	官		24B, V3, P.59b
		咸豐初	重修	知府胡澤沛	官		24B, V3, P.59b
		同治七年	重修	邑人廣東分巡高廉道陸心源	私		24B, V3, P.59b
	龍湖書院	清同治初	重修				24B, V3, P.10a
	長春書院	宋寶祐間	增建	烏程令朱潛（朱熹曾孫）	官		1C, V26, P.19a
		明嘉靖間	重修	里人	私		1C, V26, P.19b
		崇禎間	增建	邢部主事朱懷幹	官		1C, V26, P.19b
		清康熙四十年	重修	知府陳一夔	官		1C, V26, P.19b

歸安縣	愛山書院	清道光二十九年	重修	知府晏端書	官		24B, V3, P.8b
		同治初	重修	郡人沈丙瑩等	私		24B, V3, P.8b
長興縣	箬溪書院	明崇禎十年	重修	知縣吳鍾巒	官		25B, V4, P.25a 22B, V18, P.19a
		清乾隆五十五年	重建	知縣袁秉直	官	於廢址之東重建咸豐十年燬於火	22B, V4, P.28a
		同治四年	移建	知縣袁惠疇商于邑人鍾麟	官	于承恩門內,講德舊址	22B, V4, P.28a
	霞舟書院	清同治十三年	重建	知縣楊開第	官		25B, V4, P.31a~b
武康縣	名賢書院	清康熙十九年	重修建	知縣韓逢麻	官		26B, V8, P.56b
	前溪書院	清乾隆十八年	重建	知縣尤錫章	官		22B, V8, P.24b
德溪縣	清溪書院	清同治八年	重建	知縣張文焲	官		27C, V3, P.8b
	東萊書院	明宏治九年	重建	知縣王良臣	官		27A, V3, P.8b
		明嘉靖四年	重修	知縣方日乾	官		27A, V3, P.8b
		清乾隆三年	重建	署知縣王良穀	官	捐貲重建,名呂成公書院	27B, V2, P.2b
	履齋書院	明天啓間	重建	邑人吳伯與	私		27A, V3, P.8b
安吉州 古桃書院		清道光十八年	重修	知縣盛隆	官		22B, V18, P.27a
		同治十年	重建	知縣金其相	官	改名磐山書院	22B, V18, P.27a
孝豐縣 定性書院		清嘉慶二十五年	重修	知縣范仕義	官		29B, V3, P.12a
		咸豐間	重修建	知縣敦志瀜及邑紳	官		29B, V3, P.12b
鄞縣	甬東書院	元至正間	移建	教授吳宗彥	私	移建於張斌橋左	31C,〈輿地志〉,頁818b
		至正十四年	重建	邑令及里士	官		31C,〈輿地志〉,頁818b
		清乾隆間	重建	全祖望	私	改名甬東靜清書院	全氏,《鮚琦亭集》外編(下),卷十六,頁875
	東湖書院	元至正間	重建	編修馬易之	官		《古今圖書集成》,卷九八一〈寧波府部古蹟〉,頁40a
	義田書院	清康熙二十五年	重建改名	知府李煦	官	改台月湖書院	31C, P.823b
		雍正五年	重修	知府孫詔	官		31A, V5, P.15b
		雍正八年	增建	知府曹秉仁	官		31C, P.823b
		道光二十三年	增建	宋遵路等	私		31C, P.823b
		同治三年	重建	知府邊葆誠	官		31C, P.823b
	鄮山書院	元天曆間	重修	山長鄭紹	私		31C, P.820a 31B, V63, P.19a

鄞縣	鄮山書院	元至正間	重建	山長毛彝仲	私		31C, P.820a 31B, V63, P.19a
	桃源書院	元至正末	重建	鄉儒張文海	私		31C, P.817a
		明初	移建	官方	官	移之瞿湖	31C, P.817a
		嘉靖初	重建	張發	私		31C, P.817a
	焦徵講舍	清乾隆間	重修	全祖望	私		31C, P.818a
	城南書院	清乾隆間	重建	全祖望	私		31C, P.818a
慈谿縣	慈湖書院	宋嘉熙間	移建	制置使趙與	官	遷於湖中之址	32C, V5, P.1a
		咸淳七年	移建	郡守劉黻	官	於普濟寺東、易地重建	32C, V5, P.2a
		元至元二十四年	重修	按察副使侍其君佐巡按	官		32C, V5, P.3a
		明景泰天順間	重建	巡按李玘、李日良	官		32C, V5, P.5a
		嘉靖間	增建	知縣謝應嶽	官		32C, V5, P.6a
		清道光六年	重修建	知縣黃錫祚及邑人馮云祥等	官		32C, V5, P.8a
	石坡書院	清乾隆年間	重建	邑人桂氏	私		全氏，《鮚琦亭集》外編（下），卷十六，頁 872
	德潤書院	清嘉慶二十年	移建	知縣黃兆台暨邑人馮璟	官	徙建於東門內	32C, V5, P.15a
		道光十二年	增建	邑人馮雲濠等	私		32C, V5, P.16a
		道光二十三年	增建	知縣賴晉	官		32C, V5, P.17b
		光緒三年	重建	邑人馮全琛等	私		32C, V5, P.18a~b
		光緒九年	增建	知縣趙煦與掌教馮可鏞等	官		32C, V5, P.18b
		光緒十三年	增建	邑人洪陸傳	私		32C, V5, P.19a
奉化縣	龍津書院	元元貞中	移建	達魯花赤等	官	元至元十八年，改為扁文書院，後移建於寶化山之陽	33B, V9, P.2b
	廣平書院	明嘉靖三十九年	移建	知縣蕭萬斛	官	於司馬橋西北	33B, V9, P.3b
		清道光二年	重建	知縣楊國翰	官		33B, V9, P.3b
	錦溪書院	清乾隆二十一年	重修	令陳茲	官		33A, V5, P.56b 33B, V9, P.5a
	松溪書院	元至正七年	重修	李德說等	私		33B, V9, P.8a
		清乾隆間	移建	李國治、卓振聲等	私	移建無為寺東	33B, V9, P.8a
	狐山書院	清光緒十三年	重修				33B, V9, P.15b

鎮海縣	南山書院	明嘉靖三十六年	重修	知縣宋繼祖	官		34C, V7, P.32b
		清康熙五年	重建				34C, V7, P.32b
	湖山書院	元至正間	重建	黃禮之	私		34C, V7, P.34b
		明嘉靖五年	重修				34C, V7, P.34b
		清乾隆九年	重建	黃昱等	私		34C, V7, P.34b
	崇正書院	乾隆元年	移建	江北士民莊戀建等申請知縣楊玉生	私	于莊市庶東西兩管道里	34C, V7, P.36a
	鯤池書院	清道光十二年	重修	知縣郭淳章	官		34C, V7, P.40a
		同治十年	重建	邑人傅昌禮等	私		34C, V7, P.40b
	蘆江書院	清道光間	增建	紳正沃正杙等	私		34C, V7, P.45b
象山縣	丹山書院	清康熙六十年	移建	邑令馬受曾	官	於學宮東道光五年，邑令劉嘉會改名爲蒙養書院	35B, V14, P.31b
	纓水書院	清乾隆二十三年	重建	邑人鄧懷聖	私		35B, V14, P.31b
		乾隆四十二年	重建	令鞠毓蕤	官		35B, V14, P.31b
		嘉慶間	重修	署令周楷	官		35B, V14, P.31b
		道光七年	重建	董事辛茂榮等	私	改名纓溪	35B, V14, P.31b
		光緒二十四年	重修	令邵周玨	官		35B, V14, P.31b
定海廳	延陵書院	清雍正間	重修	總兵趙國盛	官		38, V18, P.29a
		道光八年	重修	提督戴雄，游擊丁俊傑	官		38, V18, P.29a
		同治九年	重修	游擊陳旭	官		38, V18, P.29a
	景行書院	清道光間	重建	知縣陳從嘉	官		38, V18, P.22b
		咸豐元年	重修	署廳事王承楷	官		38, V18, P.22b
		同治三年	重修	署廳事阮恩元	官		38, V18, P.22b
	岱山書院	元至元三十年	移建	鹽官徐應舉朱許芳	官	遷於市	37B,〈輿地志〉,頁43a
山陰縣	陸太傅書院	明正德間	重建	郎中周祁	官		40C, V19, P.10b 39C, V20, P.21b 同
	舊稽山書院	元至正間	增建	廉訪副使王侯	官		40C, V19, P.9b
		明正德間	移建	知縣張煥	官	于故址之西	39C, V20, P.20b 同
		嘉靖三年	增建	知府南大吉	官	萬曆七年，奉例毀書院	39C, V20, P.20b 同
		萬曆十年	重建改名	知府蕭良幹	官	改名朱文公祠	39C, V20, P.20b 同
		清康熙十年	重建	里人盧敬道柴世盛	私		40C, V19, P.11a

山陰縣	戢里書院	康熙五十五年	重建	知府俞卿	官	改名戢山書院	40C, V19, P.8a
		乾隆間	增建	郡守張廷柱	官		39C, V20, P.19a 同
蕭山縣	西山書院	清康熙六十一年	重修	知縣鉉文成	官		41, V10, P.1a
		乾隆十二年	重修	知縣王嘉會，邑人陸巡	官		41, V10, P.1a
		乾隆十三年	重修	邑人	私		41, V10, P.1a
	筆花書院	乾隆四十五年	移建			遷於縣東南隅	41, V10, P.1b
		乾隆五十四年	重修	知縣方維翰倡捐	官		41, V10, P.1b
諸暨	紫山書院	明萬曆間	增修	知縣尹從淑	官		42B, V14, P.25a
餘姚縣	姚江書院	清康熙四十一年	移建	知縣韋鍾藻	官	於南城東南巽水門內角聲苑舊址	43B, V10, P.25a
		雍正九年	重修	浙江總督李衛	官		43B, V10, P.27a
		乾隆三十八年	重修	邑人楊輝祖	私		43B, V10, P.27a
		乾隆五十八年	增建	邑人楊輝祖	私		43B, V10, P.27a
	龍山書院	清乾隆四十五年	重修	知縣陳昶	官		43B, V10, P.30a
		光緒五年	重建	知縣高桐	官		43B, V10, P.30a
	文蔚書院	清同治十二年	增建				43B, V10, P.41a
	高節書院	天大德三年	重修	州守張德珪	官		43B, V10, P.48a
		至正八年	重修	州守汪文璟	官		43B, V10, P.48a
上虞縣	泳澤書院	元至正二十五年	移建	方國珉	私	于金罍山東	44D, V37, P.2a~3a
		明萬曆十二年	移建	知縣朱維藩	官		44D, V37, P.3a~3b
	承澤書院	清乾隆五十三年	重建	知縣繆汝和	官	44C, V34, P.6a 及 39C, V26, P.26b 皆作五十年爲誤	44D, V37, P.5a 44C, V34, P.6a
		道光十二年	重修	署教諭徐延鑾	私		44D, V37, P.5a 44C, V34, P.6a
	松陵書院	清光緒間	重修建	連衢	私		44D, V37, P.5a
嵊縣	剡山書院	清道光六年	增建	貢生支金	私		45C, V5, P.38a
		道光二十五年	重修	里人支氏	私		45C, V5, P.38b
		同治二年	重修	里人支氏	私		45C, V5, P.38b
	二戴書院	元至正五年	重修	令冷瓚	官		45C, V5, P.39a
		元至正二十四年	重建	守帥周紹祖	官		45C, V5, P.39b
		明成化九年	重建	知縣許岳英	官	45A，卷五〈學校〉，頁26b 作成化十年	45C, V5, P.40a
		清同治間	移建	知縣嚴思忠	官	于明度庵	45C, V5, P.40b
	輔仁書院	清咸豐四年	重修	紳士	私		45C, V5, P.41a

嵊縣	海門書院	清康熙三年	重建	海門門人吳王璿、孫周捷	私	明山陰令余懋孳改名宗傳書院	45C, V5, P.42b
		乾隆六年	重建	知縣李以琰	官		45C, V5, P.42b
新昌	鼓山書院	明嘉靖中	重建	知府洪珠	官		46, V5, P.25b
		清嘉慶十七年	重建	恭人陳氏	私		46, V5, P.25b
		光緒二十四年	重修	陳氏裔孫	私		46, V5, P.25b
會稽	五雲書院	明萬曆十二年	重修改名	知府蕭良幹	官	改名五雲館	48，第一冊會稽之部〈學校志〉，頁1a
		清康熙三十年	重修	知府李鐸	官		48，第一冊會稽之部〈學校志〉，頁1a
		清康熙五十六年	重修	知府俞卿	官		48，第一冊會稽之部〈學校志〉，頁1a
	證人書院	清康熙五十九年	重建	知府俞卿與知縣張我觀	官	改曰會稽縣義學	48，第一冊會稽之部〈學校志〉，頁1b 39C, V20, P.22a
		乾隆五十年	重修	知縣朱鍾麟	官		48，第一冊會稽之部〈學校志〉，頁2a 39C, V20, P.24a
		乾隆五十三年	重修	知縣余名暨	官	改曰稽山書院	48，第一冊會稽之部〈學校志〉，頁2a 39C, V20, P.24a
臨海縣	赤城書院	清道光五年	重建	邑令程章及紳民	官	後郡守潘觀改為正學	50B, V8, P.19a
		同治六年	重建	郡守劉璈	官		50B, V8, P.20a
	東湖書院	同治八年	重建	郡守劉璈	官		50B, V8, P.22b
	廣文書院	同治十年	增建	郡守劉璈	官	改名三台書院	50B, V8, P.23a
	上蔡書院	元至元間	移建	浙東道宣慰使節齊陳公	官	陳公徒建於縣城中玄妙觀石	50B, V8, P.27a
		明成化五年	重建	知府（郡守）阮勤	官		50B, V8, P.27a
		明成化間	重修	郡判林鏢	官		50B, V8, P.27b
		穆宗隆慶間	重修	侍御謝廷傑、邑令周思稷	官		50B, V8, P.28b
	鶴嶠書院	清嘉慶二十五年	重建	里人郎正齊	私		50B, V8, P.26a
		同治間	重建	里人郎繼虞	私		50B, V8, P.26a
臨海縣	幘峰書院	清乾隆三十一年	重修	邑人蔣佐雯、何屼	私		50B, V8, P.31a
	溪山第一書院	清康熙間	重建	邑紳洪若皋	私		50B, V8, P.29a

	萃華書院	清乾隆五十九年	增建	監生鄭作霖	私		51B, V8, P.15b
		同治中	重建	令陳寶善屬紳士王葆初捐建	官		51B, V8, P.16a
		同治十二年	增建	令孫熹	官		51B, V8, P.16a
		光緒間	重修	令王佩文	官		51B, V8, P.16a
	九峰書院	清光緒二年	重修	令王佩文	官		51B, V8, P.17a
	祀賢書院	清同治七年	重修		官		51B, V8, P.20a
	文獻書院	清乾隆二十三年	重修	令劉世甯與邑紳士	官		51B, V8, P.23a
黃	九溪書院	明嘉靖三十五年	重建	令王汝達	官		51B, V8, P.25a
巖	南峰書院	明嘉靖三十五年	移建	王所裔孫	私	於桂街之北	51B, V8, P.24a
縣	鳴山書院	清	重修建	车樹棠（宗週之曾孫）	私		51B, V8, P.27a
		清	增建	车叔雍（棠弟）	私		51B, V8, P.27a
	樊川書院	明嘉靖間	移建	令王汝達	官	移祠縣南五里	51B, V8, P.18a
		清康熙三十三年	改建	令劉寬	官	改建祠爲樊川書院	51B, V8, P.18a
		乾隆十八年	移建	令署金鼇	官	毀萬福堂僧寺爲樊川書院。在城東北柏樹巷	51B, V8, P.18a
		乾隆二十年	增建	令劉世甯	官		51B, V8, P.18a
		乾隆三十四年	重修	令王橙率邑紳	官		51B, V8, P.19a
		咸豐中	重建	訓導沈廷颺等	官		51B, V8, P.19a
		同治中	重修	令劉璬、令陳寶善、令孫熹	官		51B, V8, P.19a
	紫陽書院	嘉靖三十五年	移建	令汪汝達	官	改建禜崇院爲朱子祠，仍以祠後爲紫陽書院	51B, V8, P.24a
仙居縣安洲書院		清道光五年	重修	邑紳	私	榜曰安洲書院	53B, V6, P.31a
		道光十五年	重建	知縣郭瓊晏	官		53B, V6, P.31a
太	回浦書院	清光緒初	重建	鹽大使陳壬齡	官		54B, V2, P.58a
		光緒間	重建	榮景	私		54B, V2, P.58a
平	東嶼書院	清同治十年	重建	歲貢戴蔡申、拔貢江翰青	私		54B, V6, P.58a
		光緒十九年	移建	年廣文、舉人金會瀾等	私	於十八都下鳳山嘴	54B, V6, P.58a
縣	文炳書院	清咸豐八年	增建	明經阮輯軒	私		54B, V2, P.59a
		光緒初	重建	阮輯軒之子萃恩	私		54B, V2, P.58b
	月湖書院	清同治二年	增建	里人阮楷雲等	私		54B, V2, P.60a

太平縣	雲陽書院	清同治間	移建	葉芷湘等	私	改建於鳳城山下	54B, V2, P.61a
	登雲書院	清光緒間	重建	邑紳萬清子陳壽椿	私	光緒初，改名望雲書院	54B, V2, P.61b
	鳳山書院	清同治間	增建	陳一精（陳合輝子）	私		54B, V2, P.61b
	驪山書院	清同治間	增建	貢生葉華南	私		54B, V24, P.62a
	龍山書院	清光緒十四年	重修	知府徐士鑾	官		54B, V2, P.57b
寧海縣	緱城書院	明萬曆四十二年	重建	令林光庭	官		55C, V4, P.16b
		清康熙十七年	重建	令崔秉鏡	官		55C, V4, P.17b
		雍正間	重修	令黃光岳	官		55C, V4, P.18b
		雍正間	重修	令程煜	官		55C, V4, P.18b
		乾隆間	重建	邑紳龔正席	私		55C, V4, P.18b
		道光間	重修	令沈逢恩	官		55C, V4, P.18b
		道光間	重建	令史復善	官		55C, V4, P.18b
		道光間	重修	邑紳龔景岐	私		55C, V4, P.18b
		同治四年	重修建	令瀝洋、葉紳樹玉	官		55C, V4, P.18b
	龍山書院	乾隆間	重建	邑紳龔正席	私		55C, V4, P.22a
		乾隆間	重修	邑紳龔景岐	私		55C, V4, P.22b
		同治七年	重修	令孫熹	官		55C, V4, P.22b
	文昌書院	光緒二十三年	重修	令柳商賢倡捐	官		55C, V4, P.22b
	陳氏竟成書院		重建	陳瑞夫十一世孫安春	私		55C, V4, P.27b
西安縣	柯山書院	宋景定間	重建	邑紳徐囊率家	私		57A, V10, P.41a
		瑞宗景炎二年	重建	山長徐天俊	私	景定二年後燬於寇景炎三年，改名柯山書院	56B, V6, P.86a
	清獻書院	明天順三年	重建	參議高崇郡守唐瑜	官		57A, V10, P.41b 57B, V3, P.20a
		成化間	增修	郡守李汝嘉	官		57A, V10, P.41b 57B, V3, P.20a
		宏治十二年	增建	知縣尹戴禮	官		57A, V10, P.41b 57B, V3, P.20a
	正誼書院	清乾隆十年	重修	知府胡文溥	官	將愛蓮易名正誼	57A, V10, P.42a
		乾隆二十五年	重修	知府甘士瑞	官		57B, V3, P.23b
		嘉慶八年	增建	知府朱理	官		57A, V10, P.42b 57B, V3, P.23b
		同治三年	重修	知府馮譽驄	官		57B, V3, P.23b
		光緒四年	重修	知府靳邦慶	官		57B, V3, P.23b

西安縣	克齋書院	明嘉靖四十三年	重修	郡守鄭伯興，同知薛應元通判夏寶	官		57A, V10, P.45b 57B, V3, P.21a 同
	鹿鳴書院	清光緒五年	重修	知縣歐陽烜	官	光緒二十四年改爲求益書院	57B, V3, P.24b
龍游縣	岑峰書院	清道光間	重修	知縣周敦培	官		58B, V5, P.8a
	盈川書院	清道光間	重修	知縣周敦培	官		58B, V5, P.8a
	鳳梧書院	清光緒十四年	重建	知縣高英	官		58B, V5, P.8b
		光緒二十一年	重建	知縣張炤至	官		58B, V5, P.8b
江山縣	南塘書院	明正德十五年	移建	知縣吳仲	官	改建於騎石山，改名逸平書院	59B, V4, P.26b
		嘉靖二十二年	重修	知縣黃綸	官		59B, V4, P.26b
		隆慶間	重修	知縣邵仲祿	官	易名正學書院	59B, V4, P.26b
		萬曆四十一年	重建	邑人監生鄭朝煥等	私		59B, V4, P.27a
		清乾隆六十年	重建	教諭應芝暉等	官		59B, V4, P.27a
	涵香書院	清乾隆二十八年	增建	知縣雷士佺	官	建於舊書院之右，改曰「文溪」	59B, V4, P.31a~32a
		道光二十八年	重建	知縣李玉典等	官		59B, V4, P.32a
		咸豐八年	重修	知縣王景彝	官		59B, V4, P.33b
	崧山書院	元	重建	柴氏	私		59B, V4, P.29b
常山縣	西廓定陽書院	清咸豐二年	增建	知縣李維著	官		60C, V32, P.14a
		同治元年	重建	知縣黃敬熙	官		60C, V32, P.14a
		光緒七年	重修	知縣譚恩戭	官		60C, V32, P.14b
金華縣	滋蘭書院	清康熙六十一年	重建	知府張讓	官	改名麗正書院	63C, V4, P.12a
		乾隆間	重修	知府鄭遠	官		63C, V4, P.12a
		乾隆間	重修	知府楊志道	官		63C, V4, P.12a
		乾隆四十年	重建	知府凌廣赤	官		63C, V4, P.12a
		嘉慶十六年	重修	知府吳廷琛	官		63C, V4, P.12a
		同治五年	重建	知府徐寶治	官		63C, V4, P.12a
		同治十三年	重建	知府趙曾向	官		63C, V4, P.12a
		光緒十四年	重建	知府繼良	官		63C, V4, P.12a
	滋蘭書院	光緒十五年	重修				63C, V4, P.12a
	桐蔭書院	清康熙三十年	重建	知府王無忝	官	又名寶婺書院	63C, V4, P.12b
		康熙間	增修	知府陳見智	官		63C, V4, P.12b
		乾隆七年	重建	知府鄭遠	官	改名蓉峰書院	63C, V4, P.12b

金華縣	桐蔭書院	道光三年	重建	知府景昌	官		63C, V4, P.12b
		同治八年	重修	知縣余本愚	官		63C, V4, P.12b
	麗澤書院	宋淳祐間	移建	州守許應龍	官	改建於雙溪之滸	63C, V4, P.13a
		明化成間	重建	僉事辛訪命知府李嗣	官		63C, V4, P.13a
		嘉靖十四年	重修	巡按御史張景命通判汪昉	官		63C, V4, P.13a
蘭谿縣	瀫水書院	清乾隆二十三年	重修	知縣左士吉率邑人	官	改名雲山書院	64C, V3, P.46b
		嘉慶三年	重修	知縣張許復	官		64C, V3, P.46b
		同治間	重建				64C, V3, P.46b
	仁山書院	明正德年間	移建	郡守趙豫	官	改建於城中天福山上	64C, V8, P.17b
東陽縣	崇正書院	明萬曆間	重建	邑紳郭天翔	私	隆慶三年，縣令鄭準改名中興書院	65, V6, P.24b 65, V6, P.27b
	西園書院 南園書院 石澗書院	宋	重修	仕郎郭良臣之裔孫郭文遠	私		《宋元學案》，頁834
	石洞書院	明	重建	郭氏裔孫郭文達	私		《石洞貽芳集》，卷一，頁19a
義烏繡湖書院		清嘉慶七年	重修	知縣諸自穀	官		66
永康縣	從公書院	清同治末	重建	徐大宗	私		67B, V2, P.15b
	培文書院	光緒元年	重建	邑人胡鳳丹	私		67B, V2, P.16b
武義縣 壺峰書院		清乾隆十五年	改名	郡守朱椿	官	改名武城書院	68B, V4, P.20b
浦江縣	月泉書院	元大德十年	重修	縣尹蔣恕	官		69B, V4, P.54b
		至順三年	重修	達魯花赤八兒思不花	官		69B, V4, P.54b
		至正十一年	重修	縣尹蕭文質	官		69B, V4, P.54b
		嘉靖九年	重建	毛鳳韶	私		69B, V4, P.55a
		崇禎六年	重建	邑人張一琳	私		69B, V4, P.55b
		崇禎九年	重建	邑令吳應臺	官		69B, V4, P.56b
		清康熙三十三年	重修	知縣趙懿源	官		69B, V4, P.58a
		乾隆十八年	重修	署縣事宋鰲	官		69B, V4, P.58b
		乾隆十八年	重修	署縣事李芳萃	官		69B, V4, P.58b
		乾隆二十八年	重修	知縣何子祥	官		69B, V4, P.58b
		道光十年	重修	知縣方功鉞	官		69B, V4, P.59a
		光緒二十二年	重修	董林宴	私		69B, V4, P.59b

浦江縣	文昌書院	清康熙四十五年	重修	知縣楊汝穀	官	改名仙華書院	69B, V4, P.61b
		康熙六十一年	重修	知縣邢世瞻	官		69B, V4, P.61b
		乾隆二十七年	重建	知縣何子祥	官	改名爲浦陽書院	69B, V4, P.62a
		嘉慶間	重修	知縣宋思恭	官		69B, V4, P.65a
		道光二十九年	重修	董事勸捐	私		69B, V4, P.65a
		同治十年	重建	知縣程洪	官		69B, V4, P.65a
		光緒元年	重修	知縣張兆芝	官		69B, V4, P.65a
	東明書院	清乾隆二十八年	移建	鄭氏合族	私	移於里門東偏	69B, V4, P.67b
		道光二十二年	重修				69B, V4, P.69b
	白石書院	清道光十年	重建				69B, V4, P.72a
		光緒十五年	重建	張氏後裔	私		69B, V4, P.72a
	廣學書院	清同治十一年	重建	知縣張兆芝	官		69B, V4, P.73a
建德縣	龍山書院	清康熙十一年	移建	知縣項一經	官	于興仁門外，文昌閣之前	72A, V6, P.19b
	釣臺書院	宋淳祐年間	增建	郡守王佖	官		72A, V6, P.10b 72D, V6, P.21b
		明弘治四年	重修	知府李德恢	官		72A, V6, P.10b 72D, V6, P.21b
	寶賢書院	清同治十一年	重修	知府宗源翰	官		72D, V6, P.28a 72C, V7, P.21b~22b
		光緒十年	重建	知縣劉毓森	官		72D, V6, P.28a 72C, V7, P.21b~22b
	文淵書院	清乾隆十二年	重修	官紳	官		72D, V6, P.25a 72B, V7, P.50a
		嘉慶八年	重建	知府張丙震勸捐	官	改名雙峰書院	72D, V6, P.25a 72B, V7, P.50a
		嘉慶十一年	重修	監生姚一桂	私		72B, V7, P.51a
		道光五年	增建	知府聶鎬敏	官		72D, V6, P.26a
		光緒二十七年	重修	知府劉宗標	官	改名六睦學堂	72D, V6, P.26b
淳安縣	石峽書院	元至大二年	重修	達魯花赤愛祖丁	官		73C, V2, P.32b
		明正統四年	重建	縣令洪淵	官		73C, V2, P.32b
		成化十三年	重修	縣令汪貴	官		73C, V2, P.32b
		正德間	重修	縣令高鵬	官		73C, V2, P.32b
		嘉靖間	重修	縣令姚鳴鸞	官		73C, V2, P.33b
	石峽書院	萬曆間	重修	善信等	私		73C, V2, P.33b
	清溪書院	明弘治四年	重修	縣令劉旁	官		73C, V2, P.35a 71A, V6, P.11a

淳安縣	清溪書院	嘉靖三十九年	重建	縣令海瑞	官		73C, V2, P.35a 71A, V6, P.11a
	五峰書院	明嘉靖間	重修	徐廷綬	私	府志作金廷綬修	73C, V2, P.33b 71A, V6, P.11a 73B, V7, P.16a
	翰峰書院	明嘉靖間	重修建	進士吳欽	私		73C, V2, P.33b 73B, V7, P.16a
	蜀阜書院	明嘉靖間	重建	邑人徐楚	私	改名雉峰書院	71A, V6, P.11a 73B, V7, P.16a
	瓊林書院	清順治十五年	重修	知縣張一魁	官		71A, V6, P.11b
桐廬縣	錢塘書院	明嘉靖三十五年	重建	知縣吳紳	官	改名曰崇正書塾	74, V5, P.7b~8a 71A, V6, P.12b
		萬曆元年	重修	本府推官周憲	官		74, V5, P.7b~8a 71A, V6, P.12b
	桐江書院	清康熙四十年	重修	知縣陳葚	官		74, V5, P.10a 71A, V6, P.12b
		乾隆三年	重修	知縣李其昌	官		74, V5, P.10a 71A, V6, P.12b
		乾隆十四年	重修	知縣吳憲青	官		74, V5, P.10a 71A, V6, P.12b
遂安縣	獅山書院	明萬曆三十九年	改名	知縣韓晟		改名五獅	75C, V5, P.6b
	瀛山書院	明隆慶三年	重建	知縣周恪	官		75C, V5, P.6b
		清順治間	重修	知縣高爾修	官		75C, V5, P.6b
		順治間	重修	知縣錢周鼎	官		75C, V5, P.6b
	台鼎書院	清光緒十六年	重修	知縣唐濟	官		75C, V5, P.7a
分水縣	興賢書院	明萬曆三年	增修	知縣方夢龍	官	改名志學書院	77B, V4, P.18b
		萬曆三十二年	重建	知縣盧崇勳	官		77B, V4, P.19b
		清道光五年	重建	知縣餘芝	官	改名玉華書院	77B, V4, P.19b
		道光二十三年	重修	知縣王承楷	官		77B, V4, P.20b
		同治八年	重建				77B, V4, P.21a
麗水縣	南明書院	清康熙三十三年	重建	知府劉廷璣	官	改爲縣義學	79B, V2, P.24b
		康熙五十年	重修	知縣竹林	官		79B, V2, P.24b
		雍正元年	重修	署總兵馬璘	官		79B, V2, P.24b
		雍正八年	重修	知縣王鈞	官		79B, V2, P.24b
	南明書院	雍正十一年	重修	知府曹掄彬	官	乾隆十七年，知府賦璉改爲蓮城書院	78B, V7, P.27a
		同治四年	重建	知府清安	官		78B, V7, P.27b

青田縣	正誼書院	清道光五年	移建	知縣董承熙	官	移建趙山	80C, V2, P.12b
		咸豐七年	重修	知縣曹和樹	官		80C, V2, P.12b
		同治六年	重修	知縣羅于森	官		80C, V2, P.12b
	鵬嶺書院	清同治二年	重修	歲貢生于樹道	私		80C, V2, P.13a
		同治九年	重修	廩生洪疇	私		80C, V2, P.13a
	混元書院	明崇禎三年	重建	知縣韓晃	官		80C, V2, P.13a
	石門書院	清康熙二十五年	重建	邑令張皇輔	官	改名文明書院	80C, V2, P.13a
縉雲縣	五雲書院	清康熙二十二年	重建	知縣霍維鵬	官		81B, V4, P.44a
		雍正四年	增建	知縣戴世祿	官		81B, V4, P.45a
		乾隆九年	重修	知縣閻公銑	官		81B, V4, P.45a
		乾隆二十四年	增建	馮慈	官		81B, V4, P.45a
		乾隆二十八年	重修	教諭胡望斗	官		81B, V4, P.45a
		乾隆二十九年	增建	知縣狐亦岱	官		81B, V4, P.45a
		道光八年	重建	邑人呂錫熊	私		81B, V4, P.45a
		咸豐間	重修	呂氏姪	私		81B, V4, P.47a
	金蓮書院	道光八年	增建	明經丁耀清	私		81B, V4, P.48a
	獨峰書院	宋咸淳七年	增建	邑人潛說友	私		81B, V4, P.49b
		清同治十二年	重建	邑紳	私		81B, V4, P.49b
	崇正書院	清同治二年	重建	呂氏後裔及士民	私		81B, V4, P.49b
	美化書院	元	重建	山長黃應元周仁榮	私		81B, V4, P.50a
		元貞二年	重修	山長陳天益	私		81B, V4, P.50a
		大德元年	重修	縣尹翟某	官		81B, V4, P.50a
	松陽縣 明善書院	元至元二十一年	重建	前太守進士蕭子登	私		82A, V1, P.21b
		清乾隆十五年	移建	官紳	官	知縣陳朝棟詳准捐俸購詹姓房屋改建合邑紳士公捐改建於城東	82B, V3, P.59b
		同治六年	移建	知縣徐葆清	官	于城北天后宮之東	82B, V3, P.64b
龍泉縣	金鰲書院	清道光七年	重修	邑令姚肇仁	官		83B, V3, P.17a
	仙巖書院	元至元中	併入			桂山書院	83B, V3, P.16a
	芴洲書院	元至元十六年	移建	邑人秀正	私		83B, V3, P.16a
	仁山書院	清乾隆二十五年	重修	知縣薛遇龍	官		83B, V3, P.16b
	仁山書院	乾隆三十六年	重修	知縣黃德中	官		83B, V3, P.16b

遂昌	妙高書院	清同治九年	重建	知縣韋登瀛	官		84B, V1, P.40a
	鳳池書院	明萬曆六年	重建	知縣鍾宇淳	官		84B, V1, P.42a
	相圃書院	明萬曆二十三年	增建	知縣湯顯祖	官		84B, V1, P.33b
慶元	對峰書院	清乾隆五十年	移建	知縣王恒	官	於四都瀆田今址	85B, V4, P.19a
		嘉慶十七年	移建	知縣	官	于明倫堂前道義門	78B, V7, P.63b
雲和	箬溪書院	清同治二年	重修	縣令涂冠	官		86B, V5, P.36a
		光緒元年	增建	知縣洪承棟暨紳士	官		78B, V7, P.66b
宣平	鰲峰書院	清道光二十七年	重建	邑令李盤	官		87B, V6, P.24a 87C, V6, P.1b
景寧	雅峰書院	清乾隆三十八年	重建	知縣張九華	官	改名指南書院	88B, V5, P.32a
		道光三十年	重建	知縣邢吉甫	官		88B, V5, P.33a
		同治三年	改建	知縣徐燨烈等	官		88B, V5, P.33a
	豸山書院	清乾隆七年	增建	知縣黃鈺	官		88B, V5, P.41a
		乾隆十九年	增建	知縣郭邁	官		88B, V5, P.41a
		道光三十年	重建	知縣曹建春	官		88B, V5, P.41a~b
		咸豐十一年	重建	管書勳	私		88B, V5, P.41a~b
		同治十一年	重修	杰擇	私		88B, V5, P.41a~b
	繼志書院	清同治十年	重修				88B, V5, P.41b
永嘉縣	東山書院	明嘉靖三十一年	重建	知府龔秉德	官		90B, V7, P.22a
		清雍正十年	移建	巡道芮復傳	官	于城東南積穀山麓	90B, V7, P.23a
		乾隆二十年	重修	巡道朱椿興	官		90B, V7, P.24b
		乾隆二十四年	重修	巡道徐綿知府李琬知縣崔錫	官		90B, V7, P.24b
		道光十年	重修	賈聲槐署知府呂子班倡率紳士	官		90B, V7, P.25b
	中山書院	清道光十一年	重修	署巡道賈聲槐知府呂子班，署知縣傅延壽倡率紳董等	官		90B, V7, P.28b
		同治七年	重修	署知府戴槃	官		90B, V7, P.29b
	鹿城書院	明萬曆十六年	重建	知府衛承芳	官		90B, V7, P.32b
		明萬曆二十四年	重修	知府劉芳譽	官		90B, V7, P.32b
		清乾隆二十一年	重修建	知府俞文漪率眾	官		90B, V7, P.32b
	永嘉書院	元至元三十一年	重建	總管夏若水	官		90B, V7, P.33a
	雞鳴書院	明萬曆十四年	重建	知縣蔣若水	官		90B, V7, P.33a 90A, V6, P.13a

永嘉縣	雞鳴書院	明萬曆二十四年	重修	知縣林應翔	官	改名文昌會館	90B, V7, P.33a 90A, V6, P.13a
	羅峰書院	明嘉靖間	改名		官	張孚敬入相奉敕建改名「敕建貞義書院」	90B, V7, P.33b
瑞安縣 萃英書院		清嘉慶十年	改建	邑衿呈請徐署令映台、趙署令宜馨	官		91A, V2, P.53b
樂清縣	金鼇書院	清咸豐七年	重修		官		92B, V4, P.51a
	梅溪書院	明隆慶間	重建	令胡用賓	官		92B, V4, P.37a
		清雍正六年	移建	令唐傳鉎	官	改建西塔山麓	92B, V4, P.37a
		嘉慶三年	重修	令李珍	官		92B, V4, P.37b
		嘉慶八年	增建	令倪本毅	官		92B, V4, P.37b
		同治三年	重建	董事劉書年等	私		92B, V4, P.37b
平陽縣	會文書院	清光緒十年	重建	邑人陳承紱等	私		93B, V10, P.1a
	正學書院	明嘉靖十六年	移建	署縣事推官李夢祥	官	改祀於證眞寺內改名東山書院	93B, V10, P.2a
	魁峰書院	清康熙間	重建	葉之眞等	私		93B, V10, P.2b
	吾南書院	清光緒八年	移建	邑人許元達倡	私	于靈溪街後	93B, V10, P.2b
	逢源書院	清同治四年	重修				93B, V10, P.5b
		光緒三年	移建	邑人陳彬	私		93B, V10, P.5b
	昆陽書院	清乾隆二十年	增建	署令楊兆槐	官		93B, V10, P.2b
		乾隆二十三年	重修	邑令徐恕	官		93B, V10, P.2b
		道光八年	重建	邑人施秉彝捐	私		93B, V10, P.3a
		同治三年	重建	令余麗元	官		93B, V10, P.3a
泰順羅陽書院		明嘉靖四十一年	重修	縣令區益	官		89, V7, P.35a
		明隆慶三年	重修	令王家克	官		89, V7, P.35a
		清嘉慶間	重修	董事潘汝梅等	私		94B, V3
		清乾隆十七年	移建	知縣楊人傑	官	於赤砂之石	94B, V3
玉環廳	環山書院	清嘉慶元年	重修	庠生江花	私		95, V7, P.47a
		同治二年	重修	同知張文藻諭紳士毛鳳儀等	官		95, V7, P.47b
		同治六年	重修	同知趙寶甲及衿士董思華等	官		95, V7, P.47b
	天香書院	清同治二年	增建	貢生王正南	私	光緒四年同知杜冠英改名玉海書院	95, V7, P.51a
	鳳鳴書院	清同治間	重修	庠生吳煥章	私		95, V7, P.54a

附錄三　書院經費表

說明：本表記載浙江歷代各書院經費之來源及其數目，依宋元明清朝代先後
　　　列出。經費數目分產額、租額兩部份。產額分成田地、鋪屋、基金三
　　　部份，租額則分租穀、租銀、租錢、年息四部份。本表資料取材自地
　　　方志，由於刊列的數字未盡精確，故僅能稱為估計數字，而方志中未
　　　載明數字者不予列入。田地的單位為畝，租銀、基金、年息的單位為
　　　兩，租錢為錢。為統一單位，原載數字已換算成上述單位計算。

書院	年代	來源	產額			租額				備註	資料來源
			田地	鋪屋	基金	租穀	租銀	租錢	年息		
歸安定定書院	南宋淳祐五年	太守蔡節置	100		莊米200					基金單位為石	24B, V3, P.10a
餘姚高節書院	咸淳間	沿海制置使劉黻	180								43B, V10, P.49b~50a
西安明正書院	景定末	侯王己撥	176								《黃文獻公集》，卷七，頁3a
	咸淳中	郡守趙孟奎撥	63								《黃文獻公集》，卷七，頁3a
浦江月泉書院	咸淳三年	知縣王霖龍置	36							塘15畝	69B, V4, P.52b
錢塘西湖書院	元	郡人朱慶宗捐	275								《黃文獻公集》，卷七，頁53a
海寧州黃岡書院	至正五年	賈執中割田	800								6B, V19, P.40b
長興東湖書院	至元二十四年	邑紳蔣必勝捐	250							山地1,076畝	25A, V2, P.26a
	奉定四年	蔣居仁蔣必壽捐	204							土地484畝	25A, V2, P.26a
	至元五年	蔣克明捐	100								25A, V2, P.26a
鄞縣甬東書院	元	郡士倪可久助	20								31C,〈輿地志〉,頁818b
鄞縣東湖書院	天歷元年	邑人陸居敬弟思誠捐	160								31C, P.820a
慈谿慈湖書院	元	院置學田	112								32C, V5, P.4b
慈谿杜州書院	至大二年	童金置	400								32C, V5, P.4b

書院	年代	來源						出處
餘姚高節書院	至正間	知縣敦文煜金止善撥	800					43B, V10, P.50a
餘姚古靈書院	至正二十三年	陳氏捐	150					43B, V10, P.51a
上虞泳澤書院	至正二十六年	方國珉撥	1,100					44D, V34, P.3a
淳安石峽書院	至元間	山長方梁捐	100					73, V2, P.32b
	至大二年	達魯花赤愛祖丁撥	92					73, V2, P.32b
嘉興仁文書院	明	知府詹應鵬等置	422					14C, V8, P.29b
長興講德書院	嘉靖三十七年	知縣黃晨置	3.4					25B, V4, P.21a
長興箬溪書院	萬曆間	邑人捐	86.1					25B, V4, P.25a
鎮海南山書院	嘉靖七年	周懋撥	30					34B, V7, P.32b
象山聚奎書院	萬曆二十二年	邑令周官撥	22					35B, V14, P.32a
諸暨紫山書院	嘉靖十四年	陳讓撥寺田	170					42B, V14, P.25a
上虞泳澤書院	萬曆十二年	知縣朱維藩撥入寺田	50					44D, V34, P.3a
江山仰山書院	嘉靖中	知縣黃綸置	6					59B, V4, P.30b
金華崇正書院	明	知府張鳳梧撥	100					63C, V4, P.12a
	明	義烏參政盧德煜捐	150				山300畝	63C, V4, P.12a
遂安五獅書院	隆慶五年	知縣吳搞謙買	20.319					75C, V5, P.6b
	萬曆三十九年	知縣韓晟買	52.538		8.233	12.744		75C, V5, P.6b
遂安瀍山書院	隆慶五年	邑人捐	10					75C, V5, P.6b
青田心極書院	嘉靖三十二年	知縣李楷	20					80C, V2, P.13a
龍泉仁山書院	嘉靖三年	令朱世忠捐俸	20					83B, V3
遂昌相圃書院	萬曆二十三年	知縣湯顯祖			100			84B, V1, P.37a.b

書院	年代	事由							備註	出處
昌化 隆山書院	清		21.8							2C, V16, P.25b
	光緒二年	知縣陳文彬勸捐			2,000				基金單位為元	2C, V16, P.25b
餘杭 龜山書院	光緒二十年	知縣關鍾衡買入	21.9							8B, P.2b
	光緒二十四年	邑人中書盛起捐			2,000				基金單位為元	8B, P.2a
德清 清溪書院	乾隆十八年	邑人捐	15							27B, V2, P.3a
	同治九年	知縣張文焴籌			4,200					27C, V3, P.9a
海寧 安瀾書院	嘉慶八年	布業捐		8	800					6B, V4, P.12b
	嘉慶九年	絲布米業捐			1,300					6B, V4, P.12b
	嘉慶十年	吳觀察捐		1	210				基金單位為元	6B, V4, P.12b
	道光四年	邑人唐際時 侍郎查又山			1,000 1,000				基金單位為元	6B, V4, P.11b
歸安 安定書院	光緒間				700			6,000	基金年息單位為緡	24B, V3, P.10a
歸安 愛山書院	乾隆間	官紳合捐			4,700			564		22B, V18, P.8a
長興 箬溪書院	道光二十九年	邑人王書瑞等捐			6,700				基金單位為緡	25B, V4, P.27a
	同治六年	邑人捐	600							25B, V4, P.28a
	同治六年	太守宗源翰歲給			1,600				三年為率 基金單位為緡	25B, V4, P.27b
	同治間	太守楊榮緒給			500					25B, V4, P.28b
安吉州 古桃書院	乾隆間		33.537							28, V5, P.52b
定海 景行書院	嘉慶初	知縣宋如林撥	2,000				627.364			38, V18, P.22a
	同治十年	署廳事左瀓捐	19.34833			1,930				38, V18, P.23a
	光緒二年	邑人捐				760				38, V18, P.23b
	光緒十一年	知廳事黃樹藩撥				400				38, V18, P.23b
臨安 錦城書院	道光五年	知縣置	17							9B, V3, P.6a
	道光六年	官捐			100 500				基金單位為元	9B, V3, P.31a

書院	年代	捐置者						出處
平湖當湖書院	乾隆十五年	監生張嶸捐		1,000			200	20C, V3, P.34b
平湖當湖書院	乾隆四十二年	邑紳捐	15	600	15.35			20A, V5, P.22b
平湖當湖書院	乾隆五十四年	監生張誠捐	166.068		170.008			20B, V3, P.49a~b
平湖當湖書院	嘉慶四年	里人公置	27.9					14C, V9, P.28a
平湖當湖書院	嘉慶五年	邑紳捐置	34					14C, V9, P.28a
平湖當湖書院	同治中	邑人捐	95					14C, V9, P.28a
平湖當湖書院	光緒四年	知縣彭潤章捐	21.965		21.2			20C, V4, P.10a
平湖蘆川書院	同治四年	邑紳捐	634				光緒初共690畝	14C, V9, P.28b
平湖觀海書院	乾隆四十二年	邑人捐	18.5465	600	15.35			20C, V3, P.37a V3, P.53b 20C, V4, P.11b
平湖觀海書院	同治中	邑人陳佩璲等捐	350		500			20C, V4, P.11b
平湖新溪書院	光緒六年	邑人捐	15.099		17.9			20C, V4, P.13b
平湖九峰書院	同治中	舉人張天翔等捐			124.165			20C, V4, P.11b
平湖呂公書院	清	邑人陳澄中置	30					20C, V3, P.38b
秀水翔雲書院	同治十一年	知府許瑤光撥置		14				19C, V9, P.53b
桐鄉分水書院	乾隆五十七年	舉人徐以坤捐	30					21B, V2, P.19b
桐鄉分水書院	嘉慶年間	邑紳沈啓震捐		1,000				21B, V2, P.19b
桐鄉桐溪書院	同治三年	署知縣王聯元置	42					14C, V9, P.46b
海鹽蔚文書院	乾隆四十一年	邑人徐文錦捐	437.985	1			共田685.2	18, V11, P.24a
海鹽蔚文書院	乾隆四十一年	併觀成書院田	107.25					18, V11, P.24a
海鹽蔚文書院	同治十一年	以里塾田歸	278.04					18, V11, P.24a
海鹽蔚文書院	光緒二年	撥庵田地	10					18, V11, P.24b
海鹽觀成書院	康熙五十八年	知縣梁澤撥入	153.2					14C, V8, P.30a

	康熙五十五年	郡守吳永芳捐置並撥祠田	153.2								14C, V8, P.30a
	乾隆三十一年	知府馮章宿撥	47.4								14C, V8, P.30a
	乾隆三十五年	知府李星曜撥	73		120						14C, V8, P.31a
嘉興鴛湖書院	乾隆四十年、四十三年	如皋令王爍捐			1,680					共積存本2,400兩	14C, V8, P.31a
	嘉慶元年	知府伊湯安捐			1,000						14C, V8, P.31a
	同治三年	官紳合捐	661								14C, V8, P.32a
	同治三年	知府許瑤光籌			2,000					基金單位爲元	14C, V8, P.32a
	乾隆二年	邑紳捐置	190								17D, V5, P.33a
嘉善魏塘書院	乾隆二十九年	邑紳捐置			1,200						17D, V5, P.33a
	同治二年									共有田639.55畝	170, V5, P.34b
嘉善平川書院	光緒十二年	邑紳張慕洙等籌			1,300						17D, V5, P.34b
嘉善楓溪書院	同治七年	邑紳陳宗溥等募，並官方撥廟田	185	1							17D, V5, P.34b~35a
	同治四年	崇文書院、施棺會、同仁會等公產撥	124.18							原舊有田產 96.65另有樓屋三間	19C, V4, P.47a~48a
石門傳貽書院	同治四年	邑人捐	141.5								19C, V4, P.49a
	同治九年	縣令陳謨捐			600						19C, V4, P.44b
	同治十年	縣令袁績慶每年撥			140						19C, V4, P.44a~49a
	光緒四年	縣令余麗元捐			600						19C, V4, P.44b
石門崇文書院	乾隆間	姚德三助	15								19C, V4, P.46b
	嘉慶十二年	知縣撥			300					基金單位爲元	19C, V4, P.47a
慈谿慈湖書院	道光六年	邑人馮雲濠等捐		30,000							32C, V5, P.8a
	道光二十五年	院置買	94.8015								32C, V5, P.11b

書院	年	來源						出處
慈谿 慈湖書院	咸豐五年	院置買	1174.12074					32C, V5, P.12a
	同治十二年	院置買	128.8					32C, V5, P.12b
	同治十三年	院置買	5.503					32C, V15, P.13a
	光緒十六年	院置買	99.00006					32C, V15, P.13a
慈谿 德潤書院	雍正三年	邑人鄭性捐	39.0286					32C, V5, P.19b
		邑人捐	13.765					32C, V5, P.20a
	道光六年	學政朱士彥撥	900					32C, V5, P.15b~20a
	道光十二年	邑人公置	4.9425					32C, V5, P.23a
	光緒五年	知縣施振成撥	56.9425					32C, V5, P.23b~24a
鄞縣 月湖書院	順治十年	官紳合置	120					31B, V9, P.32a
	乾隆三十四年	縣義田、地款	3.114			698.518	25.2	31C,〈輿地志〉,頁 P.823b 31A, V5, P.16a
	乾隆三十四年	商民捐					120	31C, P.823b
	嘉慶二十四年	巡撫楊懋功捐		4,000			600	31C, P.823b
	同治三年	知府邊葆誠捐		5,600				31C,〈輿地志〉,頁 823b
鎮海 崇正書院	康熙五十八年	庵產	20					34B, V7, P.35b
鎮海 靈山書院	嘉慶九年	里人鄔鞶捐	30					34B, V7, P.45a
鎮海 振文書院	光緒四年	里人王錫山等捐	22.22					34B, V7, P.45b
鎮海 九峰書院	光緒間	里人葉振六等募	73.46					34B, V7, P.46b
鎮海 鯤池書院	乾隆四十一年	知縣周樽增			55		舊有田110畝	34B, V7, P.37b
	乾隆四十四年	官周樽,紳王世綸等助	39.66		52			34B, V7, P.37b
奉化 錦溪書院	康熙三十年	令施鼎憎增置	20				舊有學田20畝	33B, V9
奉化 千秋書院	光緒七年	張為霖置	40					33B, V9, P.8a

奉 化 篆山書院	光緒十年	邑人王禹堂 等置	30						33B, V9, P.16b
奉 化 上林書院	康熙間	邑人捐	20					山三則	33B, V9, P.8a
定 海 蓬山書院	同治元年	邑紳捐	50						38, V18, P.32a
	同治四年	里人捐	41						38, V18, P.32b
	光緒二年	署同知陳乃 翰撥	1.2						38, V18, P.33a
	光緒二年	監生費宗惠 捐		8					38, V18, P.33a
定 海 蓉浦書院	光緒間			8					38, V18, P.33a
餘 姚 龍山書院	乾 隆 四十四年	庵田充金田	67.56534						43B, V10, P.35a
	乾隆間	邑人捐	163.1298					山五畝	43B, V10, P.33b
	嘉慶元年	王懋昭助	39						43B, V10, P.35b~36a
		邑人捐	80.46745						43B, V10, P.37a~39b
	同治三年	充公田	148.7751					山一畝 共有田 405.552 地 16.732 山 6.65 蕩 0.2	43B, V10, P.37a~40a
餘 姚 姚江書院	乾隆間	邑人楊輝祖 捐	66						43B, V10, P.27a~b
	乾隆間		34.1073						43B, V10, P.8a~b
餘 姚 文蔚書院	同 治 十三年	邑人捐	239.9723						43B, V10, P.42a
山 陰 龍山書院	乾隆間	知縣莊文進 撥	23.2						39C, V20, P.20a 48，第三冊，頁 4a
	乾 隆 四十八年	紳士游孫涓 等捐置	48.2						39C, V20, P.20b
	乾 隆 五十七年	監生孫連玉 捐	10.3						40C, V19, P.10a
	嘉慶元年	知縣趙戾揚 撥	111.053						40C, V19, P.10a
山陰舊 稽山書院	康熙間	邑人捐	15.445						39C, V20, P.21a
山 陰 戢山書院	乾 隆 五十七年	邑紳孫連玉 捐	10.7						40C, V19, P.9b

書院	時間	來源	數值一	數值二	備註	出處
新昌南明書院	乾隆十六年	知縣曹鑒捐	300		39C, V20, P.28a 作撥大雷庄官田 200 畝	46B, V5, P.25a
	嘉慶間	邑人捐	25			46B, V5, P.25a
新昌鼓山書院	道光間	恭人陳氏捐	20			46B, V5, P.26a
	道光三十年	邑人捐	6			46B, V5, P.27a
	咸豐六年		2			46B, V5, P.27a
	光緒二十四年	邑人捐	8			46B, V5, P.27a
蕭山筆花書院	乾隆十五年	邑人趙沈氏捐	49.955			41, V10 下, P.2a
	乾隆間	陳之濂捐	20.254			41, V10 下, P.3a
嵊縣輔仁書院	乾隆五十三年	知縣唐仁埴撥寺田	100			45C, V5, P.40b
嵊縣剡山書院	乾隆五十八年	支金捐	20			45C, V5, P.38a
	道光二十五年	支本捐	10			45C, V5, P.38b
嵊縣陽山書院	道光十五年	錢氏捐	100			45C, V5, P.41b
上虞松陵書院	康熙六十一年	郡守俞卿撥	24			44D, V37, P.4b
	道光間		12.1			44D, V37, P.4b
上虞經正書院	道光十二年	闔邑君民捐	399.5	3	山一畝	44C, V34, P.11a~b
	咸豐間	院置	0.998			44C, V34, P.11b~12a
	同治二年	院同事、經營之捐	7.29			44C, V34, P.12.a~b
	同治八年	監生賀學義助		1		44C, V34, P.12a~b
	同治九年	知縣余庭訓撥入		2		44C, V34, P.12a~b
	同治十一年	院置	130			44C, V34, P.12a~b
	同治十二年	院置及職員杜儀助	98.503			44C, V34, P12a~b
	光緒十四年	知縣唐煦春撥	660.6			44C, V34, P.12b

上虞 經正書院	光緒 十九年	知縣儲家藻 撥	14.5383							44D, V37, P.10a
上虞 承澤書院	乾隆間	邑人捐	19.35		5,000			894.23		44C, V34, P.6b
錢塘 詁經精舍	光緒 二十年	廣東學政徐 琪捐置			2,000					張鑒,〈詁經精舍 志初稿〉,《文瀾 學報》二卷一 期,頁40
象山 纓水書院	乾隆 十八年	知縣尤錫章 撥	60							35B,卷三十二 〈文徵外編碑 記〉,頁45b
	道光二年	邑人捐	49							35B, V14, P.32a
	道光三年	縣令劉嘉會 撥	207							35B, V14, P.32a
象山 金山書院	同治 十三年	官紳合捐	2.9		1,400					35B,卷三十二 〈文徵外編碑 記〉,頁59b
象山 珠山書院	光緒八年	邑紳合捐	150		1,100					35B, V14, P.36a
	光緒間	邑令史恩緯 撥			960					35B, V14, P.36a
象山 丹山書院	康熙 六十年	邑令馬受曾 撥	54							35B, V14, P.32a
	乾隆 二十一年	邑令曹鑒撥	63							35B, V14, P.32a
	道光三年	邑令劉嘉會 撥	60							35B, V14, P.32a
象山 養正書院	光緒 二十五年	邑紳蘇良彝	60							35B, V14, P.36a
	光緒 三十二年	邑令黃羨欽 撥			800					35B, V14, P.36a
諸暨 毓秀書院	乾隆間	邑人合捐	167	19						39C, P.24b 42B, V14, P.26a~b
臨海 東湖書院	同治間		632.46			989.3				50B, V8, P.22b
臨海 椒江書院	光緒二年	邑紳捐				1,500			租穀單位 爲緡	50B, V8, P.24b
臨海 賓賢書院	道光九年	里人捐	244							50B, V8, P.25b
	同治初年	知府劉璈撥	11							50B, V8, P.25b
臨海 旦華書院	同治間	知府劉璈撥	55			700				50B, V8, P.25b

書院	年代	來源	(1)	(2)	(3)				備註	出處
臨海 東山書院	同治間	知府劉璈撥	70							50B, V8, P.25b
臨海 金鼇書院	道光 二十三年	邑令撥	161							50B, V8, P.25a
臨海 南屏書院	同治間	郡守劉璈撥	60							50B, V8, P.24a
臨海 近聖書院	康熙 五十二年	郡守張聯元撥	235							50B, V8, P.32b
	康熙年間	郡守張若震撥	32							50B, V8, P.32b
	乾隆 二十四年	知縣徐培撥	200							50B, V8, P.33a
	乾隆 二十六年	郡守張鐸文撥	530							50B, V8, P.32b
	清	郡守捐		2,000						50B, V8, P.33a
黃巖 清獻書院	嘉慶初	由樊川書院撥入	335							51B, V8, P.16a
黃巖 九峰書院	同治八年	縣令孫熹捐		100						51B, V8, P.16b
	同治八年	邑人盧氏	20	1,000					基金單位 為緡	51B, V8, P.16b
黃巖 文達書院	同治間		97							51B, V8, P.19b
黃巖 東甌書院	同治三年	邑人周作新等捐	265							51B, V8, P.20a
黃巖 祀賢書院	同治間		14							51B, V8, P.20a
黃巖 金清書院	同治間		37.3							51B, V8, P.20a
黃巖 南渠書院	同治間	邑人捐	55.6							51B, V8, P.20a
黃巖 樊川書院	乾隆 二十年	知縣劉世甯撥	296.88							51B, V8, P.18b
	咸豐中	邑人捐	149.8							51B, V8, P.19b
黃巖 清獻書院	同治中		344							51B, V8, P.18b
仙居 安洲書院	同治七年	令余麗元撥入	1000		1,500					53B, V6, P.31b
太平 古壇書院	光緒 十五年	監生葉雨倉捐	30							54B, V2, P.62b
太平 鯨山書院	清	里人黃毓麟捐	60							54B, V2, P.62a

書院	年代	來源					備註	出處
太平驪山書院	同治間	貢生葉華南捐	20					54B, V2, P.62a
太平望雲書院	光緒間	邑人陳壽椿籌	180					54B, V2, P.61b
太平文炳書院	道光二十五年	明經阮敬熙捐	50					54B, V2, P.59a
太平翼文書院	同治九年	官紳合捐	100					54B, V2, P.61a
太平東嶼書院	同治十年	縣撥		116				54B, V2, P.58a
太平龍山書院	乾隆中	知縣徐培撥	93				嘉慶中變易轉購莊田48畝	54B, V2, P.57b
	咸豐八年	邑人沈文露	13					54B, V2, P.57b
	同治八年	知府劉璈撥		58				54B, V2, P.57b
	光緒元年	知府徐士鑾撥		32				54B, V2, P.57b
太平宗文書院	咸豐元年	邑人合捐	566					54B, V2, P.29a
太平鶴鳴書院	乾隆十九年	知縣左士吉撥	33.21					54A, V5, P.8a~b
	乾隆二十四年	知縣徐培撥	519.978				塘3.75	54A, V5, P.8b~11a
	嘉慶十五年	畢郡侯撥	100.1779				塘0.05	54A, V5, P.11b~13b
	光緒初	知縣孫晉梓	257.1143	100			塘0.4	54B, V2, P.19a, 20b~29a
寧海緱城書院	雍正間	令黃光岳撥置	296.7				山225	55C, V4, P.19a~19b
	同治五年	縣令撥入公款		100				55C, V4, P.18b
	同治七年	令孫熹撥入	657.4		39.7			55C, V4, P.20a
	同治十一年	令王燿斌撥	418.85		362.3	53.504	山17畝	55C, V4, P.20b~21.a
	同治十一年	民捐		435				55C, V4, P.19a
寧海遜志書院	同治十一年	令王燿斌撥	35				山二處原有寺田120畝	55C, V4, P.25b~26a
寧海紫溪鄔氏觀瀾書院	光緒初	邑人捐，興文會、振文會捐	50	60				55C, V4, P.28a

書院	年代	事由						備註	出處
寧海文正書院	同治七年	令孫熹撥	500						55C, V4, P.23b
寧海南鄉龍山書院	同治十二年	令周祖升撥	10						55C, V4, P.23b
寧海拱台書院	同治十一年	令王燿斌撥入	403					山800畝	55C, V4, P.24a
西安鹿鳴書院	乾隆五十六年	邑人鄭萬邦捐	17.648		20	403.25		塘1.019	57A, V10, P.47b~48a
	光緒二十年	公家購田	400		300				57B, V3, P.24b
	光緒二十四年	紙商捐		600					57B, V3, P.24b
西安正誼書院	清	郡守胡文溥撥置		500				原有田租百石	57A, V10, P.42b
	雍正十年	郡守胡文溥撥置		500			72		57A, V10, P.42b
	乾隆二十六年、四十八年、嘉慶七年	地方官撥入共	1111.12695					塘0.932	57A, V10, P.46b~47a
	乾隆三十年	官方		163.7		18.932			57A, V10, P.46b~47a
	光緒間	知府解煜、林啓撥置		2,400				每月200串	57B, V3, P.23b
龍游復英書院	光緒十年	知縣余廷英倡捐		1,300					58B, V5, P.9a
江山文溪書院	乾隆二十八年	知縣雷士伾	210						59B, V4, P.32a
常山西廓定陽書院	乾隆二十八年	邑人徐學至捐	73			63			60B，卷十一〈藝文〉（上），頁69b~70a
開化天香書院	乾隆初年	孝廉戴世偉等	30						61B, V3, P.18b
金華麗正書院	康熙間	知府張坦讓撥置	82						63C, V4, P.12a
	乾隆十一年	知府鄭遠撥	39					共有田280畝	63C, V4, P.12a
	乾隆二十三年	知府楊志道撥		1,600					63C, V4, P.12a
	同治年間	邑人助			100				63C, V4, P.12b
	光緒十三年	知府陳文祿		1,000					63C, V4, P.12b

書院	年代	來源								備註	出處
金華 麗正書院	光緒 十五年	知府繼良			600						63C, V4, P.12b
金華 長山書院	光緒 十一年	知縣曹礪成 撥		6				700	500	租錢年息 單位爲緡	63C, V4, P.12b
	光緒 十一年	教諭募捐			400	38.4				基金單位 爲緡	63C, V4, P.12b
	光緒 十四年		533						60	租錢單位 爲緡	63C, V4, P.12b
金華 蓉峰書院	乾隆七年	知府鄭遠撥			24						63C, V4, P.12b
	同治八年	知縣余本愚 撥			300						63C, V4, P.12b
蘭谿 雲山書院	乾隆 二十三年	知縣左士吉 捐			800						64C, V3, P.50a
	同治間	官捐			40					每課捐	64C, V3, P.50a
	光緒九年	知縣邵秉經 撥			400						64C, V3, P.50a
義烏 漱芳書院	雍正間	郡庠生陳雲 荃捐	20								66B, V3, P.33a
	雍正間	邑庠生陳恪 等捐				1.8					66B, V3, P.33a
永康 從學書院	康熙 二十一年	知縣謝雲從 置	20								67B, V2, P.15
	康熙 五十年	生員應修助	20								67B, V2, P.15
永康 從公書院	乾隆 三十年	寺撥入寺產	59								67B, V2, P.15
	乾隆間	民人沈正 初，貢生胡 爾仁助	23.6								67B, V2, P.16
	道光 三十年	官紳捐			400						67B, V2, P.18
	咸豐元年	杜文儒捐助	20								67B, V2, P.18
	咸豐九年	院置	1,060							田地單位 爲把	67B, V2, P.18
	咸豐十年	訓導助	395							田地單位 爲把	67B, V2, P.18
	同治四年	吳法江助	80							田地單位 爲把	67B, V2, P.18
	光緒 十五年	知縣事孫明 府勸捐			4,000						67B, V2, P.19

永 康 松桃書院	嘉 慶 十九年	民人馬之喜 助	54						67B, V2, P.16
武 義 武城書院	乾 隆 四十一年	邑令張尅撥 置	5,585					田地單位 爲把	68, V4, P.22b~24a
	乾隆年間	邑令張尅撥 置	55.25659						68, V4, P.25b
浦 江 月泉書院	康 熙 三十三年	知縣趙懿源 撥	15.7						69B, V4, P.58a
	乾 隆 二十八年	知縣何子祥 撥	47.6						69B, V4, P.58b
	道光十年	知縣方功鉞 捐	7						69B, V4, P.59a
	道 光 十六年	知縣王衷亮 捐	10.125						69B, V4, P.59b
	道 光 十八年	知縣黃崑捐	10						69B, V4, P.59b
浦 江 浦陽書院	康 熙 六十一年	知縣邢世贍 勸捐	79.2					山 120 畝	69B, V4, P.61b
	乾 隆 二十七年	知縣何子祥 與紳士合捐	139.26	1,550					69B, V4, P.62a
	嘉慶年間	知縣宋思恭 撥	55						69B, V4, P.65a
	道光年間	知縣黃崑撥	65						69B, V4, P.65a
	同治十年	知縣程洪撥		600		60			69B, V4, P.65a
	光緒元年	知縣張兆芝 撥	67	378					69B, V4，, P.66a
	光 緒 十九年	知縣善慶撥	.	300				基金單位 爲元	69B, V4, P.66b
浦 江 廣學書院	咸豐二年	知縣黃維同 捐	7					計有田 200 畝	69B, V4, P.73a
湯谿舊 九峰書院	乾 隆 四十八年	知縣陳鍾炅 撥	5						70B, V4, P.6a
湯谿新 九峰書院	光緒九年	知縣朱榮璪 撥	308.6652						70B, V14, P.7a~21a
建 德 寶賢書院	道光六年	知府晶鎬敏 捐		100				基金單位 爲元	72B, V7, P.59b
	道光八年	署知府劉榮 玠撥		1.5					72D, V6, P.27b
	同 治 十三年	蘭谿邑人方 紀勳捐	138						72C, P.36b

建德 雙峰書院	道光年間	邑紳、士民 捐	86		2,000				基金單位 爲緡	72B, V7, P.52a
	嘉慶八年	邑紳捐	86.92						塘 0.9332	72B, V7, P.57ab
	嘉慶 十九年	邑監生鄭均 捐	23.93							72B, V7, P.59a
桐廬 桐江書院	乾隆 二十一年	貢生張塽捐							山 39 畝	74, V5, P.10a
遂安 瀛山書院	順治間	知縣高爾修 錢周鼎捐	34.101							75C, V5, P.7a
壽昌 屏山書院	道光間	知縣撥	78			71.9				76B, V10, P.28a
	道光間	邑人合捐				800.94	300	476 1686	租錢單位 爲元	76B, V10, P.28a~91a
分水 興賢書院	道光四年	令饒芝勸捐	100		800				基金單位 爲緡	77B, V4, P.20b
	道光 二十三年	知縣王承楷 撥入	120		700					77B, V4, P.20b
	同治 十三年	提督福建陸 路總兵羅大 椿	19.931							77B, V4, P.21a
	光緒 十六年	知縣楊家賢 撥入			600				基金單位 爲元	77B, V4, P.21b
	光緒 二十五年	監生吳開址 捐			100				基金單位 爲元	77B, V4, P.21b
青田 正誼書院	乾隆 二十三年	知縣張日盥 撥	3058							80C, V4, P.12a
青田 振文書院	道光三年	里人葉廷建 捐				80				80C, V2, P.12b
青田 鵬嶺書院	咸豐十年	里人葉應選 捐				67				80C, V2, P.13a
	同治九年	知縣魏明撥 寺產				15				80C, V2, P.13a
青田 鶴山書院	同治九年	知縣魏明撥 寺產				38				80C, V2, P.13a
青田 兀突書院	光緒二年	邑人捐助			100	146.3			基金單位 爲緡	80C, V18, P.28a
青田 養正書院	清	正誼書院撥 入				40				80C, V2, P.12b
縉雲 正本書院	同治 十三年	知縣何乃容 撥寺田	2,000						田地單位 爲秧	81B, V4, P.55b
縉雲 鳳樓書院	同治七年	紳士曹、呂 二姓捐	100							81B, V4, P.56a

縉雲 五雲書院	道光間		3.31181						81B, V4, P.47a
縉雲 金蓮書院	道光八年	知縣捐			2,000			租穀單位 為元	81B, V4, P.47b
	道光 二十八年		4.916			1,160		塘 0.09958	81B, V4, P.48b
	道光間	五雲、金蓮 書院合收	10.63918					塘 0.099	81B, V4, P.49a
松陽 明善書院	乾隆 十五年	知縣陳朝棟 撥	253.99			262.23			82B, V3, P.60a~64b
龍泉 留槎書院	乾隆 二十七年	知縣薛遇龍 勘出	22.1					田畝 120坵	83B, V3
龍泉 金鰲書院	乾隆 三十二年	紳士撥入			338.4				83B, V3
	道光七年	邑令姚肇仁 捐			100				83B, V3
遂昌 奕山書院	乾隆 五十年	邑令繆之弼 撥	19						84B, V1, P.43a
慶元 對峰書院	乾隆間	郡守鄭東里 撥	1080 165把						85B, V12, P.39ab
	乾隆 五十年	知縣王恒		8				塘園一所	85B, V4, P.19a
雲和 箬溪書院	道光 二十三年	邑紳捐			4,335			租穀單位 為緡	86B, V5, P.35b
	道光 二十三年	院購	200			570			86B, V5, P.35b
	同治二年							共存田 460石	86B, V5, P.35b
宣平 鼇峰書院	乾隆 四十年	邑令趙涵撥	3037.3						87C, V3, P.7b
	光緒元年	邑令趙篤恩 撥	28.6						87C, V3, P.7b
	光緒四年	邑令皮樹棠 撥	5						87C, V3, P.7b
瑞安 萬松書院	乾隆 二十九年	令周鼎置	22.5						89C, V7, P.28b
瑞安 玉尺書院	嘉慶八年	署令周鎬置	330.13						91, V2, P.51b~52ab
	嘉慶 十一年	董事與署令 徐映台		12					91, V3, P.52b
永嘉 東山書院	雍正十年	巡道芮復傳 捐	2,000						90B, V7, P.23a

書院	年代	事項						備註	出處
永嘉中山書院	同治七年				每年500				90B, V7, P.30a
樂清梅溪書院	雍正六年	知縣唐傳銓置	127				16		92B, V4, P.41b~49a 89, V4, P.25a
	雍正間	民家捐		100			18		92B, V4, P.41b~49a
平陽龍湖書院	乾隆五十七年		62						93B, V10, P.4a
	同治三年	令余麗元撥	52.4						93B, V10, P.3.a
	同治四年	令余麗元充	496						93B, V10, P.4a
平陽昆陽書院	乾隆二十年	署令楊兆槐存	83					園25畝	93B, V10, P.2b
	乾隆二十三年	邑令徐恕撥入	14.6						93B, V10, P.2b
平陽吾南書院	乾隆三十年	令何子祥充	83						93B, V10, P.7b
平陽獅山書院	光緒間	邑令撥	200						93B, V60, P.2b
玉環環山書院	道光二十九年	同知楊炳撥				240			95V, V7, P.48b
	同治間	紳董王磊等撥		300				基金單位爲元	95, V7, P.50a
	同治十年	同知黃維誥置	7						95, V7, P.50a
玉環玉海書院	光緒四年	邑人捐助	43.81					船地0.6畝	95, V7, P.52b~53b
玉環鳳鳴書院	清	邑人捐助	0.54						95, V7, P.54b

附錄四　書院山長表

說明：本表蒐列宋、元、明、清四代浙江書院山長的資料，包括山長的學歷、
仕歷、掌教年代、學行著述等項目。使用資料主要來自地方志、歷代
學案、清代齒錄及私人文集等（地方志使用的代號參見徵引書目）。宋
元明三代山長，大致以其掌教年代先後為排列標準。清代書院山長因
人數較多，掌教年代不詳者又占很大比例，故不按時間排列，改以書
院為單位。以書院別列出各山長資料。唯本表所列山長，因限於考據
材料，遺漏殊不少。不過，山長資料，一鱗半爪，蘿羅匪易，稽考所
得，提供大家參考。

姓　名	字　號	掌教院名	掌教年代	學　歷	仕歷	學　行	著　述	資料來源
吳好恭		西　安 柯山書院	宋寧宗嘉定十二年					57B, V10, P.65b
薛　據	字叔容	山　陰 稽山書院	理宗 寶慶初			博極群書，文追古作	《孔子集語》二十篇，《采微天保末議》二卷，《宅揆成鑑》二十二卷	93B, V34, P.16b~17a
雙　峰 饒先生 九　峰 蔡先生		歸　安 安定書院	理　宗 淳祐間					24B, V3, P.9a
程若庸	字逢源	歸　安 安定書院	理　宗 淳祐七年			人稱微庵先生	《性理字訓講義》，《太極洪範圖說》	24B, V3, P.9b
孔元龍	初名升 字伯凱	西　安 柯山精舍	理　宗 景定三年				《論語》魯樵集	57B, V21, P.30a~b 57B, V10, P.65b
何　基	字子恭	金　華 麗澤書院	理　宗 景定五年			人稱北山先生	文集三十卷	《宋元學案》，頁962
吳　觀	又名公一 字叔大	山　陰 稽山書院	理宗年間					46B, V12, P.31b~32a
王　柏	字會之	金　華 麗澤書院	宋理宗年　間			學博而義精，心平而識遠	《書疑》九卷，《詩疑》三卷，《詩目》四卷	《宋元學案》，頁963～964
		臨　海 上蔡書院	宋					
王　燧	字仲潛 一字伯晦	臨　海 上蔡書院	度宗 咸淳七年	寧宗嘉定十三年進士	知縣			46B, V11, P.9a~11a

徐興明		餘 姚 高節書院	度 宗 咸淳間				43A, V15, P.4b
胡子寶	初名希孟 字醇子	樂 清 宗晦書院	度 宗 咸淳間			《講義孝經注》 ，《習史管見》	90A, V21, P.5a 90B, V13, P.25a
朱子槐	字可大	浦 江 月泉書院	度 宗 咸淳間	理宗寶祐 進士	學正	為文不事華藻	69B, V8, P.3a
徐天俊		西 安 柯山精舍	端 宗 景炎二年				57A, V10, P.41a 57B, V10, P.66a
留夢發		西 安 柯山精舍	端 宗 景炎間				57B, V3, P.19b 57B, V10, P.65b
石 塾	字子重	新 昌 石鼓書院	宋	高宗紹興 十五年進 士	知縣	《中庸集解輯 略》，《文集》十 卷	46B, V12, P.1a~2a
許 定		定 海 岱山書院	宋				37A, V7, P.15a
石待旦	字季平	山 陰 稽山書院	宋	仁宗間進 士	學者稱石城先 生		46B, V11, P.1b~2a 39C, V53, P.15a
袁 澤	字季原	山 陰 稽山書院	宋				33B, V26, P.2a
陳非熊	一名煥 字思齊	山 陰 稽山書院	宋				46B, V12, P.31b~32a
王十朋		嵊 縣 淵源堂	宋				39C, V20, P.27b
葉審言	字謹翁	西 安 明正書院	宋		教諭	詩文和易平 實，無纖纖態	60C, V8, P.4b 《宋元學案》，卷七 十三，頁43
徐 霖		西 安 柯山精舍	宋				57A, V10, P.41a
呂祖謙		東 陽 友成書院	宋				65A, V13, P.1b
葉 適	字正則 號水心	東 陽 石洞書院	宋			明理學，悉典 故	《水心文集》， 〈石洞書院記〉 65A, V14, P.28a 83B, V10, P.1b~2a
楊 棟	字元極 號平舟	臨 海 上蔡書院	宋		參政 知事		50B, V15, P.3a
黃魯齋		臨 海 上蔡書院	宋				52A, V9, P.3b
王 貢	字蘊文 號石㵎	臨 海 上蔡書院	宋				52A, V9, P.3b
濮桂發	字伯清	建 德 釣臺書院	宋		教諭 教授	《諭俗文》十篇	72C, V14, P.76b
袁 清	字仲素	金 華 麗澤書院	宋				33B, V26, P.2a

時少章	字天彝號所性	金　華麗澤書院	宋	理宗寶祐元年進士	教授		《所性集》	63C, V8, P.43
錢　時	字子是號融堂先生	淳　安象山書院	宋			究明理學，其學大抵發明人心，議論宏偉	《蜀阜集》，《冠昏記》，《百行冠冕集》……	73B, V10, P.1b~2a
陳　泌	字汝泉	杭　州西湖書院	元世祖至元二年					31B, V31, P.7b~8a
徐　碩	字耕莘	嘉興陸宣公書院	世祖至元十三年	宋咸淳四年進士				15A, V5, P.49b
陳斗龍	字南仲	樂　清宗晦書院	世祖至元十三年	孝廉				13A, V14, P.1a 13B, V11, P.8a
張　澍		餘　姚高節書院	世祖至元十六年					43B, V18, P.40a
李芝皓		奉　化龍津書院	世祖至元十八年					33B, V9, P.3a
王　鎡		奉　化龍津書院	世祖至元十八年					33B, V9, P.3a
周　栞		嘉興陸宣公書院	至　元二十年					15A, V5, P.49b
徐庭綉	字宇清	西　安明正書院	至　元二十年					60B, V8, P.2a~b
常　貞		嘉興陸宣公書院	至　元二十一年					15A, V5, P.49b
時應龍	字文叔	嵊　縣二戴書院	至　元二十二年					45A, V7, P.23b 45B, V9, P.28a
葉仲禮		嵊　縣二戴書院	至　元二十二年					45A, V7, P.23b 45B, V9, P.28a
朱　枋		嵊　縣二戴書院	至　元二十二年					45A, V7, P.23b 45B, V9, P.28a
曹漢炎	字可久號懋山	慈　谿慈湖書院	至　元二十四年					32C, V18, P.17a
		慈　谿杜州書院	元					32C, V25, P.32b
周　斐	字致堯又字煥文	嘉興陸宣公書院	至　元二十六年				《山長集》、《石門集》	15A, V5, P.49b 19C, V8, P.35b
		鄞　縣鄮山書院	元					31B, V31, P.35b
朱道坦		嵊　縣二戴書院	至　元二十六年					45A, V7, P.23b 45B, V9, P.28a
謝　慶		嵊　縣二戴書院	元世祖至元二十九年					45A, V7, P.23b 45B, V9, P.28a

楊 瑞		嵊 縣 二戴書院	至 元 三十年				45A, V7, P.23b 45B, V9, P.28a
卓彌高		餘 姚 高節書院	至 元 三十年				43B, V18, P.40a
周宗元		嵊 縣 二戴書院	至 元 三十一年				45A, V7, P.23a 45B, V9, P.28a 45C, V5, P.39a
吳保孫		西 安 柯山書院	至 元 三十一年				56B, V14, P.3b
徐德嘉		嵊 縣 二戴書院	至 元 三十一年				45A, V7, P.23a 45B, V9, P.28a
岑翔龍		餘 姚 高節書院	至元間				43A, V15, P.5b
王 蒳		餘 姚 高節書院	至元間				43A, V15, P.5b
連 山	字棲碧	嵊 縣 二戴書院	至元間				45A, V7, P.23a 45B, V9, P.28a
王通叟	字蒙泉	嵊 縣 二戴書院	至元間				45A, V7, P.23a 45B, V9, P.28a
陳 孚		臨 海 上蔡書院	至元間				50B, V15, P.3a
蔣中宗		青 田 石門書院	至元間				80C, V8, P.19b
方 梁		淳 安 石峽書院	至元間				73B, V2, P.32b
劉應龜	字元孟	浦 江 月泉書院	至元間		學以簡易爲宗	《夢稿》、《癡稿》、《聽雨留稿》共二十三卷	66B, V15, P.3a~b 〈義烏人物記〉，卷下，頁6b
陳曾祐	字有大	縉 雲 獨峰書院	至元間	宋寧宗嘉定十二年舉人			81B, V6, P.16b
黃應元	字伯善	縉 雲 美化書院	至元間				81B, V9, P.54b 81B, V4, P.50a
范 光		縉 雲 美化書院	至元間				81B, V6, P.16b
周仁榮	字本心	縉 雲 美化書院	至元間				50A, V21, P.9b 81B, V10, P.26a
蕭子登		松 陽 明善書院	至元間				82A, V7, P.14b
潘崇禮		松 陽 明善書院	至元間				82A, V7, P.14b
周 楫		松 陽 明善書院	至元間				82A, V7, P.14b

王淮		松陽明善書院	元世祖至元間				82A, V7, P.14b
王延福		松陽明善書院	元世祖至元間				82A, V7, P.14b
徐思敬		松陽明善書院	元世祖至元間				82A, V7, P.14b
戴起棟		松陽明善書院	元世祖至元間				82A, V7, P.14b
貢策		松陽明善書院	元世祖至元間				82A, V7, P.14b
吳炫		松陽明善書院	元世祖至元間				82A, V7, P.14b
蕭鉞孫		松陽明善書院	元世祖至元間				82A, V7, P.14b
吳廷龍		松陽明善書院	元世祖至元間				82A, V7, P.14b
洪柱		松陽明善書院	元世祖至元間				82A, V7, P.14b
梅鼎寶		松陽明善書院	元世祖至元間				82A, V7, P.14b
趙有焆		松陽明善書院	元世祖至元間				82A, V7, P.14b
陶澤		松陽明善書院	元世祖至元間				82A, V7, P.14b
陳鎰	字伯銖	松陽明善書院	元世祖至元間			《午溪集》	82A, V7, P.14b
袁桷	字伯長	金華麗澤書院	元成宗元貞元年			《易說》、《春秋說》、《清容居士集》	31A, V13, P.35a~b 31B, V22, P.14a 31A, V21, P.12b
趙必恭		嵊縣二戴書院	元成宗元貞元年				45A, V7, P.23b 45B, V9, P.28a
伯顏	字近仁	嵊縣二戴書院	元成宗元貞元年				45A, V7, P.23b 45B, V9, P.28a
陳天益		縉雲美化書院	元貞二年				81B, V6, P.16b 81B, V4, P.50a
潘德老	字道之號恕齋	樂清宗晦書院	元貞間				54A, V10, P.4
王勳		慈谿慈湖書院	元貞間				32C, V18, P.17a
趙壽		鄞縣鄮山書院	成宗大德二年				31A, V8, P.24b 31B, V19, P.3a
王仲庸		嵊縣二戴書院	成宗大德二年				45A, V7, P.23b 45B, V9, P.28a

戰惟肅		嵊縣二戴書院	大德三年				45A, V7, P.23b 45B, V9, P.28a
林德載		嵊縣二戴書院	大德七年				31A, V8, P.24b 31B, V19, P.3a
趙曾		嘉興陸宣公書院	元成宗大德九年				15A, V5, P.49b 14C, V8, P.26b
陳公凱	字君用號鶴鵬	浦江月泉書院	大德年間				69B, V9, P.23a~b 《金華賢達書》，卷十，頁10a
吳益懋	字仲謙	青田石門書院	大德年間		性闓敏，為學務有諸己		《金華賢達書》61, V20, P.9a~10a
俞希魯	字用中	縉雲獨峰書院	大德年間	茂才			81B, V6, P.16b
葉天與		縉雲美化書院	大德年間				81B, V6, P.16b
杜世學		鄞縣鄮山書院	武宗至大三年				31A, V8, P.24b 31B, V19, P.3a
任士林	字叔實號松鄉	歸安安定書院	至大初		為文沈厚正大，一以理為主而含蓄頓挫	《中易論語指要》、《松鄉文集》	33B, V24, P.1b 33A, V11, P.4a
		奉化龍津書院	元				33B, V9, P.3b
俞鎮		石門傳貽書院	武宗至大間	舉人	人稱學易先生	《修詞稿》	19A, V6, P.24b~25a
俞鈞		石門傳貽書院	武宗至大間				19A, V4, P.24b 19C, V6, P.55a
徐夢吉	晚號曉山中人	石門傳貽書院	元武宗至大間	茂才		《琴餘雅言》	19A, V4, P.23a 19C, V6, P.55a
董端		青田石門書院	元武宗至大間				80C, V8, P.19.b
陳麟孫		象山丹山書院	仁宗延祐元年	舉人			35B, V5, P.18b
貢師文		臨海上蔡書院	延祐五年				50B, V15, P.4b
翁傳心	字君授一字授道	慈谿慈湖書院	延祐間	進士			32C, V18, P.17a 32C, V25, P.34b
董師錫		鄞縣鄮山書院	延祐間				31A, V8, P.25a 31A, V19, P.5a
楊彝	字彥常號西亭	慈谿慈湖書院	英宗至治間	至治二年進士			32C, V18, P.17b
費述	字志明	鄞縣鄮山書院	泰定帝泰定間	泰定元年進士			31B, V19, P.5a
鄭紹	字仲賢	鄞縣鄮山書院	文宗天曆間				31A, V8, P.25b 31B, V19, P.5b

顧嵩之		慈谿 杜州書院	惠宗 元統二年				32C, V18, P.17b~18a 《鮚琦全集》（下）， 頁 873
謝應芳		西安 清獻書院	順帝 至正六年				57B, V10, P.66b
齊志沖		臨海 上蔡書院	順帝 至正八年				50B, V15, P.5a
胡秉常		餘姚 高節書院	至正 十二年				43B, V18, P.40b
陶安	字主敬	餘姚 高節書院	至正 十三年				43B, V18, P.40b
高遜志	字士敏	鄞縣 鄮山書院	至正 十五年		工文辭，文章 典雅		31B, V19, P.9a 15A, V7, P.4a
毛翰	字彝仲 號雲莊	鄞縣 鄮山書院	至正 二十年		據 51B, V10, P.5b 爲王南翰		31A, V8, P.26a
迺賢		鄞縣 鄮山書院	至正 二十二年				31A, V8, P.26a
楊仕恭		建德 釣臺書院	至正 二十二年				43A, V17, P.14b 43C, V18, P.15a
丁誠		餘姚 高節書院	至正 二十三年				43B, V18, P.41a
陳子昌		餘姚 高節書院	至正 二十四年				43B, V18, P.41a
李光		青田 石門書院	順帝 至元間				80C, V8, P.19b
鄭謹之	字有常 自號似仙	縉雲 獨峰書院	順帝 至元間		教諭 學錄		81B, V6, P.17a 79A, V10, P.20b 79B, V9, P.17a~b
劉演	字浩卿	松陽 明善書院	至元間		教諭		82A, V7, P.23b 82B, V7, P.26b 79A, V10, P.24a
錢瓊		錢塘 西湖書院	順帝 至正間				4A, V14, P.15b
范祖幹	字景元	錢塘 西湖書院	順帝 至正間		其學以誠意爲 主	《群經旨要》， 《柏軒集》……	63C, V8 《宋元學案》，卷八 十二，頁 50
賈執中		海寧州 黃岡書院	順帝 至正間				6B, V4, P.11a
張士誠		杭州 黃岡書院	順帝 至正間				39C, V53, P.15a
王玭		鄞縣 鄮山書院	順帝 至正間				14C, V8, P.26b

姓名	字號	書院	時代			備註		出處
袁士元	一名寧老字彥章自號菊村	鄞縣鄮山書院	順帝至正間			學者稱菊村先生		31A, V13, P.40a~b 31B, V31, P.23a~b
		錢塘西湖書院	元					
宋潛	字起潛	鄞縣鄮山書院	順帝至正中			天資警敏，博學工詩文		33B, V24, P.6a 33A, V10, P.38a
潘伯英		鄞縣鄮山書院	順帝至正中					31B, V19, P.11.a~b
		慈谿慈湖書院	順帝至正中					32C, V18, P.18b
徐勉之		慈谿慈湖書院	元順帝至正間	進士				32C, V18, P.18a
錢宰	字子予一字伯均	慈谿慈湖書院	元順帝至正間					32C, V18, P.18a
貢叵之		慈谿杜州書院	元順帝至正間					32C, V18, P.18a
應仲珍		餘姚高節書院	元順帝至正間					43B, V18, P.40b
金止善		餘姚高節書院	元順帝至正間					43B, V18, P.41a
楊瑛		餘姚高節書院	元順帝至正間					43B, V18, P.41b
劉彬		餘姚高節書院	元順帝至正間					43B, V18, P.41b
權鉛山		餘姚高節書院	元順帝至正間					43B, V18, P.41b
陳性悌		臨海上蔡書院	元順帝至正間					50B, V15, P.3a
徐濟		西安清獻書院	元順帝至正間					59, V10, P.16b 57B, V10, P.66b
吳世德		縉雲美化書院	元順帝至正間	至元元年舉人				81B, V6, P.17a
朱良純	字一善	縉雲美化書院	元順帝至正間					81B, V6, P.17a
李懋	字元德	縉雲美化書院	順帝至正間					81B, V6, P.17a
吳明義	字仲誼	縉雲獨峰書院	順帝至正間					81B, V6, P.17a
王仲成		縉雲獨峰書院	順帝至正間					81B, V6, P.17a
顧元龍	字仲明	山陰蘭亭書院	順帝至正間					93B, V35, P.20b 93B, V51, P.16b

黃玠	字伯成號弁山	錢塘西湖書院	元			爲詩沖淡夷曠，清苦力學	《弁山集》、《知非槀》、《小穩吟錄》……	15A, V7, P.3b~4a 23B, V23, P.19a~20b
孔文學		杭州西湖書院	元末					4A, V9, P.33b
唐肅	字處敬	杭州皇岡書院	元末	順帝至正二十二年鄉試			《著丹崖集》	6B, V33, P.3b 40B, V27, P.14a 40C, V14, P.6a
朱志道		石門傳貽書院	元		教授			19C, V8, P.83a 19A, V4, P.23b
袁裒	字德平自號鹿眠山人	歸安安定書院	元初			詩筆溫雅簡潔		31A, V13, P.36a 31B, V31, P.5b
陳仲仁		歸安安定書院	元					24B, V3, P.9b
蔣春鄉		歸安安定書院	元					24B, V3, P.9b
張羽	字來儀	歸安安定書院	元		領鄉薦	詩文高古，博學有才，文章精潔有法	著《靜居集》、《來儀先生文集》一卷	28, V12, P.5a~b 23B, V23, P.21b~22a 24B, V3, P.9b
羅緯		歸安安定書院	元					24B, V3, P.9b
張蔚		歸安安定書院	元					24B, V3, P.9b
伯顏守仁		歸安安定書院	元					24B, V3, P.9b
卓琰		鄞縣鄮山書院	元		教授			31B, V19, P.4a
丁若水		鄞縣鄮山書院	元				著《櫟泉文集》、《雞肋集》	46B, V12, P.39b 46A, V16, P.25a
吳思永		鄞縣東湖書院	元		教授			31C,〈輿地志〉，頁820a
陳弘可		鄞縣東湖書院	元		訓導			31C,〈輿地志〉，頁820a
馬端臨		慈谿慈湖書院 西安柯山書院	元				著《文獻通考》	32C, V18, P.7b
程璋	字可道	慈谿慈湖書院	元					32C, V18, P.8b
劉元楚		慈谿慈湖書院	元					32C, V18, P.18b

葛 魁		慈 谿 慈湖書院	元					32B, V10, P.15a
韓性同		慈 谿 慈湖書院	元					何祐森，〈元代書院地理分佈〉，《新亞學報》二卷一期，頁 373
王景文		象 山 丹山書院	元	舉人				35B, V5, P.18a
舒 卓		象 山 丹山書院	元					35B, V5, P.18b
申屠震		山 陰 稽山書院	元			工詩、詞婉義正		42A, V26, P.2b 42B, V28, P.16a
陳漢臣		山 陰 稽山書院	元					42A, V19, P.5a
愈 懋		山 陰 稽山書院	元					42A, V19, P.5a
陶 澤	字與里	山 陰 稽山書院	元	英宗至治元年進士				42B, V24, P.16b 39B, V31, P.24b
陳 策	字漢臣	山 陰 稽山書院	元					42B, V28, P.22a
王 孚	字宗孚	山 陰 蘭亭書院	元			孝友淳樸，動遵禮度	《茗山林餘》、《興詩稿》	40B, V33, P.12b~13a
崔惟遜		嵊 縣 二戴書院	元					45B, V9, P.28a
戚象祖	字性傳	會 稽 和靖書院	元		教諭	天性質直與崖岸		39C, V42, P.51b~52a 63C, V8 《宋元學案》，卷七十三，頁 48
楊維禎	字廉天 自號鐵崖	鄞 縣 東湖書院	元	泰定帝泰定四年進士	承事郎	為文奇古	《東維子》三十卷、《鐵崖文集》五卷、《漫稿》五卷、《鐵崖詩集》十卷……	25B, V26, P.6b~7a 42B, V28, P.14b
陳 麟	字文昭	定 海 岱山書院	元	元進士				38, V12, P.3a
桂德稱	字彥良	開 化 包山書院 餘 姚 高節書院	元	元進士				32B, V7, P.11b 39C, V42, P.52a 43B, V18, P.40b
申萊孫		開 化 包山書院	元					63C, V9
舒 卓	字可立	開 化 包山書院	元	順帝至正十一年鄉試		有德操、善談論、博極群書潛心理學		55C, V10, P.16b

史文直	字子靜	開　化 包月書院	元		浙東 憲使 學錄		91A, V8, P.36a
孫元蒙	字正甫	慈　谿 杜州書院	元		教諭		32C, V18, P.19a 32C, V23, P.3b
程　衛		慈　谿 杜州書院	元				32C, V18, P.10a 32C, V23, P.3.b
劉公輔		慈　谿 杜州書院	元				32C, V18, P.10a 32C, V23, P.3.b
殷山長		慈　谿 杜州書院	元				32C, V18, P.10a 32C, V23, P.3.b
童應演		慈　谿 杜州書院	元				32C, V18, P.10a~b
黃叔英	字彥實	慈　谿 杜州書院 會　稽 和靖書院	元		教諭	爲文雋拔偉 麗，意氣若不 可禦，學者稱 贛庵先生	著《戀庵暇筆詩 文》雜著若干卷
							32A, V18, P.19a 39C, V42, P.51b 39C, V25, P.32a~b 31B, V6, P.6a~b 34B, V20, P.22b 《宋元學案》V.86, P.46
徐　艮		會　稽 和靖書院	元				58B, V17, P.19a
陳德永	字叔夏 號兩峰	會　稽 和靖書院	元			著《兩峰慚草》	51B, V17, P.14b~15a
劉仲寶		餘　姚 高節書院	元				43A, V.37 下 P.24b~26a
祝　藩	字藩遠	餘　姚 高節書院	元				《宋元學案》，卷九 十三，頁68
陳廷言	字君從 號雲松	臨　海 上蔡書院	元			著《易義指歸》 四卷、《江湖品 評》二卷、《貽 笑集》二卷	55C, V10, P.18a~b
陳士貞	字彥正	西　安 清獻書院 西　安 柯山書院 建　德 釣臺書院	元				57B, V3, P.20b 69B, V9, P.25.b~26a 《金華賢達傳》，卷 七，頁2a
徐　浩	字伯清	西　安 清獻書院	元		教諭	淹貫經史，志 方而行圓	58B, V17, P.19b
伍　鄰		江　山 崧山書院	元				50B, V14, P.4b
柴　瓚		江　山 崧山書院	元				

紫登孫		江 山 崧山書院	元			
余夢得		江 山 崧山書院	元			
朱良貴		江 山 崧山書院	元			
金履祥	字吉父	講學蘭谿 齊芳書院	元		學者稱仁山先生	著《通鑑前編》二十卷、《大學章句疏義》二卷、《仁山集》六卷	《宋元學案》,卷八十二,頁22
		講學蘭谿 重樂書院					《古今圖書集成》,卷一○○六,頁23a
徐唐孫	字堯佐	金 華 麗澤書院	元		教諭		61B, V7, P.2a
蔡天澤		金 華 麗澤書院	元	順帝至正間正貢	明朱程之學		齒錄二十三年,蔡汝霖條,四十八名
呂紹遲		東 陽 石洞書院	元				67B, V6, P.31a
吳淵穎		浦 江 東明書院	元				69B, V4, P.67a
黃珪		浦 江 月泉書院	元				69B, V9, P.2b
申屠性	字彥德	浦 江 月泉書院	元	至正五年進士	教諭 敏茂積學	著《春秋大義》	42A, V26, P.1b 42B, V28, P.15b
宋景濂		浦 江 月泉書院	元 末				69B, V4, P.56a
陳深		浦 江 月泉書院	元				33A, V10, P.10a
葉瓚		浦 江 月泉書院	元 末				何祐森,〈元代書院之地理分佈〉,頁374
鄭雷轟		建 德 釣臺書院	元				76B, V8, P.68a 76A, V8, P.8a
董藩	字子衍	建 德 釣臺書院	元				何祐森,〈元代書院之地理分佈〉,頁373
朱廉	字伯清	建 德 釣臺書院	元 末		從黃溍遊,窮經論古,探索微義	有文集十七卷	66B, V14, P.7b~8a
王炎澤	字威仲	淳 安 石峽書院	元		教諭	學者稱為南稜先生 言論磊落,無所隱蔽	著《南稜藁》二十卷	《金華賢達傳》,卷十,頁6a~6b 66B, V14, P.13ab
張庸		淳 安 石峽書院	元				69B, V6, P.46b

方逢振	字君玉	淳　安 石峽書院	元	理宗景定 三年進士	太常 寺簿	學者稱山房先 生		73B, V10, P.6a 《案元學案》，卷八 十二，頁 15
方逢辰	字君錫	淳　安 石峽書院	元	理宗淳祐 九年進士	尚書	其學以格物爲 窮理之本，以 篤行爲修己之 實，學者稱爲 蛟峰先生	著《孝經解》一 卷，《易外傳格 物入門》一卷， 《蛟峰集》六 卷……	《宋元學案》，卷八 十二，頁 28～31
方一夔	字時佐	淳　安 石峽書院	元			學者稱爲富山 先生	著《富山集》	《宋元學案》，卷八 十二，頁 33
劉庭槐	字君植	青　田 石門書院	元		教諭			66B, V12, P.3a
劉宗保		青　田 石門書院	元		明訓 導	博學能文		79B, V9, P.26a 79A, V10, P.30b
孔　林		縉　雲 獨峰書院	元		縣簿			81B, V6, P.26b
季　祥		縉　雲 獨峰書院	元					81B, V6, P.17a
王剛中		縉　雲 獨峰書院	元					42A, V19, P.5b
胡平仲		縉　雲 獨峰書院	元					81B, V6, P.17a 79A, V10, P.20b
胡　助	字履信 號古愚	縉　雲 美化書院	元	茂才	學錄 監察 御史		著《巢雲稿》、 《白下稿》	65, V13
趙由信		樂　清 宗晦書院						90B, V15, P.33b
陳麟孫		象山書院	元	仁宗延祐 元年舉人				91A, V7, P.18a
陳印翁	字德權 自號可竹	永　嘉 建安書院 山長攝 永嘉書院	元					93B, V36, P.15b
葉謹翁		西　安 明正書院	元					57A, V10, P.43b 57B, V10, P.66b
黃南一		西　安 明正書院	元					90B, V18, P.6b
劉　侯	字原道 一字伯元	錢　塘 天眞書院	明世宗 嘉靖 二十三年			據 76A, V8, P.3b 爲嘉靖十 三年		76B, V8, P.69b
錢　寬	字德洪 更名洪甫	諸　暨 紫山書院	嘉靖中	嘉靖十一 年進士	刑部 郎中	稱緒山先生		42A, V29, P.6b 42B, V39, P.3b~4a
尹一仁	字任之	諸　暨 紫山書院	嘉靖中		教諭	教人以致知求 觀本體	《求放心說》	42A, V20, P.31b

潘　府	字孔修	上　虞 南山書院	嘉靖中	憲宗成化 末進士				39C, V6, P.3b~4b
杜惟熙	字子光 號見山	東　陽 崇正書院	嘉靖中			學以復性爲宗，克欲爲實際，持已接物，眞率簡易。稱見山先生	《悔言續錄》	65, V13, P.5a~b
酈　洙	字白巖	山　陰 稽山書院	神　宗 萬曆初			博古敦行	《家教輯略》	42B, V30, P.7b 39C, V53, P.46a
卞洪載	字子靜	嘉　興 天心書院	思　宗 崇禎間			學以不誠無物爲入門，存心密察理精爲進步，學主養靜	《辨邪說》、《持敬省察約言錄》、《雪軒詩集》	17D, V20, P.3
劉宗周	字蕺山	會　稽 證人書院	明思宗崇禎間					44C, V10, P.19
史孝咸	字子盧	會　稽 證人書院	明			博學工文章		39C, V53, P.44a
		餘　姚 姚江書院	明					43A, V31, P.2a~2b 《國朝先正事略》，卷二十八，頁 5a
王朝式	字金如	餘　姚 姚江書院	明					43B, V24, P.8a 《國朝先正事略》，卷二十八，頁 6b
		會　稽 證人書院	明					43B, V24, P.8a~b
屬普化		青　田 石門書院	明					80C, V10, P.23b 80A, V10, P.4a
洪　挺	字無上 更字爾陶	餘杭大 滌山精舍	明	崇禎十六 年進士				8B, V28, P.27
黃石齋		餘　杭 石齋書院	明					8B, V28, P.31
岳元聲	字之初 號石帆	嘉　興 天心書院	明	萬曆十一 年進士		論學大指以毋自欺爲主，世稱潛初先生	《潛初子集》，《田糧沿革年譜》等	16B, V5, P.21b~23a
馮成能	字子經	慈　谿 慈湖書院	明	嘉靖二十 八年進士	推官			32C, V28, P.53a~b
周　震	字居安	慈　谿 慈湖書院	明	嘉靖十六 年舉人	令、 通判	究心良知之學		45C, V14, P.23a 45A, V11, P.32b 39C, V53, P.40a~b
孫光祖	字子韶	慈　谿 慈湖書院	明	嘉靖三十 八年進士	布政 使			32B, V8, P.20b
來弘振	字汝剛 號半山	錢　塘 天眞書院	明			平居持論以實修爲眞	《一無長集》	41, V15, P.12b

徐天民	字邦中 號永南	錢　塘 天眞書院	明			學以立誠爲主，以萬物一體爲用，稱水南先生		58B, V18, P.10a~b
葉良相	字邦佐	錢　塘 天眞書院	明				58B, V18, P.12b
管　州	字子行	錢　塘 天眞書院	明	嘉靖十年舉人	兵部司務		43A, V25, P.10a~11b
柴　鳳	字後餘	錢　塘 天眞書院	明				43A, V25, P.10a~11b 39C, V53, P.38a
毛元淳	字還樸	山　陰 稽山書院	明		教諭	《日新錄》	82B, V9, P.39b
沈國模	字叔則 一字求如	餘　姚 姚江書院	明			申明良知之學，言行敦潔較然，不欺其志	43A, V31, P.1b 43B, V23, P.8a 《國朝先正事略》，卷二十八，頁4b
管宗聖	字允中、霞標	餘　姚 姚江書院	明			稱月峰先生，致良知之學	43A, V31, P.1a~b 《國朝先正事略》，卷二十八，頁5a
程明道		新　昌 鼓山書院	明				46B, V5, P.25b
陶奭齡	字君奭	會　稽 證人書院	明				47C, V24, P.2b~3a
張焜芳	號九山	會　稽 證人書院	明	崇禎九年進士			47C, V25, P.4a
何國輔	字紹寧	會　稽 證人書院	明	天啓七年舉人			39C, V53, P.49a 40B, V14, P.24a
張應鰲	字奠夫 號凝菴	會　稽 證人書院	明			晚年自稱餘生子	48，第五冊何希文撰〈三江所志〉，頁3a
陶望齡	字周望 號石簣	嵊　縣 鹿山書院	明	萬曆十三年舉人			45C, V18, P.17b 45A, V11, P.11b
周汝登		嵊　縣 鹿山書院	明				45C, V18, P.17b 45A, V11, P.11b
李嘉禾		嵊　縣 鹿山書院	明				45A, V11, P.36a 45C, V14, P.24b
謝寶慶		太　平 方巖書院	明				54A, V5, P.15a
謝方石		太　平 方巖書院	明		翰林侍講		54A, V5, P.15a
方孝儒		浦　江 東明書院	明				69B, V4, P.67a

盧可久	字一松	永 康 五峰書院	明	邑諸生		潛心理學，受業王陽明。刻古精思盡得其旨	《光餘或問》、《望洋日錄》	67B, V7, P.24
周桐	字鳳鳴	永 康 五峰書院	明	明經	教授	稱峴峰先生		67B, V7, P.24
應典	字天彝	永 康 五峰書院	明	正德九年進士	兵部職方司主事	學者稱石門先生		67B, V7, P.21
程梓	字養之	永 康 五峰書院	明			倡明正學，學者稱方峰先生	《白翁吟稿》	67B, V7, P.24
呂璠	字德器	永 康 五峰書院	明				《石厓文集》、《知非錄》	67B, V7, P.25
應兼	字抑之	永 康 五峰書院	明			稱古麓先生		67B, V7, P.25
周瑩	字德純	永 康 五峰書院	明					67B, V7, P.25
周佑德	字以明	永 康 五峰書院	明			稱復初先生		67B, V7, P.26
陳廷宣		永 康 五峰書院	明			力學好古		67B, V8, P.48
呂成章	字達夫	永 康 五峰書院	明			稱五松先生		67B, V7, P.25
應坊	字草亭	永 康 五峰書院	明			發明濂洛正學，反躬體驗		67B, V7, P.25
徐守綱	字正公號觀潤	歸 安 安定書院	明			世稱蓮隱先生		23B, V16, P.7a
高學治	字宰平	杭 州 東城講舍	清光緒間					齒錄十九年，羅明昶條
王昶	字蘭泉	杭 州 詁經精舍	嘉慶二年					張鑒前引文
孫星衍	字淵如	杭 州 詁經精舍	嘉慶二年					張鑒前引文
		山 陰 蕺山書院	清					2C, V138, P.24b
胡敬	字書農號以莊	杭 州 詁經精舍	道光間	嘉慶十年進士	纂修侍講			張鑒前引文
		錢 塘 崇文書院	道 光十八年					2C, V16, P.7a 2C, V145, P.42a~b
顏宗儀		杭 州 詁經精舍	同治間					張鑒前引文

姓名	字號	書院	時間	進士	官職	著作	出處
沈丙瑩		杭州詁經精舍	同治六年				張鑒前引文
黃體安		杭州詁經精舍	同治二十五年		侍講		張鑒前引文
俞樾	字曲園 號蔭甫	杭州詁經精舍	光緒間	道光三十年進士	編修 學政		張鑒前引文
		德清清溪書院	咸豐間				27C, V8, P.2b~3a
		歸安龍湖書院	咸豐間				27C, V8, P.2b~3a
譚獻		杭州詁經精舍	光緒二十六年				張鑒前引文
汪鳴鑾	字柳門	杭州詁經精舍	光緒末	同治三年進士	編修	覃心經學	2C, V146, P.37a~b
		杭州敷文書院	光緒間				2C, V146, P.37a~b
何兆瀛	字青粗	杭州詁經精舍	清				齒錄十九年，錢汝霖條
楊昌濬	字石泉	杭州詁經精舍	清				齒錄十九年，錢汝霖條
		杭州崇文書院	清				
		杭州敷文書院	清				
蒯賀孫	字士薌	杭州詁經精舍	清				齒錄十九年，錢汝霖條
		杭州崇文書院	清				
		杭州敷文書院	清				
吳大受	字子惇 號牧園	杭州紫陽書院	清	雍正元年進士	檢討		24B, V37, P.7
盧文弨	字紹弓 號磯漁	杭州紫陽書院	清	乾隆十七年進士	學政		2C, V138, P.22a~b 43B, V16, P.3b~4a
		杭州崇文書院	清				43B, V24, P.3b~4a
錢泰吉	字輔宜 號警石	海寧安瀾書院	道咸間	廩貢	訓導		6B, V29, P.57a 6B, V28, P.20a
吳浚宣	字紫苓	海寧安瀾書院	同光間	同治十年進士	檢討	《丹竹山房駢體文》十六卷、《思紅》、《吟館詩草》八卷、《繡春集》八卷	6B, V29, P.59b~60a
		海寧龍山書院	同光間				

傅鼎乾	字梅卿	海　寧 安瀾書院	同治間	歲貢				6B, V4, P.12a
陸元烺	字韞江 號虹江	海　寧 仰山書院	嘉慶間	嘉慶二十 二年進士	布政 使		《盟鷗山館詩 集》,《胊遊草》	6B, V15, P.2a
盛炳烓	字齋峰	海　寧 仰山書院	清	恩貢生				6B, V31, P.15b
吳敬義		海　寧 仰山書院	道光間					2C, V16, P.22b
吳文漪	字抑亭 號潛珉	海　寧 雙山書院	同光間	同治元年 貢				6B, V29, P.50a
單恩溥	字吉甫 號棣華	海　寧 雙山書院	同光間	同治元年 舉人		文行竝勵		6B, V33
吳受福	字璉僊	海　寧 雙山書院	光緒間	光緒五年 進士				齒錄二十三年,陳其 謙條
朱錫恩	字湛清	海　寧 雙山書院	光緒間	道光十四 年進士	編修			齒錄二十三年,陳其 謙條
徐天勳		海　寧 龍山講舍	同治間		太史			6B, V4, P.14a
張　鼎		海　寧 龍山講舍	同光間					6B, V4, P.14a
查光華	字子春	海　寧 龍山講舍	光緒間	光緒二年 舉人				齒錄二十三年,吳福 英條
查光熙	字子敬	海　寧 龍山講舍	光緒間					齒錄二十三年,聞人 振衢條
周　岱	字子青	海　寧 崇正講舍	清	同治四年 進士	編修			齒錄十九年,陸毓麟 條
高振聲	字協華	海　寧 崇正講舍	光緒間					齒錄二十三年,鄭功 懋條
朱錫榮	字紳甫	餘　姚 龜山書院	光緒間					齒錄二十三年,徐志 淵條
黃安濤	安甫興 號霽青	嘉　興 鴛湖書院	清		編修 州守		《眞有益齋文 集》	17D, V19, P.65
陸元鉉	字冠南 號彡石	嘉　興 鴛湖書院	乾隆間	乾隆五十 二年進士	主事 員外 郎			21C, V15, P.64 21C, V19, P.19
宗　培	字子材	嘉　興 鴛湖書院	清					齒錄十九年,錢汝霖 條
		秀　水 翔雲書院	清					
張　鈞	字廣明	杭　州 紫陽書院	清	雍正八年 進士				24B, V37, P.7

戚學標	字翰芳 號鶴泉	杭　州 紫陽書院	清	乾隆四十 六年進士	知縣	為文風發泉 湧，足以扶植 綱常，裨補經 傳		54B, V5, P.3
		錢　塘 崇文書院	嘉慶間					
王宗炎	字以除 號縠塍	杭　州 紫陽書院	清	乾隆四十 五年進士		自號晚聞居士	《晚聞居士集》 九卷	41, V18, P.7b~8a
陸以恬	字敬安 號定圃	杭　州 紫陽書院	清	道光十六 年進士	知縣		《冷廬文鈔》、 《詞鈔》、《冷廬 雜識》八卷、《甦 廬偶筆》二卷、 《寓滬瑣記》四 卷、《楚游錄》一 卷、《吳下彙談》 二卷	21C, V15, P.28a~29a
		杭　州 衡文書院	清					21C, V15, P.28a~29a 21C, V19, P.39b
		桐　鄉 分水書院	道光末年					21C, V4, P.9b
		臨　海 近聖書院	道咸間					21C, V15, P.28a~29a 21C, V19, P.39b
吳　超	字左泉	杭　州 紫陽書院	清	光緒三年 進士	工部 主事			齒錄十九年，章毓才 條
		杭　州 敷文書院	光緒間					齒錄十九年，王燮陽 條
		富　陽 春江書院	光緒八年	光緒三年 進士	工部 主事			2C, V16, P.23a
		歸　安 愛山書院	清					齒錄二十三年，施紹 常條
唐壬森	字根石	杭　州 紫陽書院	清					齒錄十九年，蔣敬時 條
陸懋宗	字芸生	杭　州 紫陽書院	清					齒錄十九年，俞鎮條
張家驤	字子騰	杭　州 紫陽書院	清					齒錄十九年，章毓才 條
王　同	字同伯	杭　州 紫陽書院	清	光緒十三 年進士	刑部 主事			齒錄十九年，文煥條 2C, V146, P.28a
		慈　谿 慈湖書院	光緒間					齒錄二十三年，李鍾 鼎條
		錢　塘 梅青書院	清					齒錄十九年，文煥條
		海　寧 龍山書院	光緒間					2C, V146, P.28a
呂耀斗	字芷庭	杭　州 紫陽書院	清					齒錄二十三年，王庭 耀條
許景澄	字竹篔	杭　州 紫陽書院	清	同治八年 翰林				齒錄二十三年，王庭 耀條
		秀　水 翔雲書院	光緒八年					21C, V4, P.12b

許景澄	字竹篔	慈 谿 慈湖書院	清	同治八年翰林			齒錄十九年,柳在洲條
宋 衡	字平子號六齋原名存禮	杭 州 任求書院	光 緒 二十七年				93B, V39, P.12b~14a
馬履泰	字秋藥	杭 州 敷文書院	嘉慶間	乾隆五十二年進士	御史		2C, V146, P.6a
沈祖懋	字念農	杭 州 敷文書院	同治間	道光十八年進士	學正		2C, V146, P.33a~b
蘇滋恢	字茂宏一字耕餘	杭 州 敷文書院	清	康熙五十二年進士	教授		43B, V23, P.29a
吳致光	字青雲號漁邨	杭 州 敷文書院	清	康熙五十二年進士	左都御史		47D, V18, P.46b
魯庶常		杭 州 敷文書院	清				42B, V31, P.9b
曾 煜		杭 州 敷文書院	清				42B, V31, P.9b
楊 標	字赤城	杭 州 敷文書院	清	康熙四十五年進士		清操介節	20C, V16, P.16b 20A, V12, P.54b
朱昌頤	字朵山	杭 州 敷文書院	清	道光五年進士	修撰	《鶴天鯨海詩文稿》	18, V16, P.48a~b
俞廷璋	字洪南	杭 州 敷文書院	清	乾隆五十八年進士	知縣		8B,〈列傳補遺〉,頁6a
張 楨	字少蘭	杭 州 敷文書院	清				齒錄十九年,俞授蓮條
趙大鯨	字橫山	杭 州 敷文書院	清	雍正二年進士翰林			2C, V145, P.36a
周 春	字大令	海 寧 安瀾書院	嘉慶八年				6B, V4, P.11b
藩誦先	原名肇迓字茹溪號薇卿	海 寧 安瀾書院	嘉慶後	廩貢	訓導		6B, V29, P.51b 齒錄二十三年,陳其謙條
何 鎔	號冶甫	海 寧 安瀾書院	嘉慶後	同治十三年進士	教授		6B, V29, P.51b 齒錄二十三年,陳其謙條
吳金生	字嶽雲	海 寧 安瀾書院	嘉慶後		訓導		齒錄十九年,應國樑條
屠壽田	字子疇	海 寧 安瀾書院	嘉慶後		學正		齒錄十九年,應國樑條
陳漢章	字倬雲	海 寧 安瀾書院	嘉慶後		學正		齒錄十九年,應國樑條

徐士駢	字葉生	海寧安瀾書院	嘉慶後	同治元年舉人	知縣			齒錄二十三年，吳福英條
張駿	字信裳號荔園	海寧安瀾書院	道光間	乾隆四十五年進士	教授			6B, V29, P.31b~32a
		海寧仰山書院	嘉慶間					
吳敦	字籹公號闇莊	海寧安瀾書院	道光間	咸豐元年舉人	教諭教授			6B, V29, P.49b~50a
		海寧雙山書院	同光間					
吳仰賢	字牧騮	嘉興鴛湖書院	清	咸豐二年進士	知縣知府	《小匏庵詩存詩話》		17D, V25, P.30
		嘉善楓溪書院	清					17D, V25, P.30
		嘉興陶甄書院	光緒間					齒錄十九年，顧丁謙條
石中玉	字蓮舫	嘉興鴛湖書院	光緒間	光緒十四年進士	同知			齒錄十九年，蔣敬時條
		嘉興陶甄書院	光緒間					齒錄十九年，顧丁謙條
		秀水翔雲書院	光緒十年	光緒十四年進士	同知			21C, V4, P.12b 齒錄十九年，李廷棟條
王晉玉	字西坨	嘉興鴛湖書院	清					齒錄十九年，錢汝霖條
		秀水翔雲書院	清					
趙惟喻	字漁衫	嘉興陶甄書院	光緒間					齒錄十九年，錢汝霖條
楊文瑩	字雪漁	錢塘學海堂	光緒間	光緒三年進士				2C, V149, P.40a~b 齒錄二十三年，吳中聲條
		錢塘崇文書院	光緒間					齒錄二十三年，吳錫榮條
李鵬飛		錢塘崇文書院	清					齒錄十九年，戎念功條
馬傳煦	字春暘	錢塘崇文書院	清	咸豐九年進士	編修			齒錄十九年，袁緒鈞條
		山陰戢山書院	光緒間					齒錄二十三年，任光琥條
		餘姚龍山書院	光緒間					齒錄十九年，袁緒鈞條

盧定勳	字午峰	錢塘崇文書院	清					齒錄十九年，錢汝霖條
		杭州敷文書院	清					
吳慶坻	字子修	錢塘崇文書院	清					齒錄二十三年，吳錫衡條
		餘杭龜山書院	光緒間					齒錄二十三年，徐志淵條
		慈谿慈湖書院	清					齒錄二十三年，李鍾鼎條
連文沖	字狆叔	錢塘宗文書院	清					齒錄二十三年，吳錫衡條
翁燾	字又魯	錢塘宗文書院	光緒間	光緒十六年進士				齒錄十九年，周燮鴻條
盛元	字韻栞	錢塘梅青書院	清	道光十六年進士	知府			齒錄十九年，文煥條
善能	字雨人	錢塘梅青書院	清	道光十一年舉人				齒錄十九年，文煥條
朱葆儒	字廉泉	錢塘梅青書院	光緒間	同治十三年舉人				齒錄十九年，文煥條
		餘姚龍江書院	光緒間	同治十三年舉人				齒錄二十三年，谷營愚條
殷元福		杭州敷文書院	清初					55C, V10, P.61a
沈士清	字正與號復菴	杭州敷文書院			通經學古，不求聞達	著《四書大成》、《毛詩序》、《論毛詩雜說》		24B, V37, P.5
朱昌燕	字苓年號衍廬	海寧東山書院	光緒間	歲貢生	訓導			6B, V29, P.56a~b
王延鼎	字夢微	海寧東山書院	光緒間					6B, V33, P.12b
朱珊元		桐鄉分水書院	道光間	道光十二年進士	知縣			21C, V4, P.9a
曹泰	字六橋	桐鄉分水書院	道光間	道光元年舉人				21C, V4, P.9a
徐保字	字頡書號沅舲	桐鄉分水書院	道咸間	嘉慶十三年舉人	知府			21C, V4, P.9b
李曰爔		桐鄉分水書院	咸豐間					21C, V4, P.9b
盧景昌	字小覺	桐鄉分水書院	清	同治十三年舉人	知縣			齒錄十九年，楊錦江條

唐冰溪		桐　鄉 分水書院	清				21C, V15, P.6b
李　繩	字勉百	桐　鄉 分水書院		舉人	縣令	《耘園詩鈔》	21C, V15, P.6b
朱鏡清	字苹華	烏　程 五湖書院					齒錄二十三年，屠維 屏條
蕭　書	字雲史	烏　程 潯溪書院	光緒間				齒錄十九年，錢汝霖 條
程國鈞	字月濤	烏　程 潯溪書院	光緒間				齒錄十九年，錢汝霖 條
郭式昌	字穀齋	烏　程 潯溪書院	光緒間				齒錄十九年，錢汝霖 條
潘玉璿	字東湖	烏　程 潯溪書院	光緒間				齒錄十九年，錢汝霖 條
錫　光	字耀廷	烏　程 潯溪書院	光緒間				齒錄十九年，錢汝霖 條
龐公照	字楚漁	烏　程 潯溪書院	光緒間				齒錄十九年，錢汝霖 條
趙　煦	字舜臣	烏　程 潯溪書院	光緒間				齒錄十九年，錢汝霖 條
徐振翰	字祥墀	烏　程 潯溪書院	光緒間				齒錄十九年，錢汝霖 條
朱寶書	字稼軒	烏　程 潯溪書院	光緒間				齒錄二十三年，屠維 屏條
戴翊清	字笠青	烏　程 潯溪書院	光緒間				齒錄二十三年，屠維 屏條
沈樹本	字厚餘 號操堂， 晚號綸翁	歸　安 安定書院	清	康熙五十 一年進士	編修	《竹溪詩略》、 《湖州詩摭》	24B, V37, P.6
杏　庠	字星南 號穀齋	歸　安 安定書院 杭　州 敷文書院	清	康熙五十 七年進士	纂修		6B, V29, P.18a~b 2C, V145, P.28a
周升桓	字穉圭 號山茨	歸　安 安定書院	清	乾隆十九 年進士	纂修	《皖遊詩存》	17D, V19, P.57
周學濂	字元緒 晚更名學 汝 字禮傳 號蓮伯	歸　安 安定書院	清	道光二十 六年舉人	博覽經史、工 駢體文		23B, V18, P.27b~28a
楊懋譽	原名堯杰 字西麓 號友鹿	嘉　善 楓溪書院	同光間	道光十一 年舉人		著《閒雲潭影詞 稿》	20C, V17, P.61a

楊懋譽	原名堯杰字西麓號友鹿	平 湖觀海書院	清	道光十一年舉人			著《閒雲潭影詞稿》	20C, V17, P.61a
江峰青	字湘嵐	嘉 善楓溪書院	同光間					齒錄二十三年，李常瀜條
		嘉 善魏塘書院						
黃恩煦	字淵甫	嘉 善楓溪書院	同光間					齒錄二十三年，李常瀜條
顧福仁	字紫珊	嘉 善楓溪書院	同光間					齒錄二十三年，李常瀜條
徐同塏	字幼筬	嘉 善楓溪書院	同光間					齒錄二十三年，李常瀜條
曹復元	字興門號月帆	嘉 善魏塘書院	乾隆間	乾隆元年鄉薦	縣令		《六榆散人草》、《月帆詩草》	17D, V25, P.20
查虞昌	字鳳喈號梧岡	嘉 善魏塘書院	乾隆間	乾隆十九年進士	戶部主事		《二十三史攬實》、《不若園雜俎》	17D, V25, P.22
潘 緯	字古怡號簣坡又號春如眉子	嘉 善魏塘書院	清	道光五年舉人	訓導	工詩文	《招鶴山房詩稿》、《知希齋心鏡溫熱論》	17D, V25, P.28~29 17C, V16, P.8a
張祖蔭	字子壽	嘉 善魏塘書院	道同間					17D, V24, P.63
胡雲程	字秋山	嘉 善魏塘書院	清	咸豐六年舉人		工屬文，閱文以清真雅正為宗		17D, V24, P.65
吳修祐	原名繡虎字穎士號杏墅	嘉 善魏塘書院	清				《十三經舊學》、《加商隱蔣山莊》、《駢散芟存輯下唅編》	17D, V24, P.66 齒錄十九年，陳銓衡條
顧慶模	字雲湖	嘉 善魏塘書院	光緒間	恩貢生	州判	工文砥行		17D, V24, P.65 齒錄十九年，陳銓衡條
郁洪謨	字少彝	嘉 善魏塘書院	清					齒錄二十三年，李常瀜條
周 禮	字粟香	嘉 善魏塘書院	清					齒錄二十三年，李常瀜條
孫 魯	原名煒字浩如號嘯甫	嘉 善思賢書院	清	增監生		性落拓，工詩古文辭	《遜吉齋詩章》	17D, V24, P.42
		平 湖當湖書院	清					

嚴嘉榮	字菊泉	秀　水翔雲書院	光緒元年	道光十五年舉人	教授			21C, V4, P.12b齒錄十九年，高寶辛條
嚴　辰	字緇生號芝僧	秀　水翔雲書院	同　治十一年	咸豐九年進士	刑部主事員外郎			21C, V4, P.12b
		桐鄉桐溪書院	同治六年					6B, V33, P.10b~11a21C, V4, P.2a
		桐鄉分水書院	同治六年					6B, V33, P.10b~11a
葉廉鍔	字勤諏	海　鹽蔚文書院	清	道光二十四年舉人	知縣			齒錄二十三年，倪思瓚條
		平　湖九峰書院						齒錄二十三年，倪思瓚條
		平　湖當湖書院	光緒間					齒錄二十三年，胡耀南條
		慈　谿慈湖書院	道光間					齒錄二十三年，李鍾鼎條
朱福詵	字桂卿	海　鹽蔚文書院	光緒間	光緒六年進士	編修			齒錄二十三年，馮黃中條
張大任	字星榆	海　鹽蔚文書院	光緒間		知縣			齒錄二十三年，馮黃中條
張　允	字如高	海　鹽觀成書院						18C, V17, P.41b
宋肇昌	字幼海	石　門傳貽書院	清	道光二十七年舉人	知縣	志行雅潔，不與塵事		19C, V8, P.47b
閔希濂	號逸雲	石　門傳貽書院	同治四年	舉人	教諭	博學能文，品行卓絕		19C, V6, P.42a
黃金臺	字鶴樓	平　湖蘆川書院	咸豐間	歲貢			《木雞書屋文集》	20C, V17, P.58a~b
江錫爵	字俟庭	平　湖蘆川書院	光緒間	光緒元年舉人	知縣			齒錄二十三年，倪思瓚條
陸　培	字翼風號南香	平　湖九峰書院	清	雍正二年進士			《白蕉詞》四卷	20C, V16, P.21a
		平　湖當湖書院	乾　隆十五年					20C, V16, P.21a20C, V3, P.35a
戈桂馨	字蟾仙	平　湖九峰書院	光緒間	光緒元年舉人				齒錄二十三年，倪思瓚條
		平　湖觀海書院	清					
葉存養	字湛池	平　湖九峰書院	光緒間	光緒五年舉人				齒錄二十三年，林正榮條

顧廣倫	字用康 號春嚴	平 湖 新溪書院	清	道光二十 四年舉人			20C, V18, P.63a
翁 濂	字蓮叔	平 湖 觀海書院	清	嘉慶元年 舉人			2C, V146, P.17a
		遂 昌 鳳池書院	清				
徐熊飛	字渭揚 號雪廬	平 湖 觀海書院	清	嘉慶九年 舉人	行誼文筆卓然 有成	《白鵠山房詩文 集》	20C, V18, P.83b
徐金鏡	字以人 號芸峴	平 湖 觀海書院	清	道光二年 舉人	詩文皆典贍風 華	《山滿樓集》	20C, V18, P.83b
何紹瑾	字蓮友 號藹卿	平 湖 觀海書院	清	道光二十 一年進士	吏部 文選 司主 事		20C, V16, P.44a
顧敬脩	原名棻 字篆香	平 湖 觀海書院	清	恩貢生		《小玉山房詩文 集》	20C, V17, P.63a
徐同壎	字幼篴	平 湖 觀海書院	清				齒錄十九年，陳銓衡 條
陸鍾英	字舒霞晚 號退士	平 湖 當湖書院	乾隆間	乾隆六年 舉人	沈潛經史，邃 於詩古文		20C, V17, P.44b 20B, V9, P.42a
陸堯松	字少廬	平 湖 當湖書院	清	嘉慶十六 年進士	刑部 主事		20C, V16, P.35a
陸錫麒		平 湖 當湖書院	清				20C, V16, P.39b
陸敦倫	字思對 號一帆	平 湖 當湖書院	清	道光二十 年舉人		《粵遊草》	20C, V17, P.61b
江麟瑞	字仁卿	平 湖 當湖書院	道光間				20C, V17, P.64a
奚景松	字良材 號肖嚴	平 湖 當湖書院	清	道光十九 年舉人			20C, V18, P.63a
黃晉豳	字裳衫	平 湖 當湖書院	清	道光二十 六年舉人			齒錄二十三年，林正 榮條
高掄元	字升伯	平 湖 當湖書院	光緒間	光緒十四 年舉人	教諭		齒錄二十三年，林正 榮條
計兆麟	字炳文	平 湖 當湖書院	光緒間	光緒八年 舉人			齒錄二十三年，奚銘 書條
沈善登	字穀成	桐 鄉 桐溪書院	光緒三年	同治七年 翰林	太史		21C, V4, P.2a 齒錄十九年，李廷棟 條
		德 清 仙潭書院	光緒間				齒錄十九年，唐元義 條

徐志鼎	字調元號春田	桐鄉分水書院	乾隆間	乾隆四十年進士	知縣		《紅亭日記》、《爭光集》、《古雲草堂集》、《玉雨集》	20C, V16, P.29a 21C, V4, P.9a
沈焯	字鹿坪	桐鄉分水書院	嘉慶末					21C, V4, P.9a
馮鳴盛	字筼園	桐鄉分水書院	道光間	嘉慶二十三年舉人				21C, V4, P.9a
朱祖謀	字古微	歸安安定書院	清					齒錄二十三年，施紹常條
周學濬	字縵雲	歸安安定書院	清					齒錄十九年，朱瀜儕條
		歸安愛山書院	清					齒錄二十三年，施紹常條
		杭州敷文書院	清					齒錄十九年，俞授蓮條
孫祿增	字叔荓	歸安安定書院	清	同治十年進士	知縣			齒錄二十三年，施紹常條
		歸安愛山書院	清					
雷兆棠	字樂山	歸安安定書院	清					齒錄十九年，錢汝霖條
		歸安愛山書院	清					
邳馨	字百香	歸安安定書院	清					齒錄十九年，錢汝霖條
		歸安愛山書院	清					
宗源翰	字湘文	歸安安定書院	清					齒錄十九年，錢汝霖條
		歸安愛山書院	清					
趙熙	字舜臣	歸安安定書院	清					齒錄十九年，錢汝霖條
		歸安愛山書院	清					
徐振翰	字祥墀	歸安安定書院	清					齒錄十九年，錢汝霖條
譚思黻	字芷佩	歸安安定書院	清					齒錄十九年，錢汝霖條
陸心源	字存齋	歸安安定書院	清					齒錄二十三年，鈕澤晟條

孫見龍	字叶飛 號潛村	歸 安 愛山書院	乾隆間	康熙五十二年進士	教習			23B, V17, P.16a
周 鑠	原名霖 號蓉裳	歸 安 愛山書院	嘉慶間	嘉慶十五年舉人				23B, V18, P.7b
張珍臬	初名丈裳 字辰訏 號同莊	歸 安 愛山書院	道光間	道光三年	知縣		《山曉閣詩集》	23B, V18, P.20a
王書勳	原名學曾 字庶山 號小沂	歸 安 愛山書院	同治間	道光二十五年進士	知縣			25B, V23, P.27a~b
張致高	字遜侯	歸 安 愛山書院	清					齒錄十九年,錢汝霖條
曾國霖	字雨人	歸 安 愛山書院	清					齒錄十九年,錢汝霖條
莊鳳威	字耀采	歸 安 愛山書院	清					齒錄十九年,錢汝霖條
蕭 書	字雲史	歸 安 愛山書院	清					齒錄十九年,錢汝霖條
沈丙瑩	字菁士	歸 安 愛山書院	清					齒錄十九年,錢汝霖條
程國鈞	字月濤	歸 安 愛山書院	清					齒錄十九年,錢汝霖條
郭式昌	字穀齋	歸 安 愛山書院	清					齒錄十九年,錢汝霖條
陳寶善	字子餘	歸 安 愛山書院	清					齒錄十九年,錢汝霖條
錫 光	字耀廷	歸 安 愛山書院	清					齒錄十九年,錢汝霖條
潘玉璿	字東湖	歸 安 愛山書院	清					齒錄十九年,錢汝霖條
鍾鳳林	字儀廷 號琴齋	長 興 箬溪書院	嘉慶元年	乾隆六十年舉人		平易近人,恂恂儒雅		25B, V23, P.30a~b
鍾 麟	原名寶田 字琳圖	長 興 箬溪書院	咸豐間		內閣中書			25B, V23, P.30b~31a
王書瑞	字雲史 號又沂	長 興 箬溪書院	同治間	道光三十年進士	主事郎中	崇尚樸學		25B, V23, P.35b~36a
王毓辰	號振軒	長 興 箬溪書院	光緒間	進士				35B, V23, P.37b
褚唐俊	字南來	長 興 箬溪書院	清	恩貢				25B, V26, P.12b
俞開甲	字體元 號霽寰	長 興 箬溪書院	乾隆間	乾隆二十五年進士	知縣	博雅淵通,長於古今		25B, V26, P.14a

張承德	字寶山	長　興 箬溪書院	清	同治四年 舉人	訓導			齒錄十九年，錢仁榮 條
褚元鼎	字光啓 號佑之	長　興 靜盧書院	清	歲貢		學優行卓，博 綜經史		25B, V26, P.12b
蔡書升	字漢翔	德　清 清溪書院	乾隆間	乾隆十九 年進士		詩格醇雅	《薑田詩彙》六 卷	27B, V8, P.14b
夏恩綸	字韻笙	德　清 清溪書院	清		訓導			齒錄十九年，蔡應鵬 條
戚人銑	字潤如	德　清 清溪書院	光緒間					齒錄十九年，蔡應鵬 條
吳寶鎔	字希玉	德　清 清溪書院	清					齒錄十九年，蔡應鵬 條
洪璇樞	字莜薌	鄞　縣 月湖書院	清	道光十一 年舉人	知縣			齒錄十九年，李漢章 條
馬恩散		鄞　縣 月湖書院	清					齒錄十九年，李漢章 條
吳善述	字澥城	鄞　縣 月湖書院	清	道光二十 九年舉人	教授			齒錄十九年，李漢章 條
馬恩黻	字藜仙	鄞　縣 月湖書院	清	同治三年 舉人	知縣			齒錄十九年，孫鏘條
楊泰亨	字理菴	鄞　縣 月湖書院	清	同治四年 進士	檢討			45B，〈列傳附編〉， 頁 6a~b
		餘　姚 龍山書院	清					45B，〈列傳附編〉， 頁 6a~b
		鄞　縣 辨志精舍	清					齒錄十九年，包科駿 條
袁信芳	字葦孫	鄞　縣 月湖書院	光緒間	光緒十二 年進士	知縣			齒錄十九年，虞藻條
		鄞　縣 鄮山書院	光緒間					
葉慶增	字至川	鄞　縣 月湖書院	清					齒錄二十三年，陳萃 銓條
		鎮　海 鯤池書院	清					齒錄十九年，俞汝昌 條
童　槐	字萼草	鄞　縣 月湖書院	清					齒錄十九年，勵振驤 條
宋紹棻	字蓮叔	鄞　縣 月湖書院	清					齒錄十九年，勵振驤 條
魏懋昭	字德園	鄞　縣 月湖書院	道光間		訓導			45C, V15, P.3a 45B, V14, P.17b~18a
童　華	字薇研	鄞　縣 月湖書院	清					齒錄十九年，勵振驤 條

陸廷黻	字漁笙 號己雲	鄞 縣 月湖書院	光緒間	同治十年 進士	編修 學政			齒錄十九年，孫鏘條
		鄞 縣 崇實書院	光緒間					齒錄二十三年，陳仲 祐條
董 沛	字覺軒	鄞 縣 崇實書院	光緒間	光緒三年 進士	知縣 知州			31C，〈輿地志〉，頁 824b
		鄞 縣 辨志精舍	清					齒錄十九年，包科駿 條
劉鳳章	字藝蘭	鄞 縣 崇實書院	光緒間	光緒十一 年舉人				31C，〈輿地志〉，頁 824b
		鄞 縣 辨志精舍	光緒間					齒錄十九年，孫鏘條
黃以周	字元同	鄞 縣 辨志精舍	清					齒錄十九年，孫鏘條
何 松	字崍青	鄞 縣 辨志精舍	光緒間					齒錄十九年，孫鏘條
陳繼聰	字駿孫	鄞 縣 辨志精舍	清					齒錄十九年，孫鏘條
鄧 濂	字似周	鄞 縣 辨志精舍	清	廩貢				齒錄十九年，俞鎮條
馮一梅	字夢香	鄞 縣 辨志精舍	光緒間	光緒二年 舉人				齒錄十九年，孫鏘條
		龍 游 鳳梧書院	光緒間					58B, V5, P.9a
		西 安 正誼書院	光緒間					齒錄十九年，鄭永禧 條
		西 安 鹿鳴書院	光緒間					齒錄十九年，鄭永禧 條
		鎮 海 鯤池書院	光緒間					齒錄十九年，鄭永禧 條
馬寶瑛	字藝臺	鄞 縣 辨志精舍	清					齒錄二十三年，葉炳 瑞條
		慈 谿 慈湖書院	清					齒錄十九年，柳在洲 條
		鎮 海 振文書院	光緒間					齒錄十九年，顧錫蘭 條
		鎮 海 靈山書院	光緒間					齒錄二十三年，張錦 樹條
童德厚	字玉庭	鄞 縣 鄮山書院	光緒間					齒錄十九年，李漢章 條
童揆尊	字蒓舫	鄞 縣 鄮山書院	光緒間					齒錄十九年，李漢章 條

韓鞏	原名協用 字子肩	慈谿 慈湖書院	清			指心切理，宗 旨透明		32C, V31, P.20b
蔡以瑺	字季珪	慈谿 慈湖書院	清	同治七年 進士	刑部 主事			41, V19, P.16b
		臨海 正學書院	清					齒錄十九年，林丙修 條
沈成烈	字筱眉	慈谿 慈湖書院	清					齒錄二十三年，李鍾 鼎條
樊荼煦	字介軒	慈谿 慈湖書院	清					齒錄二十三年，李鍾 鼎條
袁萬實	字若虛 號卓菴	慈谿 慈湖書院	清	乾隆十一 年貢			《卓菴集》	55C, V10, P.61a~b
秦朔南	字望治	慈谿 德潤書院	乾隆間	乾隆十八 年舉人		能詩，不事雕 琢，雋爽可喜		32C, V32, P.10b
馮璟	字玉章 號小宋	慈谿 德潤書院	嘉慶間	嘉慶六年 進士	知縣			32C, V32, P.24b~25a
董朝儀	字鳳來 號西岡	慈谿 德潤書院	清	嘉慶六年 進士	知縣		《佩韋齋文棄》 一卷，《詩棄》一 卷	32C, V32, P.15a
尹元煒	字春輝 號方橋	慈谿 德潤書院	清	嘉慶九年 舉人				32C, V32, P.26a~b
馮可墉	字舸月	慈谿 德潤書院	清	咸豐元年 舉人				齒錄十九年，馮紹勤 條
董圻	字仰甫	慈谿 德潤書院	清					齒錄二十三年，胡濬 永條
馮福恩	字吾樓	慈谿 德潤書院	清	舉人	學正			齒錄十九年，馮紹勤 條
陳德坊	字栗圃	奉化 錦溪書院	清	同治十二 年舉人	知縣			齒錄十九年，孫鏘條
		鎮海 鯤池書院	清					齒錄十九年，金士鴻 條
孫事倫	號彝堂 字竹灣	奉化 錦溪書院	嘉慶間	嘉慶三年 舉人				33B, V25, P.7b~8a
汪謨告	字言可 號祇軒	奉化 錦溪書院	清	乾隆末年 舉人	教諭			33B, V25, P.8a
周鵬程	字一峰	奉化 錦溪書院	嘉慶間	嘉慶三年 歲貞				33B, V25, P.8a
吳尚知	字覺凡 號曉園	奉化 錦溪書院	嘉慶間	嘉慶五年 舉人		性和易群	《侗悾子傳》	33B, V25, P.8a~b
趙青照	字藜堂	奉化 錦溪書院	嘉慶間	嘉慶三年 舉人，				33B, V25, P.8b

周紹旦	號越坪	奉　化 錦溪書院	清	道光二十 九年貢	內閣 中書			齒錄十九年，孫鏘條
郭慶恆	字瑞卿	奉　化 錦溪書院	光緒間	光緒五年 舉人				齒錄十九年，孫振麟 條
包履吉	字蕉舫	奉　化 錦溪書院	清	光緒五年 舉人				齒錄十九年，孫振麟 條
王聚星		奉　化 錦溪書院	清					齒錄十九年，孫鏘條
伍鳳章	字書田	奉　化 錦溪書院	清					齒錄十九年，孫鏘條
王玉藻	字蓉舫	奉　化 錦溪書院	清		訓導			齒錄十九年，孫鏘條
顧星炯	字曙橋	奉　化 錦溪書院	清	光緒十五 年舉人				齒錄二十三年，劉紹 璜條
郭慶新	字勉莍	奉　化 錦溪書院	光緒間	同治十年 進士	知縣			齒錄二十三年，劉紹 璜條
鄭　勳	字書常 號餘山	鎮　海 鯤池書院	嘉慶間					34C, V7, P.39b 32C, V32, P.22a~b
邵向榮	字東葵 號餘山	鎮　海 鯤池書院	乾　隆 十六年	康熙五十 九年進士	教諭			34C, V7, P.36b 43B, V23, P.27b
許寶善		鎮　海 鯤池書院	清					34B, V23, P.37b
陳　鴻		鎮　海 鯤池書院	清					34B, V24, P.15a~b
任于宗	字鶩川 一字茗香	鎮　海 鯤池書院	道光間		知縣	工詩文，立品 端方		34B, V23, P.40a
劉文璨	字紫珊	鎮　海 鯤池書院	清					齒錄二十三年，陳培 源條
張嘉祿	字肖莘	鎮　海 鯤池書院	光緒間					齒錄二十三年，陳培 源條
謝光樞	字堃齋	鎮　海 鯤池書院	清					齒錄二十三年，陳培 源條
楊敏曾	字遜齋	鎮　海 鯤池書院	清					齒錄十九年，金士鴻 條
孫葆澂	字元匡	鎮　海 鯤池書院	清					齒錄十九年，愈汝昌 條
劉　鶚	字羲軒	鎮　海 振文書院	清					齒錄十九年，顧錫蘭 條
周宗坊	字可表	鎮　海 觀瀾書院	光緒間					齒錄十九年，顧錫蘭 條
江仁徵	字亭芙	鎮　海 觀瀾書院	光緒間					齒錄十九年，顧錫蘭 條

王承鬑		鎮　海 觀瀾書院	光緒間				齒錄二十三年，張錦樹條
潘　煦	字春士	象　山 金山書院	光緒間				35B, V26, P.4a
王矛衷	字補廷 又字叔華	象　山 金山書院	光緒間			《詩草》四卷、 《詩餘》一卷	35B, V26, P.13b~14a
鄧克旬	字譜庵	象　山 金山書院	光緒間		訓導		齒錄二十三年，駱方溶條
張鴻遠	字簪卿	象　山 金山書院	光緒間				齒錄二十三年，駱方溶條
張世訓	字誨齋	象　山 金山書院	光緒間	光緒十一年舉人	訓導		齒錄二十三年，駱方溶條
錢　炯	字鑑三	象　山 金山書院	光緒間				齒錄二十三年，駱方溶條
沈鍾瑞		象　山 珠山書院	光緒九年		知縣		35B, V32, P.64b
林文懋	字昭德 號梅皐	象　山 丹山書院	清	雍正元年恩貢			35B, V25, P.13b~14a
袁　澄	字一泓	象　山 丹山書院	清	雍正八年貢		《池塘春草集》十卷	35A, V10, P.9b 35B, V25, P.14b
史玉書	字麟圖	象　山 丹山書院	乾隆間	乾隆四十二年舉人			35B, V25, P.20a
周　鯨		象　山 纓溪書院	乾隆初	明經	博學多文		35B, V25, P.15b
錢嗣溶	字思白	象　山 纓溪書院	乾隆間	乾隆五十三年舉人			35B, V25, P.26a
馬丙書	字丹崖	象　山 纓溪書院	嘉慶間	嘉慶三年舉人			35B, V25, P.27b
盧　峻	字竹亭	象　山 纓溪書院	同治間	咸豐四年恩貞		《見心錄》七卷、《望海居筆記》	35B, V26, P.7b
袁行泰	字少枚 號伯鴻	定　海 景行書院	咸豐間	咸豐元年舉人	生平慎話言，嚴取予，躬行節儉		38, V10, P.30a
章育瑜	字芝玉 號也梅	定　海 景行書院	清		篤志力學	《周易釋義》、《詩經類對》十餘卷	38, V10, P.30b
陳在謙	字雪漁	定　海 景行書院	道光初	舉人	知縣		38, V12, P.21b
鄔兆權		定　海 蓬山書院	同治間	明經			38, V18, P.32a

徐鼎琛	字式齋	山　陰 蕺山書院	清					齒錄十九年，袁緒鈞條
徐廷槐	字笠山	山　陰 蕺山書院	清	雍正八年進士			《墨汀詩鈔》	40B, V15, P.55b 47D, V19, P.6b
孫人龍	字端人	山　陰 蕺山書院	乾　隆 二十二年	雍正八年進士	編修			40B, V16, P.22a 47D, V17, P.7a
莫　晉	字錫山 號寶齋	山　陰 蕺山書院	清	乾隆六十年進士				43B, V23, P.28a~b
邵　坡	字兼三	山　陰 蕺山書院	康熙間	康熙四十二年進士				43B, V23, P.28a~b
方棨如	字文輈 一字樸山	山　陰 蕺山書院	康熙間	康熙四十五年進士	知縣	爲文樸茂古奧，類能闡發性道，翼扶世教，學者稱樸山先生	《集虛齋學古文》十二卷、《樸山存藁》、《續藁》	40B, V16, P.12b 73B, V10, P.1a~2a
齊召南	字息園	山　陰 蕺山書院	清		侍郎			40B, V16, P.12b 73B, V10, P.1a~2a
		杭　州 敷文書院	乾隆間					72B, V12, P.50b 72C, V12, P.11b
魏晉錫		山　陰 蕺山書院	乾隆間					40C, V19, P.8a 39C, V20, P.19b
全祖望	字謝山	山　陰 蕺山書院	乾隆間					40C, V19, P.8a 39C, V20, P.19b
夏兆豐	字大田	山　陰 蕺山書院	清	雍正二年舉人		淹貫經史，長於古今	《雨笠集》	39C, V54, P.57b
宗稷辰	字滌樓	山　陰 蕺山書院	清	道光六年舉人		發明良知之緒		43B, V24, P.9a~10b
		平　陽 龍湖書院	道光二十八、二十九年					
陳　錦	字晝卿	山　陰 蕺山書院	清	道光二十九年舉人	鹽運使			齒錄二十三年，任光琥條
		餘　姚 龍山書院	清					齒錄二十三年，董良玉條
張　鉞	字鼎仲	山　陰 稽山書院	康熙間	康熙四十五年進士			《春秋訂傳》、《藝苑荃蹄》、《會心樓文集》	47D, V19, P.4b 39C, V54, P.3a
王繼香	字子獻 一字芷軒	山　陰 稽山書院	清					齒錄二十三年，任光琥條
薛　沅	字楚生	山　陰 稽山書院	清					齒錄二十三年，錢繩武條
楚恭煦		山　陰 稽山書院	清					齒錄二十三年，錢繩武條

胡于錠	字漢傳 一字屏山	蕭　山 筆花書院	嘉慶間	乾隆廩貢生	教諭			34B, V23, P.41a 41V., V10, P.3a
楊德成		蕭　山 筆花書院	嘉慶間	副貢				41, V10, P.3a
湯熺鼎	字章甫	蕭　山 筆花書院	光緒間	同治十二年舉人	知縣	天才俊拔，有經世成物之志	《伴蟬吟草》八卷，《求志居全集》二十卷	41, V10, P.3a 41, V19, P.16b~17a
丁海林		蕭　山 筆花書院	咸豐間	舉人				41, V10, P.3a
蔡以瑩	字彥祖	蕭　山 筆花書院	同　治 光緒間	咸豐九年舉人				41, V10, P.3a
蔡以珍		蕭　山 筆花書院	同　治 光緒間	舉人				41, V10, P.3a
戴蘭疇	字介村	諸　暨 毓秀書院	清	道光十七年貢		為文灝氣，精光相輔而行		69B, V9, P.45b~46a
元和申		諸　暨 毓秀書院	清					42B, V23, P.8a
方以成		諸　暨 毓秀書院	清					42B, V23
樓大章	字芥航	諸　暨 毓秀書院	乾隆間	歲貢生				42B, V33, P.6a
洪倬雲	字梅艇	諸　暨 毓秀書院	清					齒錄二十三年，陳蔚文條
王之杰	字卓人	諸　暨 毓秀書院	清					齒錄二十三年，陳蔚文條
孫祥麟	字祖同	諸　暨 毓秀書院	清					齒錄二十三年，陳蔚文條
蔣贊堯		諸　暨 毓秀書院	清	同治元年舉人	知縣		《歷朝嘉恣錄》、《佛腳文草》、《主一軒詩文集》	齒錄二十三年，蔣光籛條
陳　偉	字耐庵	諸　暨 毓秀書院	清					齒錄二十三年，錢令清條
樓浚源	字石泉	諸　暨 同文書院	清	歲貢生				齒錄十九年，朱斯華條
周炳炎	字耀庭	諸　暨 同文書院	清	歲貢生				齒錄十九年，朱斯華條
黃文藻	字蘅塘	諸　暨 同文書院	同　治 光緒間	同治十二年舉人				齒錄十九年，周省蘭條
仕官澂	字渠舫	諸　暨 同文書院	光緒間	歲貢				齒錄十九年，周省蘭條

王海觀	字見滄 號月槎	餘　姚 龍山書院	清	同治四年 進士	檢討		《飲雪軒詩文》 四卷,《筆記》 四卷,《佩韋齋 隨筆》二卷	42B, V34, P.1b
錢振常	字篪仙	餘　姚 龍山書院	光緒間	咸豐九年 進士	編修		齒錄十九年,袁緒鈞 條
謝烺樞	字小漁	餘　姚 龍山書院	清				齒錄二十三年,張學 淵條
任　塍	字秋田	餘　姚 龍山書院	光緒間	光緒六年 進士	知縣		齒錄二十三年,王室 藩條
朱　蘭	字耐庵	餘　姚 龍山書院	清				齒錄二十三年,楊儒 鴻條
李祖惠		餘　姚 龍山書院	乾隆間				43B, V10, P.29b
黃炳垕	字蔚亭	餘　姚 龍山書院	光緒間				齒錄二十三年,葉炳 瑞條
周來賓	字戩君	餘　姚 龍山書院	光緒間				齒錄二十三年,谷營 愚條
葉和聲	字雅南	餘　姚 龍山書院	清				齒錄二十三年,谷營 愚條
楊家驥	字德蓀	餘　姚 龍山書院	清				齒錄二十三年,谷營 愚條
韓孔當	字仁父	餘　姚 姚江書院	康熙八年		兼綜諸儒,以 名教經世	43A, V32, P.2b~3a 《國朝先正事略》, 卷二十八,頁 5a
邵廷采	字允斯又 字念魯	餘　姚 姚江書院	康熙間			《思復堂集》二 十卷,《姚江書院 志略》四卷	43A, V32, P.4ab 《國朝先正事略》, 頁 5ab
俞長明	字吾之	餘　姚 姚江書院	清	明崇禎九 年副貢	學者稱珂雪先 生		43B, V23, P.14a
金念祖	字聿修	餘　姚 姚江書院	清	光緒十五 年舉人			齒錄二十三年,王積 文條
許正綏	字齋生 一字少白	上　虞 經正書院	道　光 十二年	道光九年 進士	教授		44D, V12, P.27a
陳景祺	原名光斗	上　虞 經正書院	咸豐間	咸豐二年 進士	知縣		44C, V12, P.28b~29a
劉　煇	字實甫 號新齋	上　虞 經正書院	咸豐間	道光二十 六年舉人	學者稱新齋先 生		44C, V13, P.4a~b
謝鄞光	字篷洲	上　虞 經正書院	光緒間				齒錄二十三年,朱彭 壽條
朱士馘	字芾卿	上　虞 經正書院	光緒間	光緒十二 年進士	知縣		齒錄二十三年,朱彭 壽條

黃采風	字藻川	上　虞 經正書院	光緒間	光緒十一 年舉人			齒錄二十三年，曹振 采條
徐承宣	字星庚	上　虞 經正書院	光緒間	光緒二十 一年進士			齒錄二十三年，曹振 采條
謝蓉初		上　虞 經正書院	清				44D, V37, P.6a 44C, V34, P.9a
喻道鈞	字珊亭	嵊　縣 剡山書院	清	嘉慶二十 一年舉人		《聽秋山房詩賦 文稿》，《此君軒 吟草》一卷	45C, V14, P.30a~31a
邢復旦	字春初 號縵雲	嵊　縣 剡山書院	清	嘉慶十三 年舉人	教習	《左國繹義》， 《思補軒文稿》	45C, V14, P.31a
錢錦山	字蓮峰	嵊　縣 剡山書院	道光間		優文行		45C, V15, P.2b
任　湘	字純香	嵊　縣 剡山書院	咸豐間			《拜石軒稿》	45C, V15, P.6b
周咨詢	字載駓	嵊　縣 剡山書院	清	乾隆四十 二年貢	教諭		67B, V8, P.10
駱葆慶	字筠孫	嵊　縣 剡山書院	清	同治三年 舉人			齒錄二十三年，呂兆 璜條
		新　昌 鼓山書院	清				齒錄十九年，俞保鑑 條
		嵊　縣 二戴書院	清				齒錄二十三年，呂兆 璜條
		嵊　縣 陽山書院	清				齒錄二十三年，呂兆 璜條
裘瀛振	字杏徵	嵊　縣 剡山書院	清				齒錄二十三年，呂兆 璜條
		諸　暨 毓秀書院	清				齒錄二十三年，陳蔚 文條
		嵊　縣 二戴書院	清				齒錄二十三年，呂兆 璜條
湯壽潛	字蟄仙	嵊　縣 剡山書院	清				齒錄二十三年，呂兆 璜條
		嵊　縣 二戴書院	光緒間				
陳遙聲	字蓉曙	嵊　縣 剡山書院	清				齒錄二十三年，呂兆 璜條
		嵊　縣 二戴書院	清				
章毓才	字嘯修	嵊　縣 剡山書院	清				齒錄二十三年，呂兆 璜條
		嵊　縣 二戴書院	清				

吳忠懷	字亮公	嵊縣 剡山書院	清	光緒元年 舉人	教諭			齒錄二十三年，董繼 文條
		嵊縣 二戴書院	光緒間					
章華國	字墨舫	嵊縣 剡山書院	清					齒錄二十三年，吳葆 祥條
		嵊縣 二戴書院	清					
鄭錫蘭	字國香	嵊縣 陽山書院	清					齒錄二十三年，呂兆 璜條
張寶基	字俟軒	嵊縣 陽山書院	光緒間	光緒元年 舉人				齒錄二十三年，周錫 璜條
梁葆章	號簡香	嵊縣 北山書院	光緒間	光緒十七 年舉人			《鉛割贅言》、 《一枝軒古文 藁》	齒錄二十三年，梁保 成條
閻 震	字楚材	嵊縣 北山書院	光緒間	光緒十五 年舉人				齒錄二十三年，董繼 文條
喻恭復	字七來	嵊縣 鹿山書院	清					45C, V14, P.28a 45A, V11, P.44a
姚一鳴		嵊縣 鹿山書院	清					45C, V14, P.28a 45A, V11, P.44a
姚工亮		嵊縣 鹿山書院	清					45C, V14, P.28a 45A, V11, P.44a
吳調元		嵊縣 鹿山書院	清					45C, V14, P.28a 45A, V11, P.44a
茹 芬	號古香	新昌 鼓山書院	清					46B, V14, P.10a
呂鴻燾	字小寰	新昌 鼓山書院	光緒間	同治三年 舉人	知縣			齒錄二十三年，梁葆 成條
		玉環 環山書院	清					
俞鴻逵	字叔儀	新昌 鼓山書院	清	同治九年 舉人	知縣			齒錄二十三年，梁葆 成條
章昌俊	字芝生	新昌 鼓山書院	清	道光五年 舉人				齒錄十九年，俞保鑑 條
吳穎炎	字葹甫	新昌 鼓山書院	清					齒錄十九年，俞保鑑 條
何楷章	字式如 號慄齋	臨海 近聖書院	乾隆間				《燕筑吟詩草抒 寫》	50B, V22, P.20a~b
徐 錦	字念祖 號快亭	臨海 近聖書院	乾隆間	乾隆十年 進士	知縣			21C, V15, P.52b~53a

陳一鶴	字竹泉	臨海東湖書院	光緒間	道光十九年舉人	工部屯田司員外郎		《竹泉叢稿餘事》	50B, V25, P.11b
葛詠裳	字逸仙	臨　海東湖書院	光緒間	光緒六年	兵部主事			齒錄十九年，趙鵬條
蔡篪	字仲吹號竹孫	臨海東湖書院	同　治光緒間	同治六年舉人	工詩古文辭	《寫經堂文集》一卷	51B, V17, P.22b
		臨　海廣文書院	清				51B, V20, P.22b
		黃　巖樊川書院	清				51B, V20, P.22b
何炳麟	字宣三號輝臣	臨　海尊儒書院	同治間			《醉經堂詩文稿》，《論易寶通》二卷	50B, V24, P.33a~34b
王棻	字子莊	臨　海正學書院	清				齒錄二十三年，陳洛東條
葉春元	字照初號仁蓀	臨　海正學書院	清	同治三年歲貢	教授	居常以守敬爲存心之本		50B, V25, P.12b
李汪度	字宮詹	黃　巖樊川書院	乾隆中				51B, V11, P.25b
车亦台	字顯永號南垣	黃　巖鳴山書院	乾隆中	乾隆四十一年歲貢			51B, V21, P.13a
曾若濟	字心印號幬巖	黃　巖九峰書院	同　治光　緒		博學多文，詩文古雅		51B, V20, P.22b~23a
王映玉	字章達號裴山	黃　巖萃華書院	嘉慶間	嘉慶十八年舉人	其學以誠善爲務，忘己濟人	《孝經定本集註》，《言行錄續編》	51B, V17, P.26a
王于宣	字嘉德號南屏	黃　巖萃華書院	乾隆間	乾隆五十三年舉人	天姿明敏，根柢盤深	《怡雲軒詩存》，《遼北吟》，《北遊草》及《敬藝堂課草》	51B, V20, P.19a
车濬	字時文號柏峰	黃　巖萃華書院	嘉慶間	嘉慶五年舉人		《耕讀堂詩鈔》	51B, V20, P.20b
李飛英	號雲詔號山漁	黃　巖萃華書院	道光間	道光元年舉人	學正	《古史通紀》，《補蘿書屋詩草》	51B, V20, P.21a
黃濬	字睿人號壺舟	黃　巖萃華書院	道　光二十七年	道光二年進士	知縣	博覽群書兼通釋老	《壺舟詩存》十五卷	54B, V5, P.3b~4a
		太平宗文書院	道　光二十八年				54B, V5, P.3b~4a
		太　平鶴鳴書院	咸豐三年				54B, V5, P.3b~4a

陳澧	字欽旂號芑東	太平東嶼書院	同治光緒		訓導教授		《棣萼樓詩草》	54B, V5, P.3b~4a
		太平宗文書院	咸豐同治間					54B, V5, P.7ab
張思哲	字朔明號浚卿	太平鶴鳴書院	清	同治二年歲貢	教諭	平居潛心古訓，為人氣象溫和	《藻春吟稿》	54B, V5, P.7b~8a
王瀚	字聖涯號灝亭	太平鶴鳴書院	清	道光二年歲貢		博聞強識，性好古	《灝亭詩集》六卷、《補遺》一卷、《殺風景》八卷	54B, V5, P.11ab
傅彥倫	字犖生	太平鶴鳴書院	清	舉人				齒錄十九年，柯作楫條
朱謙	字益專	寧海緱城書院	光緒間	光緒十一年舉人				齒錄二十三年，黃和鑾條
張濬	字子遠	寧海緱城書院	光緒間					齒錄二十三年，黃和鑾條
阮兆元	字潔齋	寧海緱城書院	光緒間	廩貢生				齒錄二十三年，黃和鑾條
管世駿	字德輿	寧海緱城書院	光緒間					齒錄二十三年，黃和鑾條
姚桐豫	字梧岡	寧海緱城書院	光緒間					齒錄二十三年，黃和鑾條
俞鍾儁		仙居安洲書院	清	同治十三年拔貢				齒錄十九年，俞保鑑條
		玉環環山書院	清					
		建德雙峰書院	光緒間					
費士桂	字宮裁號丹林	西安青霞書院	清	乾隆二年進士	教授			32C, V32, P.8a
		西安正誼書院	清					57B, V24, P.15a
蔣師燨		西安正誼書院	乾隆四十六年					57B, V23, P.34b~35a
徐煥新	字奎章號悔菴	西安正誼書院	雍正二年			曠世逸才		57A, V34, P.12a 57B, V23, P.20a
劉彭年	字周祚號存齋	西安正誼書院	清	歲貢生		剛方尚義	《年譜》、《知非集》、《冷署偶存》	57A, V36, P.13a 57B, V23, P.22b
龔士範	字式方號春帆	西安正誼書院	道光間	舉人	知縣			57B, V23, P.41a~b
		西安鹿鳴書院	道光間					

鄭桂東	字湘舲 一字薌林	西　安 正誼書院	清	道光二十 三年舉人	知縣		《得月樓詩》一 卷，《百花詠》一 卷	57B, V23, P.42b
		西　安 鹿鳴書院	清					
邵晉涵		西　安 正誼書院	清					57B, V3, P.23b
朱以增	字硯生	西　安 正誼書院	光緒間					齒錄二十三年，施晃 英條
陸宗翰	字屏叔	西　安 正誼書院	光緒間		教諭			齒錄十九年，鄭永禧 條
陸登鼇	字駕珊	西　安 正誼書院	清	同治六年 舉人		通經史、善詩 歌、尤喜時藝		齒錄十九年，鄭永禧 條
		西　安 鹿鳴書院	清					齒錄十九年，鄭永禧 條
		開　化 天香書院	清					齒錄十九年，鄭永禧 條
		開　化 天香書院	清					75C, V7
		建　德 雙峰書院	清					齒錄二十三年，王紹 槐條
葉日蓁	字鶴仙	西　安 鹿鳴書院	清	乾隆三十 年拔貢			《樊餘集》	57A, V34, P.16a 57B, V23, P.31b
沈士濂	字抱仙	西　安 鹿鳴書院	光緒間	光緒十一 年舉人				齒錄十九年，鄭永禧 條
吳士紀	字慎予 號硯堂	西　安 修文書院	康　熙 四十七年	雍正二年 舉人				57B, V23, P.20a 57B, V3, P.22b
褚榮槐	字二梅	龍　游 復英書院	同　治 光緒間	咸豐九年 舉人	教諭	學問淹博，風 采凜然	《四硯齋文集》	58B, V13, P.17b
余慶椿	字延秋	龍　游 鳳梧書院	清	優廩生			《讀書隨筆》， 《延秋軒偶存 稿》二卷	57B, V24, P.22a 58B, V19, P.21a
王寶華		龍　游 鳳梧書院	道光年間					58B, V5, P.8b
余元祺	字祈曾 號吉臣	龍　游 鳳梧書院	光緒末	同治十二 年拔貢		篤學嗜古	《話雨草堂文 集》、《雜存》一 卷	58B, V19, P.21b~22a
余恩鑅	字鏡波 原名鑾	龍　游 鳳梧書院	道光間	道光十四 舉人				58B, V19, P.16b~20a
余恩鑅	字鏡波 原名鑾	江　山 文溪書院	道光間	道光十四 舉人				58B, V19, P.16b~20a
葉吉臣		龍　游 鳳梧書院	光　緒 二十二年					58B, V27, P.10a

胡　森	字香海	龍游 岑峰書院	嘉慶間	進士	知縣			57B, V24, P.17a~b 58B, V5, P.8a
鮑微庵		龍游 岑峰書院	乾隆中					58B, V5, P.8a
劉　卓	字曉峰	金華 長山書院	光緒間					齒錄二十三年，汪庚 年條
呂念修	字味琴	金華 長山書院	光緒間					齒錄二十三年，汪庚 年條
徐善寶	字石樵	金華 長山書院	光緒間	光緒十七 年舉人				齒錄二十三年，章景 傑條
		金華 麗正書院						齒錄二十三年，王夢 松條
樓秉誩	字景虞	金華 麗正書院	清	康熙五二 年舉人		謹言勵行，造 次必於儒者	《五經提要》， 《攬秀樓文鈔》	67B, V7, P.26
陳應藩	字屏侯 一字星槎	金華 麗正書院	清　光 十八年	嘉慶十五 年舉人	知縣			67B, V7, P.24
陳光五	字穎田	金華 麗正書院	清					齒錄二十三年，王夢 松條
李承烈	字偉卿	金華 麗正書院	清					齒錄二十三年，王夢 松條
任傳綸	字荊門	金華 麗正書院	清					齒錄二十三年，汪庚 年條
朱成烈	字偉軒	金華 麗正書院	光緒間	光緒六年 進士				齒錄二十三年，汪庚 年條
程　逢	字陽初 號補齋	蘭谿 瀫水書院	乾隆間	乾隆三年 舉人				57A, V34, P.14a 57B, V23, P.24b
鄭鶴齡	字崧年	蘭谿 雲山書院	清					64C, V5, P.48b
鄭望周	字遇文	蘭谿 雲山書院	乾隆間	乾隆十七 年舉人			《蟬聲集》	64C, V5, P.50ab
應文昭	字介眉	蘭谿 雲山書院	清	乾隆二十 七年貢	訓導			64C, V5, P.50b
姜炳章	字席珍 號白巖	蘭谿 雲山書院	乾隆二十 八至二十 九年	乾隆十九 年進士			《蘭江晤言》一 篇，《香溪行略 五論》	64C, V5, P.7b
唐壬森	字根石	蘭谿 雲山書院	清					齒錄二十三年，唐兆 壬條
林翔源	字幹香	蘭谿 雲山書院	清					齒錄二十三年，唐兆 壬條
樊耿光	字西屏	蘭谿 雲山書院	清	舉人				齒錄二十三年，唐兆 壬條
唐寅亮	字立夫	蘭谿 雲山書院	光緒間					齒錄二十三年，唐兆 壬條

張南英	字北學 號渠西 別號中亭	東　陽 崇正書院	清	雍正十一 年進士	知縣		《中亭集》	93B, V38, P.9b~10a
		平　陽 龍湖書院	清					93B, V38, P.9b~10a
		平　陽 文溪書院	乾隆間					93B, V10, P.8a
應振緒	字芬貽	永　康 崇功書院	光緒間	同治十三 年進士	戶部 主事		《復菴存稿》， 《處館箴訓》， 《聞見紀遺錄》	齒錄十九年，程桂芬 條
潘樹棠	字懇南	永　康 崇功書院	光緒間	咸豐十一 年貢	內閣 中書			齒錄十九年，程桂芬 條
夏燃青	字藜閣	永　康 崇功書院	光緒間	咸豐三年 恩貢			《桂林詩文鈔》 四卷	齒錄二十三年，程崇 德條
楊清壽	字助帆	永　康 崇功書院	咸豐末	道光元年 舉人			《耐冬軒詩集》	67B, V7, P.10~11
程兆選	字俊升	永　康 崇功書院	乾隆間	乾隆十二 年舉人	教諭		《檉軒唱和 集》，《古雲集》 十六卷	67B, V8, P.20
徐秉文	字敬亭	浦　江 浦陽書院	清	乾隆四十 年進士	知縣			69B, V9, P.10a~b
		浦　江 東明書院	清					
唐　華	字協勳	浦　江 浦陽書院	清	舉人	訓導	平生端方自 持，篤於孝友	《密齋詩文集》	69B, V9, P.37b
王　芳		浦　江 廣學書院	道光間					69B, V4, P.73a
姜志望		浦　江 東明書院	乾隆間					69B, V4, P.69a
曹開泰	號珩圃	浦　江 東明書院	嘉慶十年	歲貢生			《玉屏山樵歌》	69B, V9, P.10a
張守案	字賜履	浦　江 月泉書院	乾隆 三十二年	拔貢	縣丞			69B, V9, P.38b~39a
朱興悌	字西崖	浦　江 月泉書院	清			沈潛性理，傑 然爲學者之宗	《西崖詩文鈔》 八卷，《蝸盧小 草》等	69B, V8, P.13a~b
費懋烈	字彥芳	浦　江 月泉書院	清	歲貢		以窮理爲急， 以敦行爲重， 以持敬爲主。	《四書講義》、 《大學講義》、 《論語講義》	69B, V9, P.38a~b
沈鶴元	字東皐	浦　江 月泉書院	清			學業醇正	《自怡集》，《西 湖雜詠》	69B, V9, P.42ab
張時泰			道光間					69B, V4, P.59a
呂念修	字味琴	建　德 寶賢書院	清	光緒元年 舉人				齒錄十九年，徐之榮 條
王槐青		建　德 雙峰書院	光緒間					72D, V6, P.26b

王 靭		建 德 雙峰書院	光緒間			《州癉棄餘記愎》二卷	72C, V11, P.1a 72C, V13, P.8b
張雲鶚		建 德 雙峰書院	清	康熙四十五年進士	生平學問淹貫，言皆有物		72B, V12, P.47b~48a 72C, V12, P.8b
胡書源		建 德 雙峰書院	乾隆初				72B, V12, P.39b
黃庭範	字守齋	淳 安 鳳山書院	光緒間				齒錄二十三年，朱彭壽條
金祖培		遂 安 台鼎書院	光緒間	光緒十九年舉人			75C, V7
沈諭寶	字子美	麗 水 圭山書院	清	光緒十五年進士	教諭		79B, V7, P.14a
鄭以德	字達三	麗 水 圭山書院	光緒間	歲貢		《息軒詩文》	79B, V10, P.48a~b
陳 瑩	字韻珊	麗 水 圭山書院	光緒間	舉人	訓導		齒錄十九年，孫壽芝條
吳成周	字芭溪	麗 水 圭山書院	光緒間	光緒二年進士	知縣		齒錄十九年，孫壽芝條
王寶善	字楚香	麗 水 蓮城書院	清	進士	教授	學問淹博、操守清廉	79B, V7, P.16b
王啓渠	字雨菴	麗 水 蓮城書院	清	同治十年進士	教授		齒錄十九年，孫壽芝條
王宗訓	字式之	麗 水 蓮城書院	清	廩貢	訓導		齒錄十九年，孫壽芝條 79B, V10, P.48a~49a
徐望璋	字達珍	麗 水 蓮城書院	清	嘉慶二十一年舉人			79A, V11, P.44b~45a
董 旂	字仲常	麗 水 蓮城書院	清	道光貢	性方嚴古潔，爲文高古，不入時目	《太露館詩文稿》	94B, V8, P.9a~b
		泰 順 羅陽書院	清				
毛桓	字克亭號荔園	麗 水 南明書院	清			《荔園文集》，《遠抱樓詩集》	84B, V8, P.9b
秦錫醇	字沐雲	青 田 正誼書院	清	舉人			80C, V10, P.34a
章 楷	字質甫	青 田 正誼書院	清	同治九年舉人			齒錄十九年，張師訓條
葉枝玉	字景訦	青 田 正誼書院	清	同治三年舉人			齒錄十九年，張師訓條
		青 田 鶴皋書院	清				
周拱藻	字仲龍	青 田 正誼書院	清	光緒十四年舉人			齒錄十九年，張師訓條
		青 田 鶴皋書院	清				

趙維英		縉　雲 金蓮書院	乾隆後			質魯好學，稱 雲樵先生		81B, V10, P.64b
丁汝廉	字泉之	縉　雲 五雲書院	道咸間			學以主敬存誠 爲本		81B, V8, P.53b~54a
丁叔舟	字濟魯	縉　雲 五雲書院	清	乾隆十八 年拔貢				81B, V8, P.60b~61a
施　霖	字傳埜	縉　雲 五雲書院	嘉慶間				《試藝》一帙	81B, V8, P.61b
胡雲昂		松　陽 明善書院	清	乾隆九年 舉人	教諭	博雅和厚、學 問優長		82A, V7, P.39b 82B, V7, P.42b
吳國玫	字文石	松　陽 明善書院	清	乾隆十五 年恩貢	教諭			82A, V9, P.43a
蔡士梁	字東橋	松　陽 明善書院	嘉慶間					82B, V9, P.44a
饒慶霖	字若汀	松　陽 明善書院	同治間					82B, V9, P.59a
楊　孫	字芝蘭	松　陽 明善書院	道光間					82B, V9, P.15b
季建功	字蘭垺	龍　泉 金鰲書院	清			博覽經史	《周易精義》	83B, V10, P.72b
周之冕	字雅先	慶　元 對峰書院	清				《省愚集》	85A, V1, P.11b
鄭如璋	字可珍	宣　平 鼇峰書院	清			爲文深刻警 精，力矯膚淺 之弊		87C, V11, P.21a~b
祝鳳梧	號濂溪	宣　平 鼇峰書院	清	咸豐十一 年拔貢	教諭	爲文超逸靈 敏，性謙和		87C, V11, P.22a
周　杰	字桂園	景　寧 雅峰書院	同光間	進士	縣令			88B, V12, P.2b
張維翰	字慕九	景　寧 雅峰書院	清	歲貢	訓導	嚴重沈毅、博 學工文		88B, V12, P.3a
沈翼清	字贊卿	景　寧 雅峰書院	清		教諭	積學閎深、文 章淵懿		88B, V12, P.4a
嚴用光	字國華 號月舫	景　寧 雅峰書院	光緒五年				《詒穀堂稿》二 卷	88B, V13, P.5a
陳之東	字問源	景　寧 雅峰書院	清					88B, V13, P.16a
葉　楷	字式莽	景　寧 雅峰書院	清					83B, V10, P.3a~b
陸汝欽	字恪庭	永　嘉 東山書院	清	雍正二年 進士	知縣			20C, V16, P.21b
孫擴圖	字充之 號齋山	永　嘉 東山書院	乾　隆 二十五年	乾隆元年 舉人	知縣			90B, V18, P.40b

周長發	字蘭坡	永 嘉 東山書院	清	雍正二年 進士	教授 知縣		《賜書堂集》	40C, V15, P.50b 39C, V54, P.65b
		杭 州 敷文書院	雍正間					
徐作礪	字漱石	永 嘉 東山書院	清	嘉慶十八 年拔貢				90B, V12, P.19b
吳 壬	號周辰	永 嘉 中山書院	道光間	道光十七 年歲貢				90B, V12, P.31b
葉應宿		永 嘉 中山書院	道光間					90B, V7, P.29a
梅 銓	號鑒亭	永 嘉 肆經堂	清	道光三十 年歲貢				90B, V12, P.31b
鄭嘉德		永 嘉 肆經堂	清					90B, V12, P.41a
潘希程	字思川 號伊亭	瑞 安 玉尺書院	乾隆末				《借枝集》	46B, V12, P.43a
葉 煒	字青登 號坦齋	樂 清 梅溪書院	清	嘉慶二十 三年舉人	教諭			43B, V23, P.21a
陳舜咨	字咨牧 號春堤	樂 清 梅溪書院	清	嘉慶六年 拔貢			《茶話軒詩集》	90B, V12, P.19a~b
林啓亨	字禮門	樂 清 梅溪書院	道光初		詩成一家言，而尤傲負氣			92B, V8, P.110a~b
陳簽	字銘叔	樂 清 梅溪書院	清	光緒五年 舉人				92B, V8, P.121b
應芝暉	號秀庭	平 陽 文溪書院	乾隆間	乾隆三十 六年舉人	教諭			67B, V8, P.11
應玉衡		平 陽 文溪書院	清					93B, V10, P.8a
張溫山		平 陽 文溪書院	清					93B, V10, P.8a
曾 鏞	字在東 一字鯨堂	泰 順 羅陽書院	乾隆間	乾隆四十 二年選貢	教諭	稱復齋先生	《復齋詩文集》	94B, V7, P.2b
朱栻之		玉 環 環山書院	清	道光二年 進士				6B, V26, P.36a
吳承志	字祁甫	平 陽 龍湖書院	光緒間	光緒二年 舉人	知縣		《山海經補 注》，《西北地理 考實》	93B, V27, P.3a~b
張中亭		平 陽 龍湖書院	乾 隆 三十年					93B, V10, P.4b
祝登雲	字見田	平 陽 龍湖書院	清	道光二十 四年舉人	同知		《四書注》，補朱 六卷	93B, V10, P.4.b
陳際中	字必程 號雲樓	平 陽 龍湖書院	光緒間		教諭			93B, V39, P.5b~6a

附錄五　鳳梧書院藏書目錄（本表摘自《龍游縣志》）

欽定類：三十一部共二千七百五十二本

《欽定古今圖書集成》一千六百二十八本	《御纂周易折中》二十本（二部）
《欽定詩經傳說彙記》三十二本（二部）	《欽定儀禮疏》五十六本（二部）
《欽定春秋傳說彙纂》四十本（二部）	《御批通鑑輯覽》四十八本
《欽定續通典》四十本	《欽定皇朝文獻通考》一百六十本
《欽定皇朝通志》四十本	《御纂朱子全書》四十八本
《御定子史精華》三十二本	《御選唐宋文醇》二十本
《欽定書經傳說彙纂》二十四本（二部）	《欽定周官義疏》四十八本（二部）
《欽定禮記義疏》六十四本（二部，缺一部）	《欽定綱鑑正史》約二本（二部，缺一部）
《欽定續文獻通考》一百二十本	《欽定續通志》二百本
《欽定皇朝通典》四十本	《聖諭廣訓直解》二本
《御定廣定群芳譜》三十六本	《御選古文淵鑑》三十二本
《御選唐宋詩醇》二十本	

叢書類：十八部共一千一百十八本

《漢魏叢書》八十本	《四十八種秘書》二十四本
《永嘉叢書》四十本	《海山仙館叢書》一百二十本（缺二本）
《陳氏東塾叢書》八本	《正誼堂叢書》一百二十本
《昭代叢書十集》一百六十本	《龍威秘書》八十本（缺十五本）
《唐代叢書》三十六本	《平津館叢書十集》五十本
《雙桂堂叢書》四十八本	《二思堂梁氏叢書》十六本
《三長物齋叢書》八十本	《式訓堂叢書初二集》三十二本
《咫進齋叢書初集》二十四本	《十萬卷樓叢書初二三集》一百零四本
《徐氏叢書》十六本	《湖北局刻三十二種叢書》八十本

經類：四十四部共一千二百七十八本

《阮刻十三經注疏》一百六十本	《重校葛本十三經古注》四十八本
《皇清經解》三百二十本	《鄭氏佚書》十本
《五禮通考》一百本	《肆獻裸饋食禮》一本
《四書反身錄》四本	《論語訓詁》一本
《爾雅正郭》一本	《段氏說文注》十六本
《祁氏說文三種》十六本	《說文通訓定聲》二十四本

《孫刻說文通檢》十本	《說文外編》五本
《說文辨疑》一本	《說文校義》四本
《說文易知》十本	《說文韻表》一本
《經字異同》六本	《玉篇》六本（附廣韻八卷）
《十三經札記》十四本（附群書禮記十六卷）	《左刻四書五經》三十九本（原少一本）
《皇清經解續編》三百二十本	《禹貢便讀》一本
《讀禮通考》三十二本	《夏小正通釋》一本
《論語古訓》二本	《論語後案》十本
《說文解字》六本	《鈕氏說文》四本
《說文義證》三十二本	《說文辨字正俗》四本
《說文釋例》八本	《說文管見》一本
《說文引經考》二本	《說文提要》一本
《說文解字韻譜》四本	《小學考》二十本
《倉頡篇》六本（附字林八卷）	《漢隸字源》六本
《隸辨》八本	《集韻》十本
《鐘鼎字源》二本	《佩文詩韻釋要》一本

史類：八十一部共一千五百二十二本附圖一軸

《史記》十六本	《後漢書》十六本	《魏書》二十本
《南齊書》六本	《南史》十二本	《宋書》十六本
《陳書》六本	《隋書》二十本	《新唐書》四十本
《新五代史》八本	《金史》二十本	《元史》四十本
《二十一史約編》八本	《三國證聞》二本	《續資治通鑑長編》一百二十本
《周季編略》四本	《明紀》二十本	《繹史》三十二本
《平浙紀略》四本	《尚友錄》二十二本	《前漢書》十六本
《三國志》八本	《晉書》二十本	《北齊書》四本
《北史》二十本	《梁書》六本	《周書》四本
《舊唐書》四十本	《舊五代史》十六本	《宋史》一百本
《遼史》十二本	《明史》八十本	《十七史商榷》十六本
《通鑑長編拾補》十六本	《唐書釋音》一本	《晉略》十本
《東華錄》十二本	《稽古錄》四本	《路史》十六本
《國朝漢宋學師承記》五本	《文獻徵存錄》十本	《歷代名臣言行錄》三十六本
《孔子編年》一本	《金陀粹編》六本	《貳臣傳》八本
《讀史方輿紀要》六十本	《環游地球新錄》四本	《天下郡國利病書》六十本（缺四本）

《浙江全省輿圖》二十本	《水經註釋》二十本	《長江圖》五本
《實政錄》六本	《杜氏通典》四十八本	《文廟通考》二十本
《皇朝諡法考》二本	《貢舉考略》四本	《洗冤錄》五本
《寰宇訪碑錄》四本	《金石粹編》六十四本	《四庫全書簡明目錄》十二本
《宋元學案》四十八本	《孟子編年》一本	《國朝先正事略》二十四本（缺六本）
《金陀續編》六本	《月令粹編》八本	《方輿紀要簡覽》十六本
《皇朝中外一統全圖》十本	《亞西東圖》一軸	《瀛寰志略》六本
《藩部要略》八本	《水利備考》四本	《西浙防護錄》二本
《圖民錄》二本	《文廟祀典考》十本	《文廟丁祭》一本
《大婚禮節》一本	《學政全書》二十四本	《四庫全書提要》一百本
《書目答問》二本	《兩漢金石記》八本	《兩浙金石志》十二本

子類：六十三部共六百二十一本

《老子》一本	《莊子》四本	《管子》六本
《墨子》四本	《尸子》一本	《孔子集語》四本
《呂氏春秋》六本	《春秋繁露》二本	《文子纘義》二本
《竹書紀年》四本	《韓非子》六本	《文中子》二本
《近思錄集注》四本	《小學纂注》二本	《理學宗傳》十二本
《繹志》八本	《受存愚》一本	《翠微山房數學叢書》二十四本
《素問直解》八本	《靈樞經》八本	《當歸草堂醫學叢書》十二本
《紀效新書》六本	《梅氏叢書輯要》二十四本	《九章算數細草圖說》八本
《九數通考》五本	《列子》二本	《荀子》六本
《孫子》十二本（兩部）	《晏子春秋》四本	《賈誼新書》二本
《楊子法言》一本	《黃帝內經》十本	《商君書》一本
《淮南子》六本	《山海經》三本	《大學衍義》十本
《小學韻語》一本	《呻吟語》四本	《義新錄》八本
《武經》二本	《練兵實紀》六本	《素問集注》六本
《瘟疫條辨》一本	《天文大成輯要》三十二本	《白芙堂算學叢書》三十二本
《四元玉鑑》十本	《中西算學集要》六本	《江氏數學翼梅》四本
《高厚蒙求》四分	《緝古算經》二本	《太元經注》四本
《七修類稿》十六本	《癸巳存稿》六本	《輶軒語》二本
《太平廣記》六十四本	《道言五種》八本	《算學啓蒙》三本
《五緯捷算》一本	《通俗編》十二本	《困學紀聞集證合注》十二本
《何義門讀書記》十本	《玉海》一百二十本	《廣博物志》二十四本

集類：七十四部共一千八十四本

《漢魏六朝一百三名家集》一百本	《砵批陶淵明集》二本
《徐孝穆集》六本	《仇注杜詩全集》二十四本
《五百家注韓黎詩集》十六本	《白香山詩集》十二本
《溫飛卿集》二本	《蘇文忠公詩編注集成》二十四本
《劍南詩鈔》八本	《王文成公全書》二十四本
《張忠敏公遺集》六本	《沈端恪公遺書》二本
《張楊園先生全集》十六本	《切問齋集》四本
《諸葛武侯全集》十二本缺二本	《庾子山集》十二本
《李太白集》三十六本缺二十本	《陸宣公集》六本
《元遺山詩集》四本	《馮注李義山集》八本
《林和靖集》二本	《黃山谷全集》二十四本
《岳武穆集》四本	《歸震川全集》十六本
《趙文敏公集》六本（附松雪齋外集）	《汪龍莊先生遺書》六本
《趙甌北全集》四十八本	《大雲山房文稿》八本
《惜抱軒集》十六本	《小謨觴齋詩文集》六本
《鮚埼亭內外集》三十二本	《方望溪集》十二本
《樊榭山房全集》十二本	《湖海詩傳》十六本
《有正味齋駢體文箋》八本	《柏山房文集》八本
《文選》十二本	《古詩源》四本缺一本
《唐文粹》十二本（附補遺四卷）	《宋文鑑》二十四本
《南宋文範》十六本	《金文雅》四本
《明文在》十本	《國朝駢體正宗》十本
《兩浙輶軒錄》二十六本	《兩浙輶軒續錄》二十四本
《章氏遺書》五本	《曝書亭詞》四本
《歷代詞選》十二本	《絕妙好詞》四本
《詞律》十本	《吳梅村集》十二本
《亭林前後十二種》十八本	《三魚堂集》八本
《桐城二方時文》六本	《湖海文傳》十六本
《焦氏遺書》四十八本	《隨園三十種》八十本
《李申耆文集》十本	《古文詞類纂》十二本

《五朝詩別裁》四十本	《唐詩別裁》十二本（缺五本）
《宋四家詩》六本	《南宋文範》六本
《元文類》十本	《明詩綜》二十二本
《李兆洛駢體文鈔》八本	《兩浙輶軒錄補遺》六本
《兩浙輶軒續錄補遺》四本	《輯雅堂詩話》一本
《詞林正韻》二本	《續詞選》二本
《三朝詞綜》二十四本	

　　以上六類共三百十一部統計八千三百七十五本，書目分類爲張知縣手定，今案經史子集外別立欽定叢書兩類，未爲妥協茲不爲改編，以存其朔。原編尚有細目，今以占篇幅刪之。

附錄六　九峰書院學規

說明：本學規摘自《黃巖縣志》（光緒本），卷三十二〈風土志〉，頁 8b～9b。

　　勝友觀摩，端資勝地，名流講誦，宜在名山。黃巖居甌越之交，紫阜挺東南之秀，九峰嵐繞，雙塔雲齊，永鎭郊坰，分章星漢，爰即招提之舊，闢爲弦誦之居。鄒魯遺風，稱之在昔，吳黃舊澤，繼之自今。所期多士偕來，淑以詩書之氣，會看得時則駕，蔚爲廊廟之英。謹定學規勉相遵守：

一、嚴起居以專學業也

　　凡諸生來此肄業，必須所游有常，所習有業，出入必告，早夜必勤，容貌端嚴，語言詳愼，庶幾學精行成，以備朝廷之選。如有笑語喧闐，衣冠不整，早眠晏起，或出入不告於師者，輕則申飭，重則斥退。

二、謝賓客以免曠功也

　　凡諸生在館，切戒荒功，賓友來遊者，不必留茶，來訪者，不必留宿。如有遠地至交，特來造訪，竝非干涉詞訟者，酌留一宵，以順人情。其賓友亦宜各自體諒，不得久淹講舍，致干查飭。

三、勤講貫以期實效也

　　凡書院名爲講舍，山長稱爲主講，是學之必貴乎講也。近聞黃邑各書院，諸生束書不觀，山長廢書不講，蓋由學者倦於聽受，以致教者怠於裁成，甚

無謂也。今擬一法，凡經史文章，或由師抽講，或由諸生請講，不必逐章挨說，以從簡易。即欲挨講，可將所講之書，由師標明，起止諸生，先自澄心熟看，及至講筵，但申問難，不必章解句析。此與成人講書之法，舉一反三，聽其領悟，勝於不講多矣。

四、兼實學以期致用也

凡四書時藝，試律小楷，為士子進身之階，謂之舉業。自必人人學之，日月學之，無煩贅屬。唯舉業之外，所當學者不少。如九經、四史、三通、文選、八家、性理、說文諸書，以及天文、地理、漕運、水利、曆律、兵書，皆學者所宜究心。諸生有志讀書，必於舉業之外，兼習諸書，兼通諸務，庶將來出而經世，即可行其所學，毋僅以舉業了事也。

五、謹考課以戒曠廢也

舉業一事，為學者必不可緩，住院諸生，一概不得曠課，或有事故，須向監院說明，如無故連曠兩課，即係怠惰之人，不准住院。至每課文卷繁多，自難逐加改削，唯文中疵病，亦當詳悉抹出，庶學者知所持循，為師者其加意焉。

六、教師儒以杜請謁也

凡書院山長，與本縣有賓主之誼，為本縣之所敬禮。如有政事缺失，地方利害，原期直言相告，以匡不逮。他若因事干求，為人關說，即在地方紳士，亦宜自避嫌疑，況居賓師之位者乎。倘有無知之人，妄行請託，幸即正言謝絕，不必曲為調停。蓋書院非官司之地，斯文豈訟獄之場，本縣不敢薄待師儒，外人亦宜深諒委曲，預告無罪焉，可也。

以上六條，易知易從，竝無苛求之事，可大可久，勿為務外之圖。而最要之一言，曰立志，最先之一事，曰存心。君子所以異於人者，以仁，以禮，修身而能見於世者，有守有為。若志與俗同，心隨習變，則無源之水，其流不長，無蓂而華，雖榮不久，非徒可懼，抑且可羞。諸生誠能立志讀書，存心為善，勤以不匱，謙以有容，上之可以見千聖之心，次之亦不失為一時之儁，如有宋杜情獻、王方巖，蓋嘗游歌於此，前明吳朗公、黃石齋，亦皆窟恓於斯，其懿行徽言，傳之父老，粹德清節，炳在史書，豈不偉哉。諸生勉之，余厚望焉。